JN120953

ジブリ・アニメーションの文化学

高畑勲・宮崎駿の表現を探る

米村みゆき・須川亜紀子［編］

七月社

［カバー写真］スウェーデン・ゴットランド島ヴィスビューの街並み

ジブリ・アニメーションの文化学

高畑勲・宮崎駿の表現を探る

＊目次

はじめに
スタジオジブリのアニメーションと「作家主義」

◉米村みゆき

高畑勲監督が逝去した二〇一八年から、早くも四年が過ぎた。一方、宮崎駿監督のアニメーション映画は、二〇一三年に「最新作」の『風立ちぬ』を発表してから一〇年が過ぎようとしている。近年では、報道によれば、宮崎駿監督の最新作が完成間近とのことである。また、ジブリパークが開園するなど、話題には事欠かない。

スタジオジブリ（以下、ジブリ）のアニメーションは、今後、私たちの社会の中で、どのような位置を占めることになるのだろうか。

＊

昨今、ジブリに関する書籍は少なからず刊行されているが、本書の特徴の第一の点をあげれば、アニメーションの文化や作品の研究を専門領域とし、大学で講義をしている執筆者が大半を占めていることである。

ジブリについて、あるいはジブリのアニメーション作品について、これまで、様々な専門領域の者が論じてきたし、それらは、一定の成果をもたらしてきたと思われる。その一方で、ジブリのアニメーション作品に関する議論は必ずしも高い水準のものではないという印象を否定することはできない。その背景として、アニメーションがかつて子供向けの表象媒体に過ぎないと見做されていたこと、それゆえに学術的な対象として文化的、歴史的な重要性が等閑に付されてきたことが考えられる。この点は、実写映画と比較したとき、より鮮明になろう。

かつて宮崎駿監督の『千と千尋の神隠し』（二〇〇一年）が、アカデミー賞（オスカー賞）を「長編アニメーション部門」で受賞したことよりも、ベルリン国際映画祭で金熊賞を受賞したことを高く評価したのは、ほかならぬ高畑勲監督であった。なぜなら、金熊賞はアニメーションとしてではなく「映画」として高い評価を受けた賞であったからだ。あるいは、二〇一二年に宮崎駿監督は、アニメーション映画監督として初めて文化功労者に選定されたのだが、その受賞コメントは「アニメーションも映画です」であった。金熊賞から一〇年を経たその当時でも、このようなコメントが報道されたのは、アニメーションの文化的位置が高くない状況を如実に物語っていたのではないだろうか。

反面、アンドリュー・ダーリーが述べているように[*1]、アニメーションについての過小評価を乗り越えようとするために、過剰にアニメーション作品を称えようとする傾向もまた見受けられた。それはしばしば「マンガ・アニメだから／にもかかわらず」という下駄をはかせた評価を誘発する事態ももたらしていった。

＊

本書は、スタジオジブリのアニメーションを学術的な対象として、真正面から取り組むことを目指した論文集である。大学・大学院において、アニメーションを学問的に扱うコース・専攻は、創設からの歴史が浅いこともあり、現在、アニメーションを研究する者は、さまざまなディシプリン（学問領域）の出身者が大半である。本書も――図らずも、ではあるが――美学、映像学、音楽学、児童文学、日本近代文学、ドイツ文学、イタリア文化研究、日本文化研究、カルチュラル・スタディーズ、（職業名なら作曲家、元エンジニア）などの多彩なディシプリンが透けて見える論集となった。

さらに本書の特徴を謳えば、高畑勲監督、宮崎駿監督の「作家性」に焦点（フォーカス）をあてていることである。高畑勲、宮崎駿監督によるアニメーションの作品群を通してみえてくる〝固有の特徴〟は何であるのか――高畑印、宮崎印として視聴者（オーディエンス）に届けられているものを照らし出す方向性を目指した。この「作家性」への着目は、考察のための切り口であり、「作家主義」を乗り越えることも含んでいる。そしてここでの「作家性」は、監督自身による自作映画についての言及が、作品の解釈において特権的な位置を占めることは意味しない。監督による「企画意図」やインタビューなどは、映画作品を解釈する場合に、監督がどのような立場で、どのような視聴者（オーディエンス）を想定したのかについて有益な手がかりとはなるものの、本書では、それらがほかの議論を凌駕するものだという立場は採らない。当然のことながら、創造者である監督自身こそが、自らの映画作品について超越的に語ることが可能というスタンスは支持していないのだ。[*2]

＊

本書の刊行は、二〇一九年七月二七日に専修大学が韓国・慶熙大学と共催した「〈接触〉シンポジウム」（於 専修大学サテライトキャンパス）が契機となっている。その後、当該シンポジウムの登壇者の論文のほか、編者が既出論文等を読み、寄稿をお願いした論考を収録している。さらに付け加えれば、現在、論文の執筆者八名によるオムニバス授業として、大学の教壇に立ち講義している内容である。以下、章ごとに内容を紹介したい。

第1章「「ジブリ顔」とは何か――キャラクター造形という協働」（石田美紀）は、「ジブリ顔」とも呼ばれる、スタジオジブリのキャラクターの顔の来歴を論じる。視聴者がジブリのキャラクターを見るとき、ジブリの作品と認識できるのはなぜなのか――キャラクターの顔のデザインという、これまでのジブリ研究では取り上げられなかった側面に光を当てる。そこでは、集団制作としてのアニメーション制作、スタッフたちによって行われる絶え間ない協働が鍵になる。この協働の実態を明らかにするため、本論はスタジオジブリ設立以前の、一九七〇年代に遡る。とりわけアニメ化が目指された『長くつ下のピッピ』や、連続テレビアニメシリーズの質を劇的に向上させた『アルプスの少女ハイジ』『母をたずねて三千里』における高畑勲、宮崎駿、小田部羊一、そして大塚康生らの関与と仕事を分析する。複数の作品と複数のクリエイターを横断しながら、作り上げられていくキャラクターの顔の「型」を明らかにし、「ジブリ顔」に至るデザインの変遷過程を解きほぐす。本論は、アニメーション制作をひとりのクリエイターの仕事として扱う「作家主義」を乗り越える可能性を示すものとなっている。

第2章「航空機体の表象とその運動ベクトル――宮崎駿『風立ちぬ』の戦闘機は何を演じているのか」（キム・ジュニアン）は、宮崎駿の兵器趣味を示す戦闘機の役割について考察する。そのために、宮崎の飛行について論じる先行研究とは別の視角――近代テクノロジーとしての航空として再考する。宮崎の兵器の表現に見受けられる趣味は、戦時下の「科学」という国策や、模型や雑誌などのメディア環境の文脈の中に配置が可能である。その上で兵器を取り巻く知覚システムの変容、および兵器模型による子どもの身体への筋覚的親密化の過程を確認する。形成された身体的・筋覚的な側面は、微視的な運動の創出を可能にするアニメーションにおいて、キャラクターのほか物体の運動を通しても現れる。『風立ちぬ』における零戦（ぜろせん）などの航空機の運動の具現化を『紅の豚』における「昇天」シーンと比較することで、宮崎駿が構想する個人というテーマの臨界点に迫る。

第3章「焼跡と池――高畑勲『火垂るの墓』における地域表象」（横濱雄二）は、野坂昭如の自伝的短編小説の映画化である同作をとりあげ、地域表象の観点から捉え返す論である。神戸から西宮を舞台とするこの映画には、さまざまな地域の歴史的背景を読み込むことができる。映画前半の山場である国民学校の場面について仔細に検討するとき、原作小説にみえる学校に隣接する鉄道の高架が映画では描かれず、主人公たちの孤立感が強調されていることがわかる。映画後半の舞台である池についての歴史的背景からは、明治時代には心中の名所であったこと、その後墓地が作られる一方で高級住宅地として分譲されるという複雑な場所性が確認できた。この場所性は、妹を火葬する炭を受け取った主人公が、疎開帰りの少女たちとすれ違った直後のワンショット――少女たちの邸宅から池の防空壕までの高低を意識させている――に暗示される。本論は、場所性を作品に引き込み、そこに現れた諸層に注目することによって、豊かな解釈を引き出す。同時に、高畑勲が事実を踏まえつつも叙情性を高めた、すぐれた作品を創出した映画作家であることを明らかにする。

第4章「四大元素と菌の問題系――宮崎駿『風立ちぬ』論」（友田義行）は、戦闘機開発とメロドラマが混在する『風立ちぬ』の深層に、〈火〉〈水〉〈風〉〈土〉の四大元素と〈菌〉とが絡み合う図式を見出す。結核を患った妻の傍らで夫が喫煙するシーン、風が去ったあとでワインが差し出されるラストシーンなど、一見すれば表層的なストーリーの展開とは無関係に思える細部にこうした図式は見出される。この図式はまた、『風の谷のナウシカ』においては、土・水・風が時間をかけて育んだ森を一瞬で滅ぼす火の暴力、蟲（むし）が介在する菌による調和の表現にも認められる。『天空の城ラピュタ』においても、火の力に酔い、土から離れたことで滅びた文明を描いており、宮崎駿が初期作から一貫して描いた問題系として指摘できる。『風立ちぬ』は、戦争賛美との批判も向けられたが、本作はアジア太平洋戦争においても夫婦の生活においても、むしろ火の暴力を追求した者にもたらされる滅亡を描く。そして調和の気配もまた、注意深く作品を観ることで現れる。

第5章「『コクリコ坂から』と「理想世界」――戦争の記憶をめぐって」（奥田浩司）は、宮崎吾朗が宮崎駿の脚本をどのように変容させ映像世界を作り出したのかという問いに迫る論である。本論では、宮崎駿の描いた映画のポスターと脚本の関係性に焦点をあて、脚本が一九六〇年代の問題を明確化している点について確認する。ポスターの少女像は、明るく前向きな時代の雰囲気を照らし出す。その一方で人々は戦争の記憶を忘却し、朝鮮戦争における戦死者の存在は不可視化されている。脚本の冒頭は、戦争を強く印象づける爆沈の場面から始まるため、ポスターとの対照性を通して同時代の状況を読み取ることができる。それに対して宮崎吾朗は、大人が若者を支えるという「理想世界」を、映像世界において作り出そうとした。そのため宮崎吾朗は、脚本冒頭の爆沈の場面をヒロインの回想場面に移動させる。ヒロインの回想によって戦争の記憶を蘇らせた理事長は、若者たちの行動を支えようとする。脚本の冒頭場面の移動が示唆するのは、宮崎吾朗の映画においては、戦争の記憶が若者たちの理想を支える力になっていることである。さらに一九六〇年の安保闘争においては、戦争の記憶が戦争を経験した世代を反戦平和に向かわせていたという歴史的事実に注目する。映画『コクリコ坂から』は、六〇年初頭の安保闘争で輝きを放った理想を映し出した作品と考えられる。

第6章「高畑勲『アルプスの少女ハイジ』――ドイツ語版アニメーションとの比較研究」（西口拓子）は、『アルプスの少女ハイジ』の日本語版（一九七四年）とドイツ語吹き替え版（一九七七〜一九七八年）の全編を仔細に比較し、相違点を掘り下げた論である。ドイツでは、一九七七年にドイツ語の吹き替え版が放映された。先行研究では、スイスのシュピリによる原作小説と日本で制作されたアニメーションの比較や、吹き替え版について宗教の観点からの考察がある。本論では、先行研究を踏まえつつも、日独版の詳細な比較から議論を発展させる。着目するのは、登場人物の台詞の変更である。たとえば、クララがひとりで立てるようになる場面は、アニメーションの中で最も印象的な場面のひとつであり、人々に周知されているが、ドイツ語版においてハイジが口にする言葉は大きく異なっている。それは、ハイジの性格が原作に近づく形に変えられていることを象徴的に示すものである。また、ドイツ語版においては、台詞と画のタイミングにおいて粗略な様相がみえるが、それは逆説的に、高畑による演出の深みを示すものとなっている。

第7章「高畑勲と「大衆と共にある芸術」──『太陽の王子 ホルスの大冒険』と『母をたずねて三千里』の音楽」（井上征剛）は、高畑作品の付随音楽について、創作活動の根幹にみえる主張と結びつけて論じる。本論では『太陽の王子 ホルスの大冒険』の映画音楽（間宮芳生）を、第二次世界大戦後の日本クラシック音楽史の中に位置づけつつ、映画の内容と音楽の関係について論じる。「大衆と共にある音楽」という当時の日本音楽界における重要な課題が、同作の音楽およびテーマに含まれることを示す。その上で『母をたずねて三千里』を取り上げ、追加された人形劇上演のエピソード、主人公が旅の中で音楽と出会うさまざまな場面、付随音楽（坂田晃一）と物語全体との関連についての考察を行う。同作においては「社会への認識」と「大衆と共にある音楽」というふたつのテーマが結び付けられている。音楽史や音楽学の考え方を通して高畑作品をとらえる本論の試みは、映画音楽や個々の映画作品のあり方にとどまらず、高畑自身が抱いていた「大衆と共にある芸術」の担い手としての自負心・使命感のあり方や変遷をとらえる有力な手がかりにもなり得る。

第8章「動物／人間の境界線の攪乱──高畑勲の動物アニメーション映画」（米村みゆき）は、動物を扱った高畑勲の代表的なアニメーション映画が、動物と人間との関わりをどのように表現しているのかについて考察する。「動物アニメーション」の特徴と理論的な枠組みとして、おかだえみことポール・ウェルズの論点をマッピングし、その上で、高畑勲の愛読書であった宮沢賢治の童話における動物の諸相を確認する。童話『セロ弾きのゴーシュ』では、人間／動物の境界線の問題が進展をみせ、人間による動物の受け入れという様相が確認されるため、高畑勲は同名タイトルの映画制作を通して、宮沢賢治によるこの論点を『平成狸合戦ぽんぽこ』へ繋げたと考えられる。映画『ライオン・キング』との比較を通すとき、高畑は人間至上主義に陥らない課題を実現し、その一方で、日本における狸のイメージの固有性も取り入れる。『平成狸合戦ぽんぽこ』で高畑が設定した狸の四つのバージョン間の移動はアニメーションにおける視覚的流動性のメタファーとなっており、人間／動物の境界線のずらし、反転等によって、多様な生の在り方へと繋げていたことが確認される。

コラムについては以下の七本を収録する。

コラム①「「魔法少女」として読む『かぐや姫の物語』」は、高畑勲監督の遺作『かぐや姫の物語』の主人公かぐや姫を「魔法少女」と仮定することによって、ジェンダー規範に対する抵抗としての姫の生きざまを論じる。コラム②「『魔女の宅急便』における労働とコミュニケーション」は、『魔女の宅急便』の主人公キキと彼女をとりまく女性キャラクターたちの労働とコミュニケーションの機能の考察を行い、キキの分身としてのウルスラについて論じる。コラム③「スタジオジブリの「見立て聖地」」は、公式にモデルとされていない場所が「ジブリ作品に出てきた場所に似ている」というファンの認識と共有によって聖地化した場所を「見立て聖地」として紹介する。コラム④「〈垂直〉の距離――天空と坑道」は、ジブリ作品の特徴である〈大空を飛翔する〉イメージが、実は〈地へと墜落する〉イメージとセットであることを論じ、その距離の遠さに魅力を見出す。コラム⑤「「スタジオジブリ」論の現在を知る三冊」は、近年刊行されたスタジオジブリ研究のうち、ステファヌ・ルルー、河野真太郎、スーザン・ネイピアの著書を取り上げ、スタジオジブリを学術的に論じるための新たな視点を紹介する。コラム⑥「舞台化されたスタジオジブリ作品」は、二〇一一年のミュージカル『おもひでぽろぽろ』から二〇二二年の舞台『千と千尋の神隠し』までのジブリ作品の舞台化を概観しつつ、ジブリの哲学が舞台作品としてどのように演出されたのかを論じる。コラム⑦「「宮崎駿」を知る三冊」は、宮崎駿を知る手がかりとして、適切にまとめられた切通理作『宮崎駿の〈世界〉』、データを網羅する叶精二『宮崎駿全書』、宮崎の参照した資料を調査した野村幸一郎『新版　宮崎駿の地平　ナウシカからもののけ姫へ』の三冊を紹介する。①②③⑥は須川亜紀子、④は友田義行、⑤⑦は平野泉が執筆している。

＊

二〇〇〇年代の初頭、アニメーションを大学の場で教えることは「異端」であり、アニメーションを研究する者は「異端視」される状況があった。現在は、様々な大学でアニメーションを学ぶ専攻が設定され講義が開かれている。そして学生が関心を寄せるアニメーションは、もはやスタジオジブリ作品に限らない。いま私たちの目の前に広がるのは、アニメーション作品の大海原だ。その一方で、スタジオジブリとは、日本のアニメーションの領域において、商業的な成功とスタジオ経営による作品のクオリティを両立させてきた特異な存在である。それは、高畑勲、宮崎駿の二人の監督を擁し、監督中心主義で制作してきたことに大きく拠るものである。だからいま、スタジオジブリのアニメーション作品について、「作家性」に着目して考察することが必要なのだろう。もちろん、どのような視点で考察するのか、そのような方法論の問題はいまだ研究者の手に委ねられている。ジブリアニメーション作品を、功罪を含めて評価し、位置づけてゆくこと、そして、次の世代に伝えることは、研究上の急務となっている。

1——Andrew Darley, "Bone of Contention: Thoughts on the Study of Animation", *Animation*, vol.2-1, 2007/3参照。
2——Paul Ward, "Some Thoughts on Theory-Practune Relationships in Animation Studies", *Animation*, vol.1, 2006/11参照。

*——本書では、「アニメ」はアニメーションの省略語ではなく、アニメーションの一領域として扱っている。
*——本書の各論文に掲載したスタジオジブリ作品の図版は、特記した場合をのぞき、公式ホームページ「スタジオジブリ作品静止画」(https://www.ghibli.jp/info/013409/)のデータを、引用の範囲内において使用させていただいた。

第1章

「ジブリ顔」とは何か

キャラクター造形という協働

◉石田美紀

一 「ジブリ顔」という商標

一九八六年に劇場公開された第一作『天空の城ラピュタ』から約四〇年。途切れることなく劇場アニメーションを制作してきたスタジオジブリは、いまやグローバル・ブランドに成長した。このスタジオは、テレビアニメとは一味も二味も違う、子どもも大人も楽しめる物語を世に送り出し、スタジオを代表する高畑勲と宮崎駿はアニメーションという表現で現代社会に鋭く切り込んできた。こうした、スタジオジブリをめぐる見解が本当に正しいのかはさておき、日本の内と外にいるオーディエンスの多くはそう理解している。

さて、ブランドには一目でそれとわかる商標がつきものである。アップルの製品には一口齧られたリンゴが、シャネルの服飾品には「C」の文字を二つ組み合わせたマークが、必ずどこかにデザインされている。では、スタジオジブリの「商標」はなんだろうか。筆者は、この問いの答えとして、このスタジオの作品に登場するスタジオジブリのキャラクターの顔を挙げたい。スタジオジブリの作品に登場するキャラクターは、ごく一部を除いて（そのごく一部については後に詳述する）、一目でスタジオジブリのものだと識別できる。そして、わたしたちはこのデザインを「ジブリ顔」と呼ぶようになっている。二〇二二年三月現在、Googleにて「ジブリ顔」と検索すれば、自らの顔を「ジブリ顔」と表する芸能人の発言がヒットするし、日常会話において「ジブリ顔」と言っても、その意味するところろはさほどの困難もなく通じる。

現在、筆者のスマートフォンには海外で開発されたアプリToonMeがインストールされている。このアプリには写真撮影された人間の顔を「ジブリ顔」にしてくれるフィルター機能が備わっている。これを使えば、老若男女、人種を問わず、だれでもスタジオジブリのキャラクターの顔になれるのだ。さらにこのアプリは、同じ写真を国内外の有名スタジオ風のデザイン――具体的にはセル時代のディズニー風、3DCG時代のディズニー風、ピクサー風、シンプソンズ風（肌は黄色くなる）、京都アニメーション風――にも加工できるため、「ジブリ顔」の「らしさ」はいっそう際立つ。

年齢と性別の異なる何人かの顔写真をToonMeで加工して判明したのは、以下の特徴がある場合、ジブリらしく見えることである。顔の形は頬骨がやや強調されつつ、小さな顎がつけられる。とはいえ顎は被写体の年齢に比例して大きくなり、男性の場合はさらにエラが強調される傾向にある。それと同時に、表情筋やほうれい線、シワが作り出す凹凸は消される（ただし五〇代後半以上の被写体のシワは、『天空の城ラピュタ』のドーラのように強調される）。また、鼻筋は一本だけひかれ、小鼻はよほど大きくないかぎり消滅し、そのかわりに鼻の穴が「逆ハの字」の二つの点で示される。鼻の高さや目の窪みを示す影は入らず、平面性が強調される。口についても同様で、唇の厚みは消滅し、口が閉じている場合には、直線が一本、鼻の幅よりも長く引かれ、下唇の部分にもう一本、短い線が入れられて、口の形となる。目の形は縦長になる。眉毛は目の幅より長くなり、上瞼とまつ毛の部分は太く強調される。黒目は大きく強調されるが、白目が小さくなるわけではない。瞳の色

図①　ToonMeで作成した「ジブリ顔」。左下の丸囲みの写真がこのようになる

はシンプルな茶色か黒であり、白いハイライトがひとつ入る。ちなみに、被写体が眼鏡をかけている場合には、『となりのトトロ』（一九八八年）のお父さんや、『風立ちぬ』（二〇一三年）の二郎らとお揃いの瓶底眼鏡となる〔図①〕。

もちろん、上述した顔のデザインはあくまでも平凡な「ジブリ顔」であり、いわばモブ・キャラクターの顔である。スタジオジブリの作品でも、主人公ともなれば、瞳の色は何色かに塗り分けられ、ハイライトの数も増える。とくに、『千と千尋の神隠し』（二〇〇一年）のハクや、『ハウルの動く城』（二〇〇四年）のハウルといった美形キャラクターの場合はそうである。くわえて、目の表現にとって重要なまつ毛はより装飾的に仕上げられている。『天空の城ラピュタ』のシータのまつ毛はいつも綺麗に上がっているし、『となりのトトロ』のサツキも、シータより控えめではあるが、まつ毛は強調されている。とはいえ、基本の造形は、このアプリが作り出すものに非常に近く、そこを出発点として、物語における役割にふさわしく輪郭線や瞳を調整していけば、実際のキャラクターたちに近づけるだろう。

二　本稿の目的と構成

「ジブリ顔」、わたしたちがそう認識するキャラクターデザインは、いったいどこからやってきたのだろう。おそらく最初に挙げられるのは宮崎駿という名前だろう。たしかに、宮崎は「ジブリ顔」の誕生に必要不可欠な人物である。しかし、同時に、この顔のすべてを彼の名前に帰することも、まったできないのである。その理由を明らかにするために、本稿では、このスタジオにおけるキャラクターデザインの役割と「ジブリ顔」の来歴、そして日本のアニメーション史におけるその意義を考察していきたい。本稿はふたつの区分からなる。最初に、スタジオ設立から九〇年代までのスタジオジブリ作品におけるキャラクターデザインの内実を、宮崎と高畑、そして近藤喜文が監督を務めた作品の比較検討から明らかにする。次に、スタジオジブリ設立以前、とくに一九七〇年代に宮崎と高畑、そして小田部羊一たちがおこなった協働作業に注目し、「ジブリ顔」に至る流れを描出する。「ジブリ顔」は些細な話題かもしれない。しかし、キャラクターがどのような顔をしているのかもまた、集団制作であるアニメーション制作の力学を示す事例である。したがって、「ジブリ顔」がどこから来たのかを考察することは、アニメーション作品のすべてをひとりのクリエイターの仕事として扱う「作家主義」では把握できない側面を明らかにすることになる。

三　宮崎監督作におけるキャラクターデザイン

単純な確認から始めよう。スタジオジブリ作品のスタッフクレジットにおいて、キャラクターデザインという仕事は記載されているのかどうか。宮崎が監督・原作・脚本を務めたオリジナル作品である『天空の城ラピュタ』『となりのトトロ』『もののけ姫』（一九九七年）のスタッフクレジットを確認すると、そもそもキャラクターデザインという項目がないことに気づく。なるほど、圧倒的な画力で自らのヴィジョンを描く宮崎にとって、キャラクターの姿形を作り上げる工程は必要ないのかもしれない。スタジオジブリ設立の直接の契機となった劇場作『風の谷のナウシカ』（制作はトップクラフト、一九八四年）も、宮崎がアニメ雑誌『アニメージュ』に連載していた同名マンガのアニメーション映画化である。同作において宮崎は絵コンテという作画と演出の主要工程を担当しているが、クレジットにはやはりキャラクターデザインという項目がない。ただし、周知のとおり、ナウシカ、アスベル、クシャナ、クロトワなど、年齢や性別は異なるものの、いずれのキャラクターものちに「ジブリ顔」と認識される顔をもつ。したがって、この顔のデザインは宮崎駿が作り上げたものだと、ひとまずは考えられる。

しかし、それと同時に疑問ももちあがる。いかなる才能をもってしても、作画工程だけで多岐にわたるアニメーション制作の、それも二時間ちかい劇場長編をひとりでこなすことは不可能である。監督である彼・彼女は自身の考えを多くのスタッフに伝達し、実行してもらわなければならない。集団制作を成立させるには、スタッフ間の協働が不可欠であるが、協働は監督・スタッフという垂直の方向性だけでなく、スタッフ同士の水平の方向性においても行われている。したがって「ジブリ顔」も集団制作の力学において維持されてきたものと考えたほうが妥当である。このスタッフ間の協働とキャラクターデザインの変遷の詳細は後述するとし、次に宮崎とともにスタジオジブリを作り上げてきた高畑勲の監督作品でのキャラクターデザインを検討しよう。

四　「ジブリ顔」との距離――『おもひでぽろぽろ』『ホーホケキョ　となりの山田くん』

高畑監督作では、宮崎監督作とは対照的に、キャラクターデザインの担当者が明記されている作品が多い。『火垂（ほた）るの墓』（一九八八年）と『おもひでぽろぽろ』（一九九一年）では近藤喜文が、『平成狸合戦ぽんぽこ』（一九九四年）では大塚伸治が「キャラクターデザイン」として、『かぐや姫の物語』（二〇一三年）では田辺修が「人物造形」として記されている。高畑と宮崎の仕事を精力的に研究してきた叶精二は、高畑の演出の核には原作の咀嚼と再構築があると述べているが[*1]、ここでは高畑の原作との向き合い方、すなわち翻案には「ジブリ顔」との距離が内包されていることを述べよう。

翻案には必ず、他者がすでに作り上げた世界といかに対峙するのかという判断が伴う。キャラクターの視覚的外観がすでに存在しているマンガの場合には、まずは原作におけるキャラクターデザインの取捨選択が求められる。ともにマンガを原作にもつ『おもひでぽろぽろ』と『ホーホケキョ　となりの山田くん』（一九九九年）では、原作マンガのキャラクターデザインが踏襲されている。先ほどジブリ顔が登場しない作品があると述べたが、そのほとんどが高畑の監督作であり、キャラクターデザインも変化に富む。彼は他者が作り上げた世界との邂逅を愉しんでいるようだ。では、マンガを原作とする高畑監督作におけるキャラクターデザインでは何が行われていたのか。その中身をみていこう。

『おもひでぽろぽろ』は「思い出編」と「二七歳編」から構成される。小学生のタエ子が登場する「思い出編」は、岡本螢作・刀根夕子画のマンガ『おもひでぽろぽろ』(一九八七年に『週刊明星』において連載)に基づいて制作され、いっぽう二七歳に成長したタエ子が登場する「二七歳編」は映画のオリジナルである。

キャラクターデザインを担当した近藤は、同作でプロデューサーを務めた宮崎駿から、「思い出編」は刀根夕子が描いた原作のままやったほうがよいと、アドバイスされた。近藤は原作をすべてコピーし、キャラクターごと、表情ごとに参考になるコマを集め、「それをどうやってアニメーション的に問題のないキャラクターにしていくか」と考えたという。具体的には、「たとえば顔のデザインにあたり、目のハイライトの形をどうしようか、いくつかの案を描いてみました。いろいろな目の形を描き、ハイライトを入れてみて、どれがいいか決めていったんです」と述べ、原作のキャラクターを「アニメーションとして、どこからでも描けるように」配慮したと語っている。[*2] 近藤の作業は、見た目の同一性を保持しつつも、動画においてキャラクターを成立させるための微調整である。

マンガとアニメの登場人物は「二次元キャラクター」と一括りにされ、実在の身体との違いばかりが強調されがちであるが、両者は描かれた身体であるものの、実は同じではない。マンガを原作にもつ場合、キャラクターデザインの仕事は、平面に描かれた静止画のキャラクターを、時間の流れと（見かけだけであったとしても）奥行きを備えた空間に息づかせること、すなわちキャラクターを破綻なく動かせるように仕立て直す作業となる。

『ホーホケキョ　となりの山田くん』のキャラクターデザインも、マンガとアニメーションというふたつの表現媒体の違いを如実に示している。この作品のクレジットには「キャラクターデザイン」という項目はないが、キャラクター設定を行ったのは、絵コンテと着彩ボード（原画作業用のレイアウトの決定版）を描いた「演出」の田辺修である。[*3] 一見、この映画のキャラクターは、いしいひさいち原作の四コママンガ『となりのやまだ君』（『朝日新聞』一九九一～一九九七年）のキャラクターと同じである。しかし、彼らを象る輪郭線は、いしい特有の硬質な線とは決定的に異なっている。そこには強弱と途切れがあり、それは脈のよう

図②　原作『となりのやまだ君』と映画『ホーホケキョ　となりの山田くん』にみられる輪郭線の違い（上：いしいひさいち『となりの山田くん』第1巻、東京創元社、2014年、84頁）

に常に動いている［図②］。押井守は、本作における高畑の野心的な試みについて批判的である。押井いわく、制作現場に過重な負荷をかけ、アニメーターを泣かせたわりに、その効果は語りにおいても、興行収入の上でも発揮されていない。[*4] とはいえ、平凡な日常生活を送る主人公一家を象りながら常に動く線は、彼らが重力に逆らって縦横無尽に動きまわることへの視覚的な伏線となっている。そしてなによりも「ジブリ顔」を考察する本稿にとっては、キャラクターが桃太郎やかぐや姫、あるいは月光仮面に変身しても、その顔は常にいしいひさいちが作り上げた顔であることは示唆に富む。「ジブリ顔」ではないキャラクターは、原作者が作り上げた視覚的表層を引き継ぎながら、マンガとは異なる動画のメディア的固有性を確認し、スタジオの標準になっている「ジブリ顔」を相対化していく実践なのである。

ふたたび、『おもひでぽろぽろ』に戻りたい。映画のオリジナルである「二七歳編」のキャラクターデザインも、「ジブリ顔」との大胆な乖離をみせている。アニメ化に際して新たに創出された「二七歳」の主人公タエ子の顔は、彼女の声を演じた今井美樹の顔を下敷きにして造形された。同作公開当時、二八歳であった今井は都会的な容姿と気取らない笑顔で人気を博していた。たしかに、自然体という彼女のスター・イメージと、東京での会社員生活に区切りをつけて山形に赴くタエ子の親和性は高い。とはいえ、より重要なことは、今井を（声優にではなく）人物モデルに起用した理由である。

二七歳のタエ子のデザインをつくるにあたり、近藤は高畑に「なるべくデコボコした顔がほしい」と言われた。高畑は「リアルな顔にしたい」と考えていたのである。[*5] 近藤は、監督からのリクエストへの応答について、以下のように述べている。

それで、何もなくて漠然と考えるよりは、具体的なモデルを想定するほうがわかりやすいので、俳優ならどんな人があたるんだろうか、という話になったんです。で、今井美樹さんならデコボコが多そうな顔だし（笑）、いいんじゃないか、と。そんなところからはいっていったんですよ。[*6]

図③　表情筋が強調されたタエ子とトシオの口元

近藤はタエ子に思いを寄せるトシオのモデルに、やはり顔の凹凸が印象的で、「笑うと顔がクシャッとなったり」する柳葉敏郎を提案したという。[*7] 柳葉をモデルとする案は採用された。彼はトシオの声も演じている。

本作は声優の演技が作画に先立って収録されるプレスコを採用し、アニメーターが今井や柳葉の声を聴きながら作画した。そのため、企画時に今井と柳葉が声優に選ばれていたと思いがちである。しかし、先に引用した近藤と高畑のやりとりからは、キャラクターデザインの段階ではまだ、ふたりの声優起用は決まっていなかったことが窺われる。まずもって高畑が欲しかったのは、個別具体の俳優の顔ではなく、「デコボコした顔」、すなわち「ジブリ顔」にはない凹凸を有した顔であった。そして、凹凸を持つがゆえに選ばれた俳優の顔からおこされたキャラクターには、スタジオジブリ作品で二〇代のキャラクターにはほぼ描かれない口周りの筋肉がしっかり加えられた〔図③〕。発話の際の人間の口の動きに忠実であろうとする高畑のリアリズム志向は、「ジブリ顔」の棄却をも含んでいる。

五 「ジブリ顔」というブランド――『耳をすませば』

つぎに、マンガを原作としながらも、高畑監督作とはまったく異なる方法で原作と向かい合う映画を議論しよう。それは、宮崎駿が脚本・絵コンテを務め、近藤喜文が監督した『耳をすませば』(一九九五年)である。この映画は、一九八九年に『りぼん』に連載された柊あおいの同名少女マンガの翻案であるのだが、映画は多くの点で原作とは異なっている。たとえば、原作で聖司は絵を描くことに打ち込むが、映画で彼が夢中になっているのはヴァイオリン作りである。また雫を聖司のもとに導く聖司の兄も映画には登場しない。数々の相違のなかで、とくに興味深いのは、キャラクターデザイン(スタッフクレジットにキャラクターデザインという役職が記載されていないとしても)である。原作の少年少女は、一九八〇年代の少女マンガに特徴的な顔をしている。とくに、雫の大きく丸い目の輝きと髪の毛の質感は繊細なペンのタッチで表現されている。いっぽう映画版での雫の

図④　「ジブリ顔」の映画版の雫と、そうではない原作マンガの雫（右：柊あおい『耳をすませば』集英社、2005年、17頁）

目は、シータやキキに比較すると丸く、ハイライトも大きいものの、原作マンガの造形に比べるとかなり抑えられている。髪も動くとはいえ、質感は重視されていない。くわえて、顔の輪郭や鼻の描写は「ジブリ顔」のスタンダードであり、結果主人公はスタジオジブリ作品におなじみの少女となっている［図④］。このキャラクターデザインは、近藤が描いた下描きに基づいて、作画監督の高坂希太郎が清書したものである。[*8]

原作キャラクターの顔が一新された主たる要因は、アニメーションとして動かしにくい、あるいは描きにくいものであったことが考えられる。とはいえ、一九九五年公開の映画におけるキャラクターデザインの原作からの変更は、キャラクタービジネスが洗練され、ますます強化されていった当時のアニメ制作および受容環境のなかでは、特筆すべき事象である。

新作アニメーションの情報が発表されるたびに、オーディエンスの関心はまずはキャラクターの姿形に寄せられる。マンガのアニメーション化であれば、キャラクターがマンガで見せた姿と同一性を保っているか否かも、もれなく確認される。原作で慣れ親しんだキャラクターがその姿のままに動くのを見たい、というオーディエンスの欲求から、アニメーション制作者が自由でいることはきわめて困難である。というのも、キャラクターの顔を変えてしまうことは、ときに原作を破壊したという誹(そし)りをうけかねないからである。

たとえば、『別冊少年マガジン』に連載されていた押見修造の同名少年マンガを原作とするテレビアニメ『惡の華』(長濱博史監督、二〇一三年)は、キャラクターの顔を変えてしまったことで、商業的に失敗した。同作では、キャラクターを演じる俳優たちの実写映像が撮影され、それを元にロトスコープを用いて作画された。結果、キャラクターの動きは、リミテッド・アニメーションを元に発展してきたテレビアニメでは見慣れぬものとなり、すぐさま話題になった。しかしそれと同時に、キャラクターの顔が原作の顔と似ても似つかないものになっていたため、キャラクターと原作を台無しにしたとオーディエンスから厳しい批判を受けている。*9

原作マンガを知るオーディエンスにとって、キャラクターの顔は他の顔と交換可能ではない。そのため、多くのアニメーション制作者は、原作のキャラクターデザインを維持しながら、動かせるキャラクターにすることに苦心している。意外なことに、型破りといわれる演出を駆使した高畑はキャラクタービジネスの観点からは定番の手法を実践している。高畑ははるき悦巳の同名マンガの翻案である映画『じゃりン子チエ』(一九八一年)を演出し、マンガのキャラクターのイメージを損なうどころか、運動と声を備えたアニメのキャラクターとして見事に膨らませている。

では、原作キャラクターの顔を換骨奪胎した映画『耳をすませば』をオーディエンスが受け入れたのはなぜだろうか。もちろん原作マンガの知名度は無関係ではない。だがそれ以上に重要なことは、オーディエンスが寄せるスタジオジブリへの信頼である。原作者の柊も「あの宮崎さんが絵コンテ⁉　あの近藤さんが監督⁉　(「赤毛のアン」のテレビシリーズからファンでした)あのスタジオジブリが創ってくれるの⁉」[*10](傍点原文)と述べているとおりである。原作者、そしてオーディエンスの双方から厚い信頼を得ているスタジオジブリは、やはりブランドと呼ぶにふさわしい。とはいえ、オーディエンスの関心が、各作品で実践されているキャラクターデザインの表現に向かうとは限らない。いや、むしろそれゆえに、関心はさほどもたれていない。「ジブリ顔」なる語が人口に膾炙しているのも、わたしたちがこの単語ひとつで、そのキャラクターデザインをわかった気になっていることの証である。それは、多くの人がシャネルのマークをみて、それがシャネルの商品であることを確認するに留まるのと同じである。

六　「ジブリ顔」の微細な揺らぎ――『魔女の宅急便』

同じに見える「ジブリ顔」にも、作品ごと、あるいは担当者ごとに微細な違いがある。この点に関して、「ジブリ顔」を代表する少女キャラクターである『魔女の宅急便』(一九八九年)のキキを例に考察してみよう。キャラクターデザインを担当したのは、同作の作画も務めた近藤勝也である。近藤による当初のキキは、原作小説のために林明子が描いたイラストのキキに近い。このキキは、

図⑤　キキ（上）、サツキとメイ（中）、シータ（下）の鼻の位置

スタジオジブリのキャラクターとしては珍しくストレートにおろしたロングヘアであり、やや面長の顔をしている。その後、宮崎が監督として制作に本格的に参加してからは、髪はおかっぱに、顔も頬が膨らんだ丸顔に変わり、[*11]いわゆる「ジブリ顔」になった。

しかし、原画を担当した井上俊之は「キキは、目鼻が小さい」ことに加え、「鼻が上」、つまり「目と目のあいだぐらいにある」ためにバランスを取るのが難しく、失敗すると「鼻の下が長いキャラクターになっちゃう」と指摘している。[*12]井上の指摘を踏まえて、キキと同年代のサツキ、シータの目鼻の位置とバランスを比べてみると、キキの鼻はやや上を向いており、どちらかといえば、サツキの妹のメイに近い［図⑤］。キキは魔女であるとはいえ、入院中の母親に代わって完璧に家事をこなすサツキや、滅んだ文明の末裔であるシータとは違い、ごくごく普通の少女である。彼女は逡巡や葛藤といった感情を直接的に表現する点でもメイに近い。キャラクターデザインがみせる微細な違いは、キャラクターのパーソナリティのグラデーションにも対応している。

『アニメージュ』一九八八年一二月号は、宮崎駿の新作紹介記事として、セル画の状態まで仕上げられた『魔女の宅急便』のキャラクターを紹介している。なお、同誌版元の徳間書店はスタジオジブリに出資しているため、同誌のスタジオジブリ関連記事は、スタジオの外部、というよりも内部からの発信という側面を備えている。この記事には、『魔女の宅急便』で作画を務める近藤喜文のコメント「キャラが等身大でふつうの女の子というのが、今日的で興味がもてますね」とともに、編集部による説明「「魔女の宅急便」キャラは、いままでの宮崎駿作品のにおいを残しながらも、なにか新しい部分がある」[*13]が掲載されている。同記事は、若いスタッフが、宮崎駿が描いてきたキャラクターとの同一性を保ちながら、新しい要素を持ち込んでいることを強調している（あるいは、そう受け取ってほしいと読者に伝えている）。もちろん、宮崎駿の存在は無視できない。しかし、それと同時に、宮崎を中心に機能する制作体制であっても、スタッフの協働から新しい要素が発生することが、常に待ち望まれている。そう考える理由は、「ジブリ顔」とわたしたちが認識しているキャラクターデザインが、「スタジオジブリ」が誕生するはるか以前から続いてきた集団作業の産物であるからである。

七　スタジオジブリ以前の「ジブリ顔」

高畑・宮崎コンビの第一作──『太陽の王子　ホルスの大冒険』

時代をさかのぼり、一九六八年に公開された長編映画『太陽の王子　ホルスの大冒険』のキャラクターデザインに話題をうつそう。東映動画が制作したこの映画で、高畑は初めて長編作の演出を手掛け、宮崎は初めて場面設計等の主たる工程に参加した。この映画で高畑と宮崎のコンビが誕生し、「スタジオジブリ」への第一歩が踏み出されたわけだが、それと同時に、この映画は、アニメーション制作が個人の名前に帰すことのできない集団作業であることを雄弁に示している。

『太陽の王子　ホルスの大冒険』のスタッフクレジットには「キャラクターデザイン」という項目はないが、スタッフの証言や残されたスケッチ等から、特定の個人がすべてのキャラクターをデザインしたわけではないことが判明している。高畑は多くのスタッフと議論をし、プロットと演出を練り上げていった。[*14] キャラクターの造形もそうである。とくに、物語の要となる悪に囚われた少女、ヒルダは、奥山玲子、大塚康生、宮崎、小田部羊一ら多くのスタッフが何枚もキャラクター案を描いた。そのうちのひとつ、奥山のヒルダは、顔の造形と表情が完成版のヒルダとは異なる。高畑は大田朱美が描いたスケッチをもとにして、森康二にまとめることを提案し、陰影に富む複雑な表情を見せるヒルダが生まれた。[*15]『太陽の王子　ホルスの大冒険』のキャラクターデザインで強調したい点はふたつある。第一に、スタッフ間の協働作業からキャラクターが作られていること、第二に、大塚、小田部、奥山、宮崎、高畑という「チーム」が誕生していることである。次に、このチームがどのようにキャラクターをデザインし、演出していったのかを、東映動画以降の彼らの仕事に即してみていこう。

キャラクターデザインの洗練――『長くつ下のピッピ』『パンダコパンダ』『アルプスの少女ハイジ』

一九六八年に大塚が、一九七一年に高畑、宮崎、小田部が東映動画を退社した。彼らはAプロダクション（一九七六年にシンエイ動画に改称）にて再び集まった。大塚はテレビシリーズ『ムーミン』（一九六九〜一九七〇年）の作画監督を務め、キャラクターのデザインも手掛けた。大塚は、Aプロダクションで準備していたアストリッド・リンドグレーンの児童文学『長くつ下のピッピ』（一九四五年）を原作とするテレビシリーズ制作のために、高畑、宮崎、小田部を東映動画から呼びよせた。リンドグレーンからアニメ化の許可が取れなかったため、結局制作は取りやめになり、わたしたちは完成したアニメを観ることができない。しかし、「ジブリ顔」の由来を考えるうえでは、欠くことのできないプロジェクトである。

『長くつ下のピッピ』の演出のために、高畑は絵コンテならぬ、字コンテを書き、宮崎はイメージボードおよびストーリーボードを描いた。そして小田部はキャラクターをデザインした。このように記すと、三者は明確な分業制のもとに仕事をしていたように捉えてしまいがちであるが、各職務は互いに影響を与えあっていた。宮崎は後年のインタビューにおいて、小田部との分担作業を次のように語っている。

小田部さんはキャラクターを描く。僕は世界を描く。それは初めから何となくそういうふうになっていました。僕が描いた絵で、いやな癖が出ているところは、小田部さんがスッと直すと、ぜんぜん違うものになるから、僕は描いたら黙って渡す。[*16]

興味深いことに、両者はそれぞれの分担を意識しながらも、絶え間なく互いの作業に関わっていたのである。宮崎は「イメージボードに出てくる人物は、小田部さんが描いたキャラクターをもとに描いているんですか」という質問には、次のようにも答えている。

いや、僕は僕で思い付くままに「こんなことが起こるかもしれないな」という絵をどんどん描いていく。それをもとに小田部さんはキャラクターを小田部流にまとめあげていく。とくに打ち合わせはしません。お互いせっせと描いていけば、自然に完成度が高くなっていくんですよ。[*17]

いっぽうの小田部は、宮崎との打ち合わせがあったのかという質問について、以下のとおり答えている。

それはないです。僕が作ったキャラクターを宮さんがパパっとイメージボードに描いていくわけですよ。逆に、宮さんがラフに描いた人物を見て、僕のほうがキャラクター設計に採り入れることもあります。後に宮さんの作品に登場するキャラクターが僕の絵に似ていることもありましたし、毎日机を並べて描いているうちに、お互い自然に影響を受け合うんでしょうね。[*18]

図⑥　小田部によるピッピのスケッチと宮崎と大塚がデザインしたコナン（右：高畑勲・宮崎駿・小田部羊一『幻の「長くつ下のピッピ」』岩波書店、2014年、76頁、左：『未来少年コナン』アイキャッチ）

宮崎と小田部の証言を踏まえて、小田部が描いたピッピを見てみると、目鼻の形とバランス、そして表情が、のちの宮崎の監督作『未来少年コナン』（一九七八年）の主人公コナンのそれを彷彿させる［図⑥］。なお、『未来少年コナン』に小田部は参加していない。

『長くつ下のピッピ』が制作中止となったあとも、高畑・宮崎・小田部のチームは、ひとり暮らしの子どもというピッピの設定と、そのキャラクターデザインを温存していた。そこに大塚康生が合流し小田部とともに作画監督を務め、高畑監督・宮崎原案／脚本／美術設定／画面構成の短編映画『パンダコパンダ』（東京ムービー、一九七二年）が制作された。同作は好評を博し、翌七三年にも同じスタッフ編成で制作した続編の短編映画『パンダコパンダ　雨ふりサーカスの巻』（東京ムービー）が公開された。大人の庇護を必要としない一人暮らしのピッピは、祖母の留守をパンダの親子と過ごすミミ子になった。映画のなかで動きが与えられたミミ子の表情は、目まぐるしく変化する。彼女は天真爛漫な小学生であるが、ときにはコパンダのママとして、さらにはパパンダの妻としても振る舞う。静から動まで起伏に富むミミ子の表情は、一九七四年に放映されるテレビシリーズ『アルプスの少女ハイジ』（ズイヨー映像）で描かれる快活なペーター、けなげなハイジ、おしとやかなクララの表情と地続きにある。とはいえ、『パンダコパンダ』と『アルプスの少女ハイジ』との違いも無視できない。

図⑦　ペータ（左）の目とハイジ（右）の目の違い（ともに『アルプスの少女ハイジ』第1話）

『アルプスの少女ハイジ』は、高畑が総監督を、小田部がキャラクターデザインと作画監督を、宮崎がレイアウトを務めた。叶によれば、小田部は少年（ペーター）と少女（ハイジ、クララ）で上瞼のラインを描き分けている。ペーターの目は、それまでの子どもキャラクターの目において主流な描き方であった「上瞼から下瞼に至る外郭線を黒の半円でくくる設計」にした。いっぽう、少女キャラクターの目は「上下の瞼を平行する曲線で離し、その間を白いトレス線で結ぶ。上瞼はマツゲを含めて太く、下瞼は細く小さく描く」デザインに変えた［図⑦］。この工夫を高畑は高く評価し、「キャラクターデザイン」という役職名をエンディングのクレジットに記載した。結果、『アルプスの少女ハイジ』は初めて「キャラクターデザイン」がクレジットされた作品となった。[*19]

『アルプスの少女ハイジ』のキャラクターデザインに関する叶の指摘に一点付け加えるとすれば、ミミ子の目との相似と相違である。ハイジとクララの上瞼のラインは太く強調され、目尻にまつげのはね上がりが描かれている。ミミ子の目は、基本的にはペーターの描き方と同じく半円で象られている。ただ『パンダコパンダ　雨ふりサーカスの巻』でトラの子どもを案じて伏し目になる時、彼女の上瞼は太く強調され、まつげのはねも描かれており、ハイジとクララと同じ描写が施されている。目の描写におけるミミ子とハイジ・クララとの異同からは、少女キャラクターの表現が段階的に変化していることがわかる。『長くつ下のピッピ』から『パンダコパンダ』、そして『アルプスの少女ハイジ』に至る過程のなかで、高畑・宮崎・小田部のチームは、演出、キャラクターデザイン、そしてレイアウトを一体化させ、キャラクターの表現を洗練させていった。

共有される型と「ジブリ顔」——『母をたずねて三千里』『未来少年コナン』『赤毛のアン』

『アルプスの少女ハイジ』の後、高畑・宮崎・小田部のチームに奥山が合流し、また大塚も時に原画を手伝って、高畑の演出で『母をたずねて三千里』（日本アニメーション、一九七六年）が制作された。小田部は引き続き、キャラクターデザインと作画監督を担当している。この作品について注目すべき点は、主人公のマルコとともに彼の母を探し、彼のことを常に気にかける少女フィオリーナのデザインである。彼女の輪郭線、鼻、そして目の形、黒目と白目のバランスは、その二年後に放送された『未来少年コナン』（日本アニメーション）に登場するラナによく似ている。もちろん、ラナにも『アルプスの少女ハイジ』で小田部が発案した少女キャラクターの目の描き方が実践されている〔図⑧〕（なお、フィオリーナも、ラナも、声は信沢三恵子が演じている）。だが、小田部は『未来少年コナン』には参加しておらず、キャラクターデザインは大塚と宮崎の共作である。小田部の不在とキャラクターデザインの類似からは、一九七〇年代前半の集団作業が達成したキャラクターデザインの洗練が、七〇年代後半には、作品とスタッフの名前を横断して、少女キャラクターの顔の「型」として共有されたことがわかる。

図⑧　クリエイターを超えた類似（右：フィオリーナ『母をたずねて三千里』第33話、左：ラナ『未来少年コナン』第1話）

さらに、この型は、高畑の演出作『赤毛のアン』（日本アニメーション、一九七九年）のダイアナへと受け継がれていく。『赤毛のアン』のキャラクターデザインは『パンダコパンダ』で原画を担当した近藤喜文が務めた。ダイアナはアンが憧れる少女である。彼女のデザインはフィオリーナ、そしてラナの延長線上にあるため、アンのデザインの新しさが際立っている［図⑨］。アンの顔の半分近くは額で占められており、顔の下方にある目はダイアナよりも大きく、丸い。近藤はこの顔を、原作小説の「やせでギョロ目でソバカスだらけで赤毛」という描写どおりのデザインを求める高畑に応じて、作り上げた。[*20] 物語の出発点におけるどこか不安定なアンの顔は、はち切れんばかりの感情を抱え込んだ彼女の個性を視覚的に表している。その顔は、彼女が成長していく様を十全に描こうとする高畑の演出にとって必要なものであった。近藤は物語の進展に応じて彼女のデザインを変えていった。身長が伸び、頭身が多くなるだけでなく、額の割合は小さくなり、目の位置も上がり、顔のバランスが次第に安定していった。そして、顔からこぼれんばかりであった「ギョロ目」は落ち着いた知的な目になっている。もちろん、ダイアナも身長は高くなり、大人っぽくはなっているが、フィオリーナやラナの延長線上にある彼女の顔はアンほど変化しない。変化するアンと変化しないダイアナの対比によっ

図⑨　ダイアナ（左）とアン（右）の差異（『赤毛のアン』第九章）

て、アンの成長は視覚的にも強調されることになった。

『赤毛のアン』のキャラクターデザインを近藤が務めたことは、高畑・宮崎・小田部・大塚らのチームがつくりあげてきたデザインが若い世代に引き継がれたことを意味している。近藤は小田部より一四歳年下、高畑より一五歳年下、そして大塚より一九歳年下であり、宮崎より九歳年下である。フィオリーナ、ラナ、ダイアナの流れが示すのは、少女キャラクターのためのデザイン、すなわち「型」が次世代の制作者に受け継がれたことである。もちろん、「型」はそれがありふれた表現であることをも意味するため、個々のクリエイターにとって好ましい言い方ではないかもしれない。しかし、型があるからこそ、型を外すことができる。そして、型からの距離は新しい表現が生まれる契機となる。その一例が『赤毛のアン』のアンとダイアナのキャラクターデザインの対比である。

「型」は様式の確立にも必要である。多くの人間がある型を理解し実践し共有することで、それは様式となる。ここまで論じてきたとおり、ミミ子、ハイジ、クララ、フィオリーナ、ラナ、ダイアナの顔に見出せる同一性は、高畑、宮崎、小田部、大塚らが七〇年代前半に複数の作品を横断しながら、作り上げてきたものである。そして、七〇年代後半にこの顔は、近藤をはじめ次世代の制作者にも共有され、スタジオジブリの第一作『天空の城ラピュタ』のヒロイン、シータに至るのである。

同様の流れは、少年キャラクターについても見出すことができる。『アルプスの少女ハイジ』のペーターと『未来少年コナン』のコナンは、目の描き方だけでなく、身体のデザインも類似していることがわかる。さらに、ペーターとコナンの声を小原乃梨子が演じていることを考えれば、両者の違いはほぼないとも言えるだろう。いっぽう、ペーター・コナンとは異なるのが、『母をたずねて三千里』のマルコである。彼の目の描き方はハイジ・クララで実践された少女キャラクターの描き方に近い。マルコの上瞼と下瞼は離れ、上瞼は太くやや弓なりに描かれ、いっぽう下瞼は細く短い。そして、上瞼と下瞼の間は白いトレス線で結ばれている。とはいえ、マルコの目の描き方は、単発で終ってはいない。のちの作品の別の少年キャラクター、つまり『風の谷のナウシカ』のアスベル、さらには『天空の城ラピュタ』のパズーが受け継いでいるのだ［図⑩］。

図⑩　マルコ（上）の目を引き継ぐアスベル（中）とパズー（下）（上：『母をたずねて三千里』第14話）

おわりに

これまでみてきたように、わたしたちが「ジブリ顔」と呼ぶスタジオジブリのキャラクターデザインは、七〇年代を通して高畑勲、宮崎駿、小田部羊一、大塚康生、近藤喜文がおこなった絶え間ない協働から生まれてきたものである。本論で概観してきた過程からは、それが誰かひとりの名前に帰すことができない「型」であったことがわかる。そして、この型は、一九八五年の設立から二〇〇〇年代まで続くスタジオジブリの成功のなかで、そのアイコンとして流通するようになった。ただし、忘れてはならないのは、「ジブリ顔」はスタジオジブリの歴史だけを示すものではないことだ。それは、テレビアニメの質が向上し、表現の幅が広がった七〇年代の一側面を示すものであり、たとえば、『アルプスの少女ハイジ』『母をたずねて三千里』『赤毛のアン』『未来少年コナン』に参加し、そこから離脱した富野由悠季らが切り開いたロボットものとそのキャラクターデザインの競合のなかで磨かれてきたものである。すなわち、「ジブリ顔」は日本のアニメーションの発展と成熟を体現する顔でもあるのだ。

1――叶精二「高畑勲　演出論　アニメーションの本流への復帰」（『高畑勲・宮崎駿作品研究所』http://www.

yk.rim.or.jp/~rst/rabo/takahata/ensyutsu.html 二〇二二年四月三日閲覧)。

2――キャラクターデザイン・作画監督、近藤喜文インタビュー「人間の顔の微妙な曲面と必死にとり組んだ日々」(スタジオジブリ編『ジブリの教科書6　おもひでぽろぽろ』文春文庫、二〇一四年)一三〇頁。

3――作画監督、小西賢一インタビュー「全体を見渡せるポジションにおいての達成感」(スタジオジブリ編『ジブリの教科書11　ホーホケキョ　となりの山田くん』文春文庫、二〇一五年)一一八～一一九頁。

4――押井守『誰も語らなかったジブリを語ろう』(徳間書店、二〇一七年)一八二～一八四頁。

5――近藤インタビュー、前掲書、一三三頁。

6――同右、一三三～一三四頁。

7――同右、一三五頁。

8――「『耳をすませば』キャラクター設定」(スタジオジブリ責任編集『スタジオジブリ作品関連資料集V』徳間書店、一九九七年)一〇六～一〇七頁。

9――『悪の華』のオーディエンスの反応と同作の表現としての意義は、下記を参照されたい。石田美紀「運動と感情への接近――アニメーション『悪の華』の試み」(『ユリイカ』四七(一五)、二〇一五年一〇月)二二一～二二七頁。

10――「『耳をすませば』製作発表会プレスキット」(前掲『スタジオジブリ作品関連資料集V』)四三頁。

11――キャラクターデザイン・作画、近藤勝也インタビュー「絵には自分の内面が表れますね」(スタジオジブリ編『ジブリの教科書5　魔女の宅急便』文春文庫、二〇一九年)一二四頁。

12――原画、井上俊之インタビュー「キキは鼻の位置が難しい」(前掲『ジブリの教科書5　魔女の宅急便』)一五〇頁。

13――無記名記事「「魔女宅」の世界を描くスタッフたち」(『アニメージュ』一九八八年一二月号、徳間書店)

二一頁。

14――無記名記事「民主的な集団制作の方法」(『高畑勲展　日本のアニメーションに遺したもの』NHKプロモーション、二〇一九年)三二頁。

15――叶精二『日本のアニメーションを築いた人々［新版］』(復刊ドットコム、二〇一九年)五三~五四頁。

16――高畑勲・宮崎駿・小田部羊一『幻の「長くつ下のピッピ」』(岩波書店、二〇一四年)七〇頁。

17――同右。

18――同右、八九~九〇頁。

19――叶、前掲書、一七三頁。

20――無記名記事「近藤喜文によるキャラクタースケッチ」(前掲『高畑勲展』)九七頁。

コラム①

「魔法少女」として読む『かぐや姫の物語』

◉須川亜紀子

「姫の犯した罪と罰。」……ショッキングなキャッチコピーで公開された『かぐや姫の物語』（二〇一三年）は、一九九九年公開の『ホーホケキョ となりの山田くん』以来、一四年間を経て発表された巨匠高畑勲監督の映画作品であり、遺作である。実は高畑自身、このコピーに戸惑い「やむなくかぐや姫の台詞を一部かえなきゃならなくなった」[*1]と語っている。原作『竹取物語』には月の父王から地球に追放されたという記述があるということで、右のコピーになったらしいが、それでも高畑監督にはジレンマがあったようだ。東映動画時代、『竹取物語』の漫画映画（アニメーション映画）化の企画があったが、その時高畑は月でのかぐや姫と父王の会話をプロローグにするアイデアを初期段階で出し、ボツにされている。[*2]そしてそのアイデアを、高畑は『かぐや姫の物語』でも描くことはしなかった。

姫の犯した罪とは何か。地球に赤子として「流刑」された姫を理解するために、唐突ではあるが彼女を「魔法少女」と措定して、それを考察しよう。

翁が竹やぶで見つけた小さな赤子「ヒメ」は、瞬く間に成長し、美しい少女になる。その出自といい、成長の加速度といい、すでに「普通でない」存在であることがわかる。ヒメは、大自然のなかで、野生児のように野山を駆け回り、その成長の早さから「タケノコ」と呼ばれ地元の少年・捨丸や子供たちと楽しい日々を過ごす。まるで、その幸せな日々がいつまでも続くかのように。

しかしある日、翁が黄金を手にしてしまったことで、悲劇が始まる。翁は、ヒメを都でみやびに育て、あわよくば高貴な殿方の玉の輿に乗せようと、急に村を出てしまう。「金は人を狂わす」……ありふれた言葉ではあるが、それはヒメにとって、そして女性

図①　点々と落ちている着物の先には月が大きく描かれる。巨大な月は、かぐや姫の行く末を監視しているかのようだ

にとって、社会と向き合わざるを得ない契機となる。きれいな着物、化粧、所作。みやびできらびやかな世界は、しかし不自由なルールがはびこる世界である。着物や化粧は、本来の身体を覆い隠すものなのだ。

本来の身体を偽って美しく成長したヒメは、「かぐや姫」と名づけられる。この名づけの行為もまた、ヒメの自由を一つ奪っていく。徐々に自分とは違う「何か」になってゆく感覚。かぐや姫は、美しいと評判になり、自分とは違う「何か」に、男たちは勝手に恋焦がれて、ついにはかぐや姫に求婚してくる。ゆっくりと確実にアイデンティティーを破壊される姫。とうとうこの生活に耐えられなくなった姫は、ヒステリックに屋敷を抜け出し、都を駆け抜ける。鬼のようになった姫は、その体さえ変容し、まるで魔法を使ったかのように怪力を発揮して、着物を脱ぎ棄て猛スピードで故郷の村へと戻ってしまう。身体の隠蔽物である着物の破棄は、構築された女性性からの逸脱を表象している［図①］。そして、描線も背景も不明瞭になり、身体のサイズもメタモルフォーゼするのだ。身体の溶解こそ、社会規範（資本主義、家父長主義的規範など）からの逸脱を象徴している。

故郷では、たくさんの子持ちの父となった捨丸と再会する。子供時代のように楽しく時を過ごす二人が、不倫関係をもったともとれる様子が二人の〝飛翔〟として象徴される。心理学者の横田正夫は、これを「心の交感」であり姫にとって「歓喜」であると述べる。[*3] しかし、屋敷を抜け出して捨丸と故郷で過ごしたことも、まるで一瞬の夢の中のできごとだったかのように、目覚めるともとの屋敷にいる姫だが、処女性を喪失した姫は「少女」ではなくなる。さらに求婚をしてくる男性たちをあきらめさせようという軽い気持ちで口にした無理難題のせいで、一人が命を落としてしまう。その事実を知った姫は、再び恐ろしい顔になり、泣き崩れる。制御不能な魔法の力の行使と一生「少女」のままでいられないという現実がそこにある。

地球は、月の劣位の位置に配置され、月の流刑地だった。その流刑地で、姫はただ自由に生きた。女性が自由に生きようとするとき、悲劇が起こる。唯一、嫗は女性として翁の決定に異を唱えるが、決定を覆す力はもっていない。社会の規範に抵抗する残されたすべは、忘却だけである。

月の女性かぐや姫は、おそらく「少女」として生きたいというかなえられない「罪」をおかしたのではないか。さらに、自由に生きることの苦しみから逃れようとし、無意識に他者に頼る（月の使者を呼ぶ）という「罪」を犯し、かぐや姫は、再び月に戻っていった。最後に忘却という暴力的な魔法を使って、月からの使者に導かれて、かぐや姫は本当の故郷に戻っていく。悲しみも喜びも、その罪をさえ抱きしめて、姫は去っていく。自由に生きることは罪なのか。家父長制的規範があるかぎり、少女たちは魔法を使い続けなければならない。

日本アニメにおいて一大サブジャンルである「魔法少女」ものにおいて、非性愛化され、変身して美しく強くなる魔法少女がいる一方、魔法少女になること自体がすでに呪いという、悲劇としての魔法少女もいる。かぐや姫を「魔法少女」と措定すれば、彼女はどちらのタイプになるのだろうか。彼女は月の世界という枠組みでは呪われた魔法少女である。流刑地であるはずの地球では、清廉潔白な強く美しい魔法少女として生きたといえるだろう。だが、「少女」として生きられなくなった時点で、彼女はまた呪われた魔法少女になる。機械のように生気をなくしたラストシーンがそれを物語っていると言えないだろうか。

1――アニメージュ編集部『かぐや姫の物語――高畑勲監督作品』（ロマンアルバムエクストラ、徳間書店、二〇一四年）一五九頁。

2――高畑勲「監督の言葉」（映画『かぐや姫の物語』公式サイト、https://www.ghibli.jp/kaguyahime/message.html 二〇二二年三月三日閲覧）。

3――横田正夫「『かぐや姫の物語』の臨床心理学的分析」（『アニメーション研究』二一（一）、二〇二〇年）八五頁。

第2章 航空機体の表象とその運動ベクトル

宮崎駿『風立ちぬ』の戦闘機は何を演じているのか

◉キム・ジュニアン

一　飛行から航空へ——戦闘機は魔女のほうきではない

本稿は『風立ちぬ』（二〇一三年）の主題である戦闘機に着目し、宮崎駿監督の兵器趣味の現れとして、その物体がどのような役割を担っているのかという問いに答えるための試みである。この試みは、戦時下の「科学」という国策、そして模型をめぐるメディア環境の文脈の中に兵器趣味を配置し、戦闘機による画面上の「航空」運動がアニメーションの作り手および受け手両方に対してもたらす身体的関係や、その意味合いを明らかにするものでもある。

宮崎のアニメーション映画に見られる航空の表象については、これまで「飛行」という広い概念から議論されることが多かった。例えば、メディア論研究者の小池隆太は「「飛行」がひとつのモチーフをなすことは今さら述べるまでもない」とし、『魔女の宅急便』（一九八九年）と『紅の豚』（一九九二年）を「飛行二作品」という総称で共に位置付けている。[*1] 一方、日本学研究者のスーザン・ネイピアは、宮崎作品における飛行の表象を概観しながら、「自由」や「救済」といった浪漫主義的な意味を見出そうとしている。[*2]

本稿は、これらの先行研究における「飛行」という概念ではなく、「航空」という概念を用いる。というのも、戦闘機が空を飛ぶ際に想定される「力」の源泉とその作用は、魔女のほうきや、『天空の城ラピュタ』（一九八六年）に出てくる飛行石のそれとは異なるからである。航空か否かという区別には映画の物語内の文脈はもちろん、物語の外側で映画の企画・制作・配給・受容に影響を与えている「ジャンル」というファクターも関わってくる。つまり、ここで歴史物とファンタジー物を区別するようなジャンルの境界線をひくとすれば、『風立ちぬ』は『魔女の宅急便』や『ハウルの動く城』（二〇〇四年）と正反対の側に置かれるだろうし、『紅の豚』はその中間のどこかで揺れ動いているといえるだろう。

『風立ちぬ』において近代機械文明が生み出した航空機、とりわけ戦争という状況下の戦闘機に光を当てると、既に言及したネイピアによる浪漫主義的な宮崎論の不十分さが浮き彫りになる。戦闘機という兵器は、ネイピアが見出す自由や救済という言葉に還元させるには、あまりにも現実的（アクチュアル）な対象だからである。要するに戦闘機に乗ることは、敵から攻撃され殺されるかもしれないという可能性を前提とするからだ（零戦（ゼロせん）を旅客機と同じ飛行機ということは不可能であろう）。なお、それ故に戦闘機はある種、宮崎における臨界領域でもあるだろう。小池によると、宮崎は兵器マニアとして知られるが、作中で戦争を単なるエンターテインメントとして描く演出には抵抗する傾向があるという。[*3] 同様の指摘は、メディア論研究者のトラヴィス・R・マーチャント＝ナッセンも行っており、『風立ちぬ』は、戦争と個人との間で飛行機をめぐって形成される「緊張」が頂点に達した作品だと評価する。[*4]

兵器によって引き起こされる緊張は、物語世界のなかの主人公・堀越二郎と制作現場の監督・宮崎の両者において同時に観察されるものだ。『風立ちぬ』の作品の作家主義的な位相から考えると、宮崎こそ堀越という物語装置の作り主といえるから、堀越および宮崎の両者に緊張が見えるのは当然である。作中で「俺たちは武器商人じゃない、いい飛行機を作りたいだけだ」と夢見る主人公の堀越、画面上で戦闘機の運動を「美しいものとして眺める／見せる」[*5]ことを追求する監督の宮崎、この二人にとっては、飛行機もしくは戦闘機が、戦争、そして日本帝国という枠組みのなかに組み込まれることによって、自らが貫こうとする「個人」としてのあり方が臨界線上に立たされるのだ。宮崎は実在の人物である堀越について「ものすごく個人的な動機で飛行機を作ってたんじゃないかってことがわかる気がする」と発言している。[*6]そして『風立ちぬ』の制作における覚書では「描かねばならないのは個人」であると強調しているのだが、[*7]個人そのものが矛盾に満ちている複雑な存在である点については、（実際の堀越はともあれ）宮崎自身は自覚しているようだ。これは宮崎が執筆した『宮崎駿の雑想ノート』（一九九七年）の中の以下の文章から見て取れる。

軍事関係のことが好きなんです。

なんと愚かなことをするんだろう…と思いながら、なんてバカなんだろうと思いながら戦記などを読んでいるんです。でも愚かだとわかりつつも、狂気の情熱みたいなものが、どこかで好きなんですね。

しかし、肯定しているかというと、そうではなく否定しているんですが、そういう矛盾が整理されないまま、ずーっとこの趣味を、もうかれこれ40年近くやっていると、色々たまってくるんですよね。[*8]

宮崎という個人内のレベルでもこのような否定と肯定が拮抗していることが確認されるため、この緊張に光を当てるマーチャント＝ナッセンの『風立ちぬ』論は、ネイピアの浪漫主義的な論点を乗り越えている点で評価に値する。ただし彼の議論の多くは、同作品の背景である二〇世紀前半、日本の近代化および帝国／植民地主義を取り巻く言説に集中しているため、宮崎自身が右の引用で述べているような兵器への「狂気の情熱」や「趣味」といった問題にまでは踏み込んでいない。そのため本稿は、宮崎という個人のうちの密やかな領域を開示する試みともなろう。

二　戦闘機体をめぐる遂行性・同形論・映像ベクトル

国家と個人との間、そして個人内に生じる緊張に着目しながら、本稿では趣味や趣味対象に関わる個人を、時間を超越し理想的に自立した存在ではなく、時間軸上で変容する遂行的（performative）なものと捉える。このアプローチは、個人の趣味（もしくは個人的な動機）が先にあって、それが国家権力に組み込まれるというよりは、むしろ個人の趣味や個人的な動機は国家権力により「育まれる」と看做す。遂行性に関して本稿が参照するのは、哲学者であるジュディス・バトラーのジェンダー・パフォーマティヴィティである。バトラーは、女性や男性というジェンダー・アイデンティティーは、身体が時間のなかで一定の行為を繰り返して遂行することで様式化されるものだと指摘する。[*9] この考え方は、従来のジェンダー規範からの個人の解放に貢献するだけでなく、アイデンティティーそのものが、ジェンダーに限らず、何らかの行為を繰り返すことで形成され得るという知見を提供しており、本稿の議論にとっても非常に有意義である。

バトラーの行為遂行論と併せて本稿では、芸術心理学者ルドルフ・アールンハイムの同形論(isomorphism)の考え方も採用する。アールンハイムが、ダンサーの身体的運動の観察から提出する同形論においては、表現主体であるダンサー側の意識、神経、筋肉、筋覚、[*10] 身体の運動、そしてダンサーのパフォーマンスを見ている受容者側の網膜、大脳皮質、知覚がそれぞれ互いに同形的な構造でできており、その結果、両者の間で相互コミュニケーションが成立するとされている。[*11] この理論によると、運動要素を伴う芸術においては表現主体と受容者とを機械的に区別し孤立させてきた従来の考え方は通用しない。もちろん『風立ちぬ』で見られる戦闘機は、ダンサーのような生身の身体を持つ人間ではないが、この映画の企画書が「飛行機は美しい夢」という言葉と共に始まっているため、[*12] 何らかのコミュニケーションを引き起こすパフォーマンスを期待させるのだ。人間は非生命体の物体による表現に対して、感情移入や自己投影することができるとアールンハイムも認めている。[*13]

それでは、宮崎の描く戦闘機はスクリーン上で具体的にどのようなパフォーマンスを見せているのか？　この問いは、戦闘機の動きの様相を如何に記述し分析すべきかという課題をもたらす。運動の記述および分析方法については、メディア論研究者でテレビ番組制作者でもあるハーバート・ゼットルが実写映画を中心に整理した「映像ベクトル（film vector）」という概念が有効であろう。ゼットルは、画面上の運動を記述するためには現実の運動と同様に力の「大きさ」のみならず「方向」についても考慮すべきだという。そしてニュートン力学のベクトル概念を延長した映像ベクトルの概念を整理し、映像ベクトルが映画の物語や視聴経験に及ぼす効果を論じている。[*14] 本稿では、映像ベクトルを手描きアニメーションに応用すると同時に、手描きという表現形式が質量や重力などの物理的性質を本質的に欠如している点にも注意を払う。もちろん古典的な物語様式に従って制作された多くの手描きアニメーションにおいては、実写的なリアリティのシミュレーションが追求される。そのため、実写同様の映像ベクトルを再現する傾向が強い。『風立ちぬ』における戦闘機の航空ベクトルについても、ディズニーの『プレーン・クレイジー』（一九二九年）よりも、実写映画の『トップガン』（一九八六年）との類似性を探す方が遥かに容易だろう。これは、映画研究者ケヴィン・L・ファーガソンの論文「航空映画」が、『トップガン』と並んで『紅の豚』を同時に取り上げていることからも裏付けられる。[*15] しかし、実写をシミュレーションする傾向があるにもかかわらず、手描きアニメーションで作成される質量や重力がない戦闘機だからこそ、そこに描かれている密やかな表現にも注意する必要がある。

以上の枠組みと仮説を前提に、次節では宮崎作品に見られる戦闘機趣味とは、どのような行為の遂行によって様式化され、かつ育まれてきたのかについて、『風立ちぬ』の時代背景を手がかりに考察していく。

三　兵器からリアルを認知する知覚システム

まずこの問いに答えるには、戦後のおたく向けアニメ・漫画を中心に兵器趣味を観察してきた大塚英志による指摘に注目する必要がある。大衆文化研究者の大塚は、「「おたく」的文化の出自」は「戦時下のプロパガンダの達成に見[*16]」られるとし、戦争画で知られる藤田嗣治に言及するなかで、次のように述べる。

> 藤田嗣治などは、西洋画で兵器を描く美学（いわゆるフジタ・スタイル）の責を画壇から一人負わされこの国を去ったが、その様式のエピゴーネンたちは戦後の少年誌の口絵やプラモデルの箱絵に延命している。ジブリ作品の戦闘機の筆致のなかにさえ残る。[*17]

右の引用で言及されるプラモデルの文化は、確かにジブリのアニメーション制作と直接・間接の関わりを有している。まず、宮崎自身による『風立ちぬ』の同名の漫画原作『風立ちぬ』（二〇〇九〜二〇一〇年）と『紅の豚』の原作漫画『飛行艇時代』（一九九〇年）は、兵器のプラモデルを専門的に取り上げる月刊模型雑誌『モデルグラフィックス』で連載、発表されたものだからである。宮崎とは長年の同僚で、ジブリのアニメーションスタイルに多大な影響を与えたアニメーターの大塚康生も、同じ兵器趣味を持つことでよく知られている。例えば、大塚には、模型・プラモデルメーカーの田宮模型社をプライベートで訪問し、同社の兵士人形のポーズについてアドバイスした、というエピソードが伝えられる。[*18] 非常に興味深いのは、大塚が小学生だった一二歳の時（一九四四年）に、同級生と一緒に陸軍の戦闘機の写真を見ながら描いた絵を回顧録『作画汗まみれ』（二〇〇一年）に掲載し、自らの絵について「きわだってリアル」と自讃していることである。[*19] 写真に写っている兵器を見ながら（おそらくリアルな兵器を想像しつつ）絵を描くだけでなく、手描きの兵器からリアルな兵器を見出そうとするからである。

兵器に対するこのような感受性は、一九世紀半ば以来の西洋絵画におけるリアリズムが、主に庶民の生活、都会の景観、人間の身体などを題材にしていたこととは明らかに異なる。[*20] 大塚の回顧には、兵器をめぐって視線と手が用いられる力場が生じており、その力場では兵器が中心に置かれ、人間の知覚をリアル（な何か）に媒介するスキーマの構造[*21]が成立しているといえる。この知覚システムは、大塚英志が提唱するところの「兵器リアリズム」という言葉で言い換えることができるだろう。大塚は、終戦直前に制作・公開された長編アニメーション『桃太郎 海の神兵』（一九四五年）において、ミッキーマウスのような動物キャラクターと対照しながら、兵器が終始フォトリアリスティックな方法で描かれる異常さに光を当てる。それを「兵器リアリズム」と定義したうえで、類似した描き方を『機動戦士ガンダム』や『新世紀エヴァンゲリオン』など、戦後おたく文化の象徴的な作品から見出す。[*22]

しかし、兵器をリアリティの担い手にまで押し上げたのは、アニメーションではなかった。大塚英志が論じる戦後の少年誌とプラモデルの文化と同様に、もしくはそれ以上に、戦時下では雑誌と模型といったメディアが兵器リアリズムの育成に大きく関与していた。田宮模型社の社長・田宮俊作の回顧はそれを裏付ける一例といえる。田宮によれば、一九六〇年代に自社の戦車や零戦などの模型商品の箱絵（通称ボックスアート）を、当時有名イラストレーターだった小松崎茂に描いてもらったところ、消費者（主に子ども）の間で評判になったという。[*23] その小松崎こそ、藤田嗣治のエピゴーネンどころか、戦時下で兵器リアリズムの実践をリードしていた一人だったのである。小松崎は、一九四〇年から陸軍省の支援を受けて発行された少年向けの兵器専門雑誌『国防科学雑誌　機械化』（以下『機械化』）に多くのイラストレーションを掲載していた。同誌の復刻版資料集『機械化　小松崎茂の超兵器図解』には次のように紹介がなされている。

日本のＳＦアートグラフィック

そのルーツ、ここに復活!!

戦時下、愛国奉仕団や女子挺身隊に従事した数十万名の少年少女たち。国家が彼らに与えた夢、それは異彩の絵師が描いた空想科学兵器だった。

後に『海底軍艦』、『地球防衛軍』、『サンダーバード』、『ウルトラセブン』などＳＦ映画の超兵器や少年誌、プラモデルの箱絵で活躍する小松崎茂画伯が戦時下の図解絵師としてデビューした初期作品集がここに蘇ります。[*24]

この紹介文は、小松崎が戦時下の兵器リアリズムを戦後につなぐ重要な人物であること、そして『機械化』というプロパガンダ・メディアによって兵器リアリズムが人々の間に深く浸透し、「夢」の領域にまで侵出するようになったことを示唆する。

しかし、『機械化』誌が「国防科学雑誌」を名乗りつつ目指していたのは、「空想」を排除したうえで成り立つ「科学」、さらには「戦争に役立つべき科学」であった。一五年戦争に突入するなか、科学戦や近代戦という視座から軍の機械化や兵器の科学化を推進し始める政府は、[*25]一九三八年に「児童読物改善ニ関スル指示要綱」を導入する。そこでは、科学知識は「空想デ有ツテハナラナイ」ものであり、そういった知識の題材として爆弾、タンク、飛行機などの兵器を推奨しながら、芸術作品に対しても兵器を取り上げるよう指示したのである。[*26]

その二年後に創刊される『機械化』誌は、確かに様々な兵器の精巧なイラストレーションを数多く掲載している。注目すべきは、描かれている兵器が必ずしも実在するものではなく、「未来兵器」という名の下にフォトリアリスティックなスタイルで描かれた空想の兵器も混在するところである〔図①〕。どちらの兵器のイラストレーションにも詳細な機能の注釈がつけられ、またドラマチックな戦闘シーンが描かれており、空想とはいえ現実の兵器と同等なレベルで演出がなされている。こ

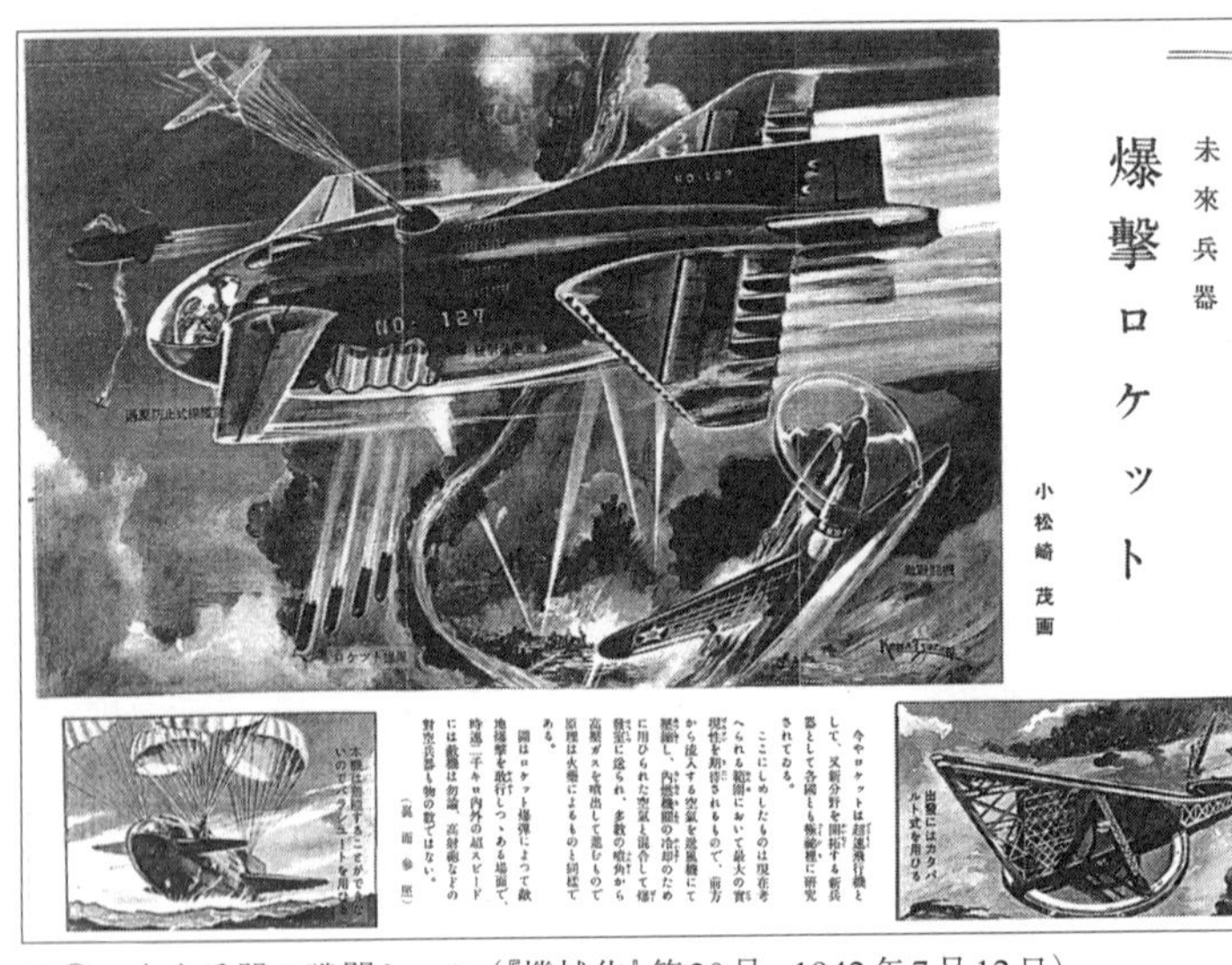

図①　未来兵器の戦闘シーン（『機械化』第20号、1942年7月12日）

のような空想の兵器と現実の兵器の混在は、それら両方の間にあるべき知覚上の境界を非常に曖昧にしていて、逆にいえば、兵器のイラストレーションから知覚される「リアル」というものは、実のところ、シミュラクラで[*27]しかない可能性を示唆する。要するに、国家によって権威づけられた雑誌メディアをベースにし、ある種のバーチャル空間が成立していたと考えられる。

戦時下の兵器シミュラクラの様相は、一九六〇年代にブームを起こす戦記ものに受け継がれたように見える。田宮が「マガジンやサンデーといった少年誌の口絵には毎号のように零戦や大和が載ってい[*28]」たと述べる当時の戦記ものブームについて、アニメ評論家の藤津亮太は興味深い特徴をいくつか指摘している。そのなかでも特に『機械化』誌で見られる兵器のイラストレーションと共通しているのは、歴史的な文脈から切り離したうえで兵器同士の戦いがゲームのように想像されているという点である。[*29] 兵器をめぐる自らの趣味について、宮崎もゲームと比較しつつ次のように述べている。

頭の中で無数の空中戦をやり、無数の海戦をやっているんです。だから僕はシミュレーションゲームをやる気が全然起こらないんですね。ゲームなら、もう頭の中で死ぬほどいっぱいやっているから…死ぬほどっていうのはオーバーで、全然死なないけど（笑）。[*30]

このような兵器同士の戦いをシミュレーションゲームと同等に見做すこと自体は、一九六〇年代の戦記ものブームに関する藤津の議論と照らし合わせると、宮崎個人のレベルを超えて、幅広く共有されていたことが分かる。宮崎も自ら記しているように、少年時代に戦記ものに熱中していた読者の一人であったのである。[*31]

兵器のシミュラクラ化、そして戦争のシミュレーション化には、藤津が一九六〇年代の戦記ものについて取り上げる二点目の特徴、つまり戦記ものが兵器のスペックや機能美をアピールし読者を魅了したということも関わる。この特徴は、戦時下の『機械化』誌だけでなく、それから数十年後に宮崎が連載を始め、後にアニメーション映画化される『紅の豚』や『風立ちぬ』の原作漫画でも同様に見ることができる。[*32] どちらも戦車や戦闘機など兵器のスペックや性能が紙面上に詳細に記されており、文字情報によって兵器という対象が記号化・抽象化されるのはもちろん、乗組員である人間の兵士たちにもたらされるはずの身体的危害や死は周縁化されている。

このような身体性の周縁化は、さらにキャラクターの周縁化につながっていく。『紅の豚』の原作漫画が含まれている宮崎の漫画『雑想ノート』のエピソードの多くは、ストーリーは特になく、キャラクターもほとんどが名を与えられず、集団の一部として描かれる。もし主人公がいるとしたら、兵器こそがそれにあたるといっても過言ではないだろう。戦車や戦闘機などは頻繁に解剖図的に描写され、擬人化された動物キャラクターはそれぞれの兵器内の狭い空間に配置されている。同様に『機械化』誌の兵器イラストレーションでも兵士の多くは、車体や機体の狭い空間内にまるで部品のように無表情のまま押し込められていて、何らかのアクションを起こしそうな躍動感を彼ら兵士から見出すのは非常に難しい。ドラマチックかつダイナミックなアクションの瞬間が捉えられるのは、むしろ戦車や戦闘機なのである。

ただし『機械化』誌と『雑想ノート』との間に大きな相違があることも指摘しなければならない。後者の兵士たちは、前者の厳粛な雰囲気での描かれ方とは異なり、アメリカのカートゥーンで見られるような陽気さや愉快さに溢れてい（て、しかも皮肉っぽささえ感じられ）る点である。こういった相違は、歴史上の戦争を取り上げる『紅の豚』や『風立ちぬ』において、宮崎が制作の覚書に明確に記している「漫画映画」というコンセプトとも深い関係にあると考えられる。宮崎にとって漫画映画とは何なのかについては、まず戦時下で雑誌と共に兵器美学の普及に関与していた模型について確認してから考察したい。模型こそ、兵器を用いての「見る―描く―見る」というパフォーマンスを、「触る―作る―遊ぶ」といった筋覚的レベルのパフォーマンスに深化させたからである。

四　兵器模型――触る、作る、遊ぶ、そしてなる

『風立ちぬ』には機体の内部が透視される独特なシーンが出てくる。これは、同じように戦闘機をはじめ航空機が描写される『紅の豚』にはなかった表現である。例えば、隼型戦闘機のテスト飛行中に翼にトラブルが生じてバラバラになっていくシーンで、それを地上から注視している堀越の視線をなぞりながら翼の金属の表面が透明になり内部の骨組みが表れてくる。また、ドイツ出張で堀越と本庄がユンカースG38に搭乗し翼の内部を視察するシーンでは、視点が翼の内部から外側に突然トラックバックするなかで、翼の金属の装甲が一部透明になり、内部にいる二人を外側から写し続ける。このシーンは、堀越という作中人物の視点というよりも、作品の外側に存在する宮崎監督の視点が採用されているように見える。もちろん両シーンともに翼が突然透明になるのは、監督としての宮崎がスタッフたちに指示した故に他ならない。

兵器への解剖図的な視点を手描きで提示する例は、『機械化』誌のイラストレーションに見られたことは先述したとおりだが、同じく戦時下の少年向けの模型雑誌や書物に掲載された兵器模型の設計図にも見られる。模型においても実物の兵器と兵器シミュラクラが区別されない知覚システムの

場が成立していたのである。しかも、メディア社会学者の松井広志によると、模型製作者は一九二〇年代後半より「エンジニヤー」と呼ばれていた。模型製作の技術と経験が本物の兵器製作に直結することが期待されていたからだ。[*33] しかし、このような期待に現実味がないことは、『風立ちぬ』で堀越が三角関数や微分積分の計算をしている場面を思い出せばすぐに納得できるだろう。最先端の戦闘機を設計するためのそのような高度な数学は、『おもひでぽろぽろ』（一九九一年）で分数の割り算が苦手な岡島タエ子のように、今日多くの子どもたちを苦しめており、現実として、数学の才能がある子どもはそれほど多くはないのである。

つまり模型も、他のプロパガンダ・メディアと同じく少年たちを兵器に親しませ、最終的には戦場へ向かわせる狙いが大きかった。[*34] 実写のプロパガンダ映画『翼の凱歌』（一九四二年、山本薩夫監督）は、当時模型飛行機がどのように少年たちをコックピットに向かわせたのかを如実に示している。同映画は二人の少年・雄吉と喬が、模型飛行機を空に飛ばしながら遊ぶ天真爛漫な様子から始まる。その後、場所は二人のいる家庭や町から仙台地方航空機乗員養成所へ、次に熊谷陸軍飛行学校へ移り変わると同時に、彼らの模型飛行機も実験用の模型飛行機へ、そこから本物の戦闘機へ変容・発展していく様子がモンタージュ・シークエンス手法で提示されている。このシークエンスのなかで、主人公の少年二人はいつの間にか姿を見せなくなり、匿名化された少年兵の集団や大人の兵士たちが映し出され、誰もが雄吉と喬であり、逆に雄吉と喬は誰でもあるというメッセージが映像化される。実際、このような兵器プロパガンダに影響され、少年兵学校に志願した例が報告されている。[*35]

しかし本稿で特に焦点を当てたいのは、兵器模型による戦意高揚のプロパガンダ効果ではなく、「玩具を愛でる、玩具と戯れる」という身体的な遂行を通して、平和時にも持続してゆき、個人的次元で容易には拒否し難いほど筋覚的なレベルでなされる身体的な刻印である。人類学者のジェーン・C・デスモンドは、このような状態を自己分析から「筋覚的親密性」として概念化する。何回落馬しても馬に乗りたいと思い続けていたことについてデスモンドは、そのような指向が馬の模型玩具で遊んでいた幼少期の経験に由来し、しかも当時の自分は騎手ではなく、馬になろうとしていたこと、馬になったかのように庭で遊び動いていたと述べる。[*36]

対象と筋覚的に親密な関係を形成し、自他の境界がなくなってゆく状態は、戦時下の日本では兵器模型によって子どもたちに大規模にもたらされた可能性が考えられる。というのも、一九三九年に国防上の重要性から飛行機の模型製作が小学校の正式課程のなかに組み込まれ、戦闘機との身体的な触れ合いが国を挙げて推奨されていたためである。[*37]併せて、次々と創刊された模型飛行機関連の雑誌は、放課後の生活空間においても子どもたちと兵器模型とのインタラクションをより一層強化していた。それらの雑誌に関する松井の調査は、模型をめぐる言説が兵器趣味を様々なレベルで浸透させていたことを示唆する。例えば、工学者の木村秀政は模型製作の楽しさを強調しつつ、その外観の魅力よりは「性能」を優先すべきという価値観を提示していた。[*38]特に教育学者の横井曹一は、一九四二年に刊行した著書『兵器模型』で以下のように呼びかける。

かうして、一つの工作が完全に仕上がつた時は、どんなに愉快でせう。その喜びはとても人には判りません。今にも出来上がるといふその間際には、全て寝食も忘れてしまひます。その熱！　その力こそ、将来大きく伸びる皆さんの底力ですよ。[*39]

この呼びかけは、子どもと兵器（の模型）の間に、個人的で、なおかつ内密な関係が自然に出来上がることを、つまり兵器にこそ自分らしさを見出しうる場があることを主張する。興味深いことに松井は、横井を「自由主義に基づいて生徒の自主性を発揮させる改革的な手工教育を推進した」と位置付けつつ、『兵器模型』の序文は「そうして培われた「頭と手の両方」が「皇国の発展」にもつながるという内容だった」と読み取る。[*40]『兵器模型』の原文をもう少し詳しく見ると、横井は、設計図の作成、形状・寸法・組み立て・材料の予定、製作など順序よく進めることが大切であり、子どもに対し、自らの目を練り、手を養い、頭を使うようにと訴える。[*41]ここには、①視覚的知覚、②身体的・筋覚的パフォーマンス、③意識、以上の三つのレベルが結合される（べき）という発想が明確に姿を現す。身体的・筋覚的パフォーマンスが人間の知能や能力に関わるという発想は、一九八〇年代に発達心理学者のハワード・ガードナーによって理論的に定義されたものでもあるが、[*42]粘土彫塑や版画など手工教育を通して「粗雑でも子供の自立表現を貴ぶことを指導の要点とした」[*43]横井にとって、戦時下の模型教育は自らの教育理論の絶好の実験場だったかもしれない。

その横井が『兵器模型』の中で指導しているのは、模型飛行機の作り方だけではない。「理想的」な飛ばし方、遊び方まで指導していて、その遊びを「実験」と呼ぶ。子どもの身体運動を包摂するこの実験は、『国民学校模型航空機教育教程（試案）』（一九四二年）に模型飛行機で遊ぶ子どものイラストレーションが掲載されているところから〔図②〕、横井個人を超えて、同時代的に展開されていったことが推察できる。このような製作と遊びのプロセスは、戦闘機から自分らしさを発見し、さらに戦闘機になりたい気持ちを助長したといえる。

なお『機械化』誌の兵器イラストレーション同様に、『兵器模型』の言葉づかいや文章は、模型の兵器と本物の兵器とを区別しておらず、知覚上の混乱を助長している。この混乱は雑誌『模型航空』（一九四三年）の表紙を飾る「模型は兵器だ」というキャッチフレーズに端的に表れている。その影響がどのような事態まで引き起こしたのか確認してゆくと、終戦直後のGHQが実物の航空機の設計・製造に対し禁止措置を行った際、模型関係の業者が誤解し、模型の航空機の製造・販売を自粛したという報告が認められる。この報告について松井は、「戦時中

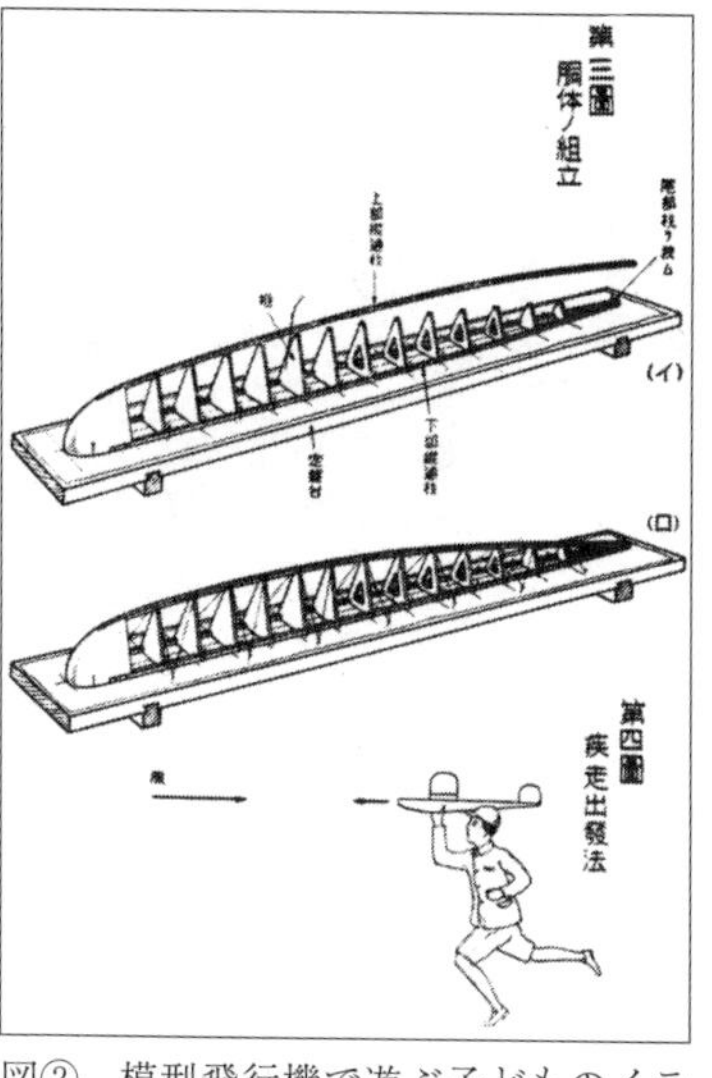

図②　模型飛行機で遊ぶ子どものイラスト（『国民学校模型航空機教育教程（試案）』）

には「模型＝実物」の強い結び付きが形成された。そして、占領期の模型の自粛の動きからは、当時の関係者の理解では、模型飛行機は実物の飛行機とほとんど区別されていなかったことが分かる」[*44]と述べる。

本物の兵器との区別がされなくなった兵器模型は、触る、作る、遊ぶといった触覚的、筋肉的、筋覚的なインタラクションを通して、子どもたちにとって死の恐怖を感じることなく、デスモンドのいうところの「親密性」を感じる対象へとアイデンティティーを変容させてゆく。それは戦闘機や戦車が自分自身のことになっていくような融合の状態にまで拡大したといえる。戦時下で行われた兵器趣味の教育とその文化が、大塚英志が指摘するように、宮崎にも受け継がれているならば、映画のなかの人物が戦闘機との間に形成する親密な関係だけでなく、画面上で演出される戦闘機、特にその動き方が、宮崎による戦闘機の遊び方の現れだと想定するのは難しくないだろう。

五　豚のパイロットから人間の設計士へ

宮崎作品においてキャラクターの自我が戦闘機そのものになる様子は、『紅の豚』の主人公ポルコ・ロッソによって具現化されている。エース・パイロットの彼は、豚の姿になることで、戦争に関わらないようにしているものの、「飛ばない豚はただの豚だ」というように「飛ぶ」ことで自らのアイデンティティーを構成する人物である。「飛行機を操縦する自分」ではなく「飛ぶ自分」という自己同定から、彼の身体感覚が飛行機の機体と分離していないことが分かる。なお、彼の身体が一体化している飛行機が、機関銃付きの戦闘機であることから、ポルコは戦争は避けても兵器まで否定しているわけではないことにも注意を要する。

ポルコのこのような描かれ方は、本稿の冒頭で検討した宮崎の兵器をめぐる緊張関係とも共鳴するだろう。国家レベルで進められる戦争を楽しむことはしたくない、とはいえ兵器趣味は諦められない。『紅の豚』においてはこのような緊張が『風立ちぬ』ほど著しくないのは、一九八〇年代から日本のアニメ制作の現場では否定されていた「漫画映画」的な作風が関係している。漫画映画という言葉は、『白蛇伝』（一九五八年）をはじめとする東映動画社（現東映アニメーション社）の初期作品において広く使われた経緯がある。押井守は宮崎監督のテレビシリーズ『未来少年コナン』（一九七八年）を漫画映画的だとし、物理的リアリティを無視したキャラクターのアクションで物語を成立させているという理由で厳しく批判したことがある。[*45] 宮崎自らが「紅の豚メモ─演出覚書」で「マンガ映画の復活」[*46]という言葉を用いて言及するこの美学的戦略は、兵器の非戦的な描き方に効果的である。宮崎は、漫画映画について、一九八三年のインタビューにおいて「複雑な主題や理論を説くものじゃないし、（中略）荒唐無稽だからこそ、とんでもない状況設定や、ぬけぬけと嘘がつけるし、見るほうもそれを許す」[*47]ものという見方を示す。

『紅の豚』の作中で、ポルコと友人のフェラーリンが会話する映画館内で荒唐無稽な漫画映画の典型が上映されているのも、単なる偶然ではない。館内で二人が観るのは、二〇世紀初頭のアメリカン・カートゥーンのような白黒の漫画映画で、ディズニー社の初期キャラクターのオスワルドを連想させる主人公が登場し、ポルコと同じ豚の悪役キャラクターに拉致された女性を救出する単純明快な内容である。『紅の豚』の絵コンテにおいても宮崎が「マンガ映画」と指示しているこの作中映画には、三人のキャラクターが飛行機に乗ったままアクションを繰り広げる。その飛行機の動きは、絵コンテで宮崎が「グニャグニャと動く」と指示しており、それこそディズニーをはじめ初期カートゥーンこと漫画映画で見られるゴムホース様式に他ならない。アニメーションは、飛行機をゴムのように変容させることができるのである。

映画理論家で監督でもあるセルゲイ・エイゼンシュテインが初期ディズニーのカートゥーンを観ながらプラスマティック（原形質的）という概念を見出したのも、そういったアニメーションの手法によって画面上に映る生き物や物体のアイデンティティー（同一性）が自由自在に変えられる視覚体験に由来するものである。[*48] 近年、アニメーション研究者のスコット・ビュカットマンが提出するカートゥーン物理学という概念にも繋がる。[*49] 特に戦闘機などの動き方、つまり映像ベクトルがその物体に別の物理的性質を与える日本アニメにおける例は、テレビシリーズ『SF西遊記スタージンガー』（一九七八年）の第三九話の絵コンテを調査した拙論で明らかにしているのだが、その絵コンテには、空気のないはずの宇宙空間のなかでアクションを繰り広げる兵器の動き方が、作り手の明確な意図によって、時にはバイク、時にはジェット機の動き方を再現している[*50]〔図③〕。そこで作られた映像ベクトルは、作り手と受け手の両者が重力空間で体験するような筋覚的感覚を醸成し、さ

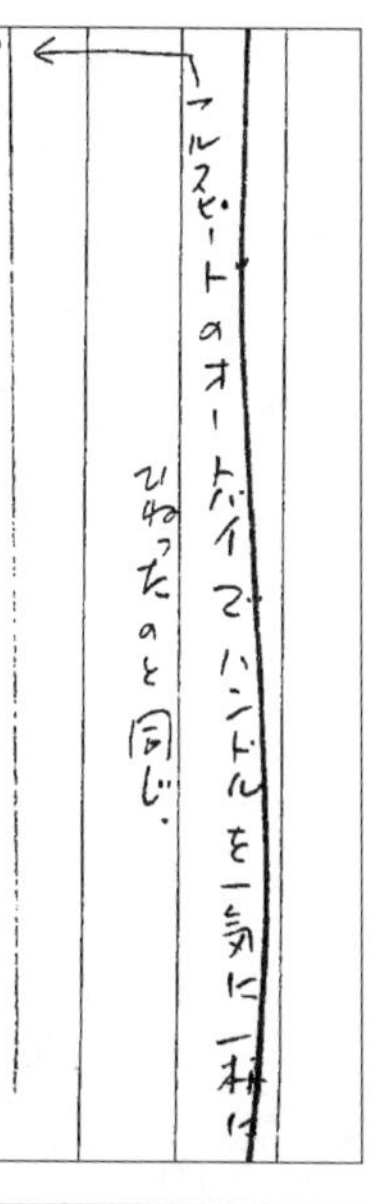

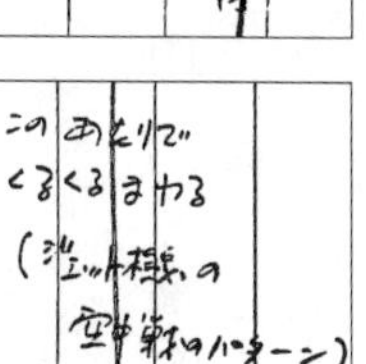

図③『SF西遊記スタージンガー』(第39話)絵コンテの演出指示の例。宇宙空間を移動する機体の動きを表現するために、現実の乗り物の動きを参照している(協力:東映アニメーション)

らに画面上の宇宙空間も地上や大気圏へと変容させられる。

『紅の豚』の原作漫画である『飛行艇時代』の中で宮崎は、ポルコとライバルのドナルドとの空中戦を描いており、そのコマの吹き出しに「アニメーションならこの壮絶な死斗をあるいは表現できるかもしれない」と記している。[*51] 宮崎は「紅の豚メモ―演出覚書」でも、飛行艇群の作画について「書き込みより、枚数かけたダイナミズム」「動くことの楽しさ」を強調する。[*52] 同じ演出覚書での記載のとおり、その際のアニメーション表現は漫画映画的なものでなければならないはずである。漫画映画的な表現様式を用いると、機関銃を装着した戦闘機に見える画面上の物体に、戦闘機ではない性質を与えることができる。結果、如何に機関銃を乱射しても、宮崎のいうところの「誰も死なない」と安心できる知覚システムの場ができあがるのである。

確かにパイロットたちの航空アクションでは、機関銃で殺されたり、けがをしたりする描写は一切なく、物語世界内外の人間の誰にとっても殺傷の危機感はほとんど感じられない、遊びのような感覚が常に漂う。作中で戦闘機に真剣な態度を取る人間はほとんどいない。空賊によって人質にされた子どもたちも、軍用機を流用したとおぼしき空賊の飛行艇をまるで遊び場であるかのように楽しむ。『紅の豚』が目指す、登場人物の死が想定されない世界は、大塚英志が手塚治虫の「死にゆく」キャラクターと対峙させながら、「死なない」キャラクターの牙城として提示するアメリカのカートゥーンに近しい。そういった意味でも『紅の豚』の作中の映画館で、戦前のカートゥーンが上映されるのは整合性がとれている。ところが宮崎は、ポルコの声を借りて、作中のカートゥーンに対し「ひどい映画だ」とコメントし、その後フェラーリンの声で「いい映画じゃないか」と反駁する。このシーンでは、宮崎の中にあるアメリカ的な漫画映画趣味に対する微妙な緊張関係が現れている。ポルコの台詞は、宮崎が漫画映画を擁護する際に示す「どうせ嘘だから、制約を離れて自由に暴れ回る世界がポンとある」[*53]ことを否定するような印象を醸し出す。

ポルコの否定的な台詞が表すとおり、『紅の豚』の世界で彼らが操縦する飛行艇のアクションは、グニャグニャと動くどころか、ファーガソンの論文でも取り上げられるとおり『トップガン』などの実写映画を彷彿とさせる。いや、むしろ実写とは違い、生身の身体の役者も巨大な35ミリカメラも必要としない平面の世界だからこそ映像化できるアクションが実写に取って代わり繰り広げられるという意味で、実写のシミュレーションといえる。実写映画の場合は、スタントマンを起用したとしても、怪我をしたら死ぬかもしれないという知覚システムは機能せざるを得ない。

いずれにせよ誰も死なないはずの『紅の豚』の物語世界に、しかしながら突然、死者のシーンが出てくる。ポルコの幻視体験と思われるシーンだが、第一次世界大戦中に戦死した世界各国の戦闘機とそのパイロットたちの群れが、微動だにせず、固まった状態で空の遠くへ向かっていく〔図④〕。「昇天」[*54]という解釈が与えられがちなこの浮揚シーンについて、宮崎の絵コンテには「吸い込まれるように」と指示されていて、さらにその大群が同じ方向へ流れていく様子は「ヒコーキの河」と記されている。[*55]重力や質量などが極端に無視されているこのシーンでは、何か目に見えない神秘な力が働いているようで、それを昇天と呼ぶのは妥当かもしれない。しかし画面上の映像ベクトルの面で捉え直すと、より複雑な力の作用が関わってくる。死者の戦闘機群はプロペラが静止していて風が吹いていないのに浮揚していく一方、ポルコの戦闘機だけは止まった状態にもかかわらず、プロペラが回転していて風が吹いている様子であり、後ほどゆっくりと地上へ引っ張られていく。戦死者のパイロットたちとポルコとの間には反対方向の映像ベクトル、つまり重力から無限に解放されるベクトルと重力に引っ張られて地上へ下ろされる（落下に近いかもしれないが、墜落とは違う）ベクトルが同時に与えられる。[*56]現実の物理的制約からの解放が死を、その制約への帰属が生を暗示するこのシーンで、宮崎がポルコのために選ぶのは前者ではなく後者なのである。

図④　飛行機の群れが浮揚するシーン（『紅の豚』）

　解放と束縛のベクトルが交錯するこのシーンは、登場人物たちの隠された過去としても機能し、物語世界に厚みを与える。同時に、死から解放されているはずの漫画映画的な世界の中でさえ、自ら作り上げたキャラクターの存在によって、宮崎が生死のリアリティを意識していることの現れともいえる。このような意識は、ポルコの幻視シーンと類似したシーンが見られる『風立ちぬ』全編にわたってより強まっている。ただし後者における戦闘機群のシーン自体は、映像ベクトルの面で異なる筋覚的感覚を伴う。

六　エンジニアと（模型）飛行機の危うい筋覚的親密性

美術監督の武重洋二によると、『風立ちぬ』は演出方針が途中で変わり、「戦争に向かっていくという歴史的な流れも含めて、やはり物語が現実感をもった実写的な映像を目指す方向に進んでいった」[*57]が、最初は漫画映画という方向性で始まったとされる。宮崎自身も当初、同映画の「映像についての覚書」で、航空機の技術や会議を描かなければならないようなシーンは漫画的にすると記している。[*58]

特に漫画映画的に描かれたと武重がいう冒頭のシーンは、少年時代の堀越が夢の中で鳥型のプロペラ機に乗るシーンと推定される。[*59] 同シーンのどのような点が漫画映画的かという問いを映像ベクトルの面で検討すると、プロペラが回り出したのに堀越少年の飛行機が、そのまま前進することもなければ（そもそも飛行機は前進するに必要であろう地面ではなく屋根の上に置かれている）、鳥のような形の翼が上下に羽ばたくわけでもなく、風や他の何かの「外力」で持ち上げられるかのように浮き上がっていくところがそれにあたるであろう。エンジン付きプロペラ機の仕組みに相応しくないその飛び方は、作中で堀越が大人になってもこだわり続ける模型飛行機の飛び方を連想させる。ゴムの弾性力を原動力にするプロペラ模型飛行機の飛行について、『国民学校模型航空機教育教程（試案）』でなされている以下の「飛行指導」の内容を参照すると、夢のシーンの飛行機の飛び上がり方はこの飛行指導に類似していることが分かる。

> 風弱キ場所ヲ選ビ「ゴム」ヲ巻キタル後右手ニテ胴体尾部ヲ持チ左手ニテ「プロペラ」ノ一端ヲ支ヘ胴体ヲ水平ニシテ主翼ガ何レノ方向ニモ傾カザル様構ヘタル後先ヅ左手ヲ放チテ「プロペラ」ヲ回転セシメ直チニ右手ニテ軽ク水平ニ送リ出シ出発セシムルコト[*60]

夢の中の堀越少年は飛行機のコックピットに乗っているが、現実の彼は日頃模型飛行機で遊んでいたのであろう。遊び手が模型飛行機を手で持ち上げて、風を読みながら送り出す際の動きを、堀越少年は夢のなかで見ているに違いない。

これは、堀越にとって理想の飛行機が他ならぬ模型飛行機であることを考えれば当然かもしれない。彼が理想と思う飛行機のイメージは、夢の中で見るグライダー型の機体、そして現実の場面で菜穂子に向けて飛ばす紙飛行機を通して示される。同名の原作漫画で宮崎は、「二郎は九式単戦の先行モデルとして紙ヒコーキを仕上げたのだ」と語り、その紙飛行機を見ている堀越に「美しい、これはとぶぞ」と言わせる。[*61] この声が宮崎から発せられるものだということには疑いの余地がなく、要するに宮崎自身の「美しい飛行機」という思いの背景には、明らかに模型飛行機が存在するのである。[*62]

作中で描かれる飛行機の飛び方から示唆されるのは、堀越という物語装置としてのキャラクター、[*63] およびそれを演出する宮崎監督と模型飛行機との間に、緊密な身体的インタラクションが存在することである。このような側面は、前節で『紅の豚』の幻視シーンとの関連で言及した『風立ちぬ』の零戦群シーンにも見られる。このシーンが、戦争をエンターテインメントとして描きたくない、という宮崎にとって、如何に厳しい臨界点であったかはいうまでもない。

『風立ちぬ』の終わり近くに出てくる零戦群シーンについては、『紅の豚』の幻視シーンに酷似するという意見があるが、[*64] 実は、歴史という物語上の文脈のみならず、映像ベクトルの面でも両方は大きく異なっている。零戦（といっても白い紙飛行機か鳥かに見える）の群れが高空で河を流れるように描かれているシーンは、絵コンテで「とんでいく」[*65] と指示されており、その機体群が飛行の途中で速度を変え、方向も微妙に変化することから、加速していることが分かる。言い換えると、体内に運動エネルギーを有した状態で高空に上がっていく編隊飛行のような能動態的ベクトルを見せる。一方、『紅の豚』の戦闘機群は緩やかな等速で上空へ移動しながら、周りの大きな流動体に包まれ流される受動態的ベクトルを見せる。零戦群の白い群れが飛翔の際に見せる放物線の軌跡は、誰かによって空中へ斜方投射され、その誰かから伝わってきた運動エネルギーで飛んでいく物体の軌跡に酷似する。[*66] つまり、このように描かれる物体の運動は、理想の飛行機を模型から見出す堀越＝宮崎が手から模型飛行機を投げ飛ばす際の遊びのパフォーマンスの延長線上にあると考えられる。この白い零戦群が出る直前のショット、つまり堀越が零戦パイロットと挨拶を交わす〔図⑤〕直後のショットを見ると、地上の近くを飛んでいく零戦の編隊はほとんどのディテールを消され、機関銃をはじめ何もつけられていないグライダーに近い形に変貌している。それこそ堀越が当初理想の飛行機と夢見ていた模型飛行機にほかならない。それらのグライダーが、次のショットで元気よく高空の白い群れに合流していく様子は、それらが向かっていくのが戦場であるという厳しいリアリティとはかけ離れており、そういう意味で依然として漫画映画的ともいえるだろう。

図⑤　堀越と挨拶を交わす零戦群は、次のシーンでは白いグライダーのような形に変貌している(『風立ちぬ』)

模型というメディア（＝媒介物）と遊び手との間で、身体的なインタラクションを経ながら形成される筋覚的親密性は、戦闘機とその設計者である「堀越キャラクター」（そしてそのキャラクターを演じる宮崎）との距離を極めて縮ませ抽象化している。例えば、堀越が親友の本庄に戦闘機の翼の点検孔に皿小ネジを使うことを説明するシーンでは、目に見えない手の所作によって複数の点検孔の蓋が一斉に開けられ、その後閉められる、と同時に蓋のネジも緩められたり締められたりする。蓋やネジを動かす力の直接の出どころであるはずの機械工の手は画面上から消される。この組み立てシーンでは、堀越の意識と言葉が戦闘機の機体に対し無媒介的に物理的な働きを及ぼしている。もちろん作中世界で、彼のようなエリートが実際に飛行機の点検孔をネジで締めたりする手仕事をどれほど経験していたのかは不明である。

『風立ちぬ』の物語世界内外に存在する堀越および宮崎という二人の遂行行為者の戦闘機に対する親密な関係は、機械工だけでなく、究極的にはパイロットの存在さえ否定する地点に辿り着く。作中の堀越に多くのインスピレーションを与えるカプロニの飛行機のデザインについて宮崎は、「モダニズムの影響を受けてるだろうから、乗る人間はむしろ邪魔なんです」[*67]と述べる。これが設計する立場からの見方だとすれば、作中の堀越が理想と思う飛行機の多くにコックピットが設けられておらず、人間が乗るためのものではないことに納得がいくだろう。宮崎にとって理想の飛行機は、デスモンドにとっての馬型玩具と同様に、乗るためではなく、自分がそれになるための模型飛行機なのかもしれない。興味深いのは、その飛行機に託される夢の危うさが、映画全編にわたり堀越の夢や夢想を通して暗示されることである。『紅の豚』とは著しく異なり、航空機や戦闘機の墜落の描写は八シーンにも及ぶ。さらに、墜落した後の機体や機体の空中破壊、堀越自身の墜落が描かれるシーンまで加えると、理想の飛行機が飛翔するシーンとは大きく対照をなしながら、『風立ちぬ』の二人の遂行行為者が何らかの不安に掻き立てられているような印象を受ける。その不安は、すでに起きた歴史上の結果が、この映画の作り手および受け手に知られているからこそ描かれるものといえるだろう。

七　「個人的」という問題について

最後に、飛行機エンジニアとしての堀越に対し「個人的動機」を強調する宮崎の構想に戻る。作中の堀越は戦争や日本帝国がどうなっていくのか知らなかったであろう。しかし飛行機の墜落と破壊の悪夢に悩まされる堀越が、零戦の「エンジニア」として下す決定は、決して当事者のパイロットたちを墜落と破壊の危機から救出しうるものではなかった。設計スタッフとの会議シーンで彼は、戦闘機が重いことを課題とし「僕らのエンジンは非力だ、軽く丈夫な機体をつくるのが僕らの仕事だ、削れるだけ削り、表面を滑らかにし空気抵抗を減らす、スッカラカンのフルメタルの」機体にする方向性を打ち出す。

繰り返すが、堀越キャラクターの決定が歴史上の堀越をそのまま反映しているかどうかは本稿の論点ではないため、ここでは触れない。そもそも『風立ちぬ』はドキュメンタリーではない。ただし、零戦の機体を最大限軽量化することで、パイロットたちにどのような事態をもたらしたかは、零戦に関する戦後の調査を通してある程度知られている。特にNHKは、一九七七年一二月八日に特集ドキュメンタリー番組『零戦との戦い～アメリカからの証言～』を放送していて、[*68]同番組内には第二次世界大戦中のアメリカで戦闘機の開発に関わっていたエンジニアの一人であり、自らそのテストパイロットまで務めたホブ・ホールの印象深いインタビューが収められている。NHKの取材に対しホールは、航続距離の拡張や強力な機関銃の装備だけではなく、「パイロットを守る装甲が強いこと」が大事で、そのためには「必然的に機体は大きくなってしまう」と述べる。この見解を踏まえたうえで、NHK側のナレーターは「零戦は攻めの側にたっている時は装甲や防弾タンクの貧弱さは問題ではなかった。しかし守りの側に立たされたとき、それは大きな弱点となって数多くのパイロットを失っていった」と語る。番組の最後は「日本の誤りはパイロットの生命を軽視したこと」というアメリカの元パイロットのコメントで締め括られる。

NHKの零戦ドキュメンタリーが放送されてからさらに三〇年余りという歴史の厚みにもかかわらず、映画内で堀越キャラクターが個人的な動機（もしくは模型から理想の飛行機を見出す発想）で設計に臨んでいたとしたら、次のような根本的な問いが立てられることになるだろう。パイロットの生命維持を気にせず、個人的な動機に従い設計された戦闘機に乗りたいのか？　この問いは、我々の「リアル」というものへの知覚能力をためすものかもしれない。

1———小池隆太「宮崎駿における「飛行」の表現について」（『まぐま』一九、二〇一四年）一三頁。

2———Susan Napier, *Anime from Akira to Howl's Moving Castle*, St. Martin's Griffin, 2005, p.154. 同書は *Anime from Akira to Princess Mononoke*（Palgrave, 2001）の改訂版であり、後者は日本でも『現代日本のアニメ——『AKIRA』から『千と千尋の神隠し』まで』（中央公論新社、二〇〇二年）として刊行されている。

3——小池「宮崎駿における「飛行」の表現について」一三頁。

4——Travis R. Merchant-Knudsen, "'Lost Inside Empire'": Self-Orientalization in the Animation and Sounds of Hayao Miyazaki's *The Wind Rises*", *SARE*, Vol. 57, Issue 1, 2020, p.180.

5——小池「宮崎駿における「飛行」の表現について」一五頁。

6——宮崎駿『風立ちぬ　宮崎駿の妄想カムバック』（大日本絵画、二〇一五年）三頁。

7——宮崎駿「映像についての覚書」（『The Art of The Wind Rises』徳間書店、二〇一三年）九頁。

8——宮崎駿『宮崎駿の雑想ノート』（大日本絵画、一九九七年）二頁。

9——Judith Butler, "Performative Acts and Gender Constitution: An Essay in Phenomenology and Feminist Theory", *Theatre Journal*, Dec, Vol.40, No.4, 1988, p.523.

10——筋覚（kinesthesia）は、筋肉や関節内の感覚器官による身体の位置および動きの認知を指し示す。

11——Rudolf Arnheim, *Toward a Psychology of Art: Collected Essays*, University of California Press, 1966, pp.58-63.

12——宮崎駿「企画書」（『The Art of The Wind Rises』）八頁。

13——Arnheim, *Toward a Psychology of Art*, pp.57-58.

14——Herbert Zettl, *Sight Sound Motion: Applied Media Aesthetics*, Wadsworth Pub Co., 2013.

15——Kevin L. Ferguson, "Aviation Cinema", *Criticism*, Vol. 57, No. 2,（Christopher Schaberg ed., Critical Air Studies: A Special Issue）Spring, 2015, p. 320.

16——大塚英志『大政翼賛会のメディアミックス——「翼賛一家」と参加するファシズム』（平凡社、Kindle、二〇一八年）三一三頁。

17——大塚『大政翼賛会のメディアミックス』三一四頁。

18――田宮俊作『田宮模型の仕事』（文藝春秋、二〇〇〇年）一六〇～一六一頁。

19――大塚康生『作画汗まみれ』（徳間書店、二〇〇一年）二二七頁。

20――Art Term: REALISM (https://www.tate.org.uk/art/art-terms/r/realism#二〇二二年三月三〇日閲覧)。

21――心理学と認知科学においてスキーマ（schema）は、情報の様々なカテゴリーおよびそれらの関係を組織する人間の思考や行動のパターンを指し示す。視覚芸術におけるスキーマ論に関しては、E. H. Gombrich, *Art and Illusion*, Princeton University Press, 2000［1960］を参照されたい。

22――大塚英志『「ジャパニメーション」はなぜ敗れるか』（角川書店、二〇〇五年）五三頁、および『ミッキーの書式――戦後漫画の戦時下起源』（角川書店、二〇一三年）三三頁。

23――田宮『田宮模型の仕事』七三頁。

24――北村了介編『機械化 小松崎茂の超兵器図解』（アーキテクト、二〇一四年）カバー袖。

25――大塚英志『まんがでわかるまんがの歴史』（角川書店、二〇一七年）一〇三頁。大塚は今村太平（「啓発宣伝と文化映画」『戦争と映画』一九四二年、第一芸文社）を引用している。

26――大塚『ミッキーの書式』一五七～一六〇頁。

27――シミュラクラは、原本が存在しない複製物を意味する。代表的な例としてはミッキーマウスのようなキャラクターからディズニーランドのような場所までが含まれる。

28――田宮『田宮模型の仕事』八二頁。

29――藤津亮太『アニメと戦争』（日本評論社、Kindle、二〇二一年）Kindle Location: 817～818。

30――宮崎『宮崎駿の雑想ノート』二頁。

31――宮崎駿『出発点 1979～1996』（徳間書店、一九九六年）二六六頁。

32――宮崎『宮崎駿の雑想ノート』および宮崎『風立ちぬ　宮崎駿の妄想カムバック』。

33——松井広志『模型のメディア論——時空間を媒介する「モノ」』（青弓社、二〇一七年）四四頁。

34——鈴木貴「陸海軍少年（志願）兵徴募体制の確立過程——静岡県磐田郡の事例を中心として」（『日本の教育史学』四五、二〇〇二年）一二九頁。

35——松本武彦「富士山と日本陸軍の少年兵養成——陸軍少年戦車兵学校小考」（『山梨学院大学法学論集』七六、二〇一五年）二六二（一）〜二二〇（四三）頁。

36——Jane C. Desmond, "Commentary: Kinesthetic Intimacies", in Una Chaudhuri and Holly Hughes eds, *Animal Acts: Performing Species Today*, University of Michigan Press, 2014, p132.

37——松井『模型のメディア論』五九頁。

38——松井『模型のメディア論』六二頁。

39——横井曹一『兵器模型』（文祥堂、一九四二年）五頁。

40——松井『模型のメディア論』六三〜六四頁。

41——横井『兵器模型』一頁、六頁。

42——身体的・筋覚的知能についてはHoward Gardner, *Frames of Mind: The Theory of Multiple Intelligences*, New York: Basic Books, 2011［1983］を参照されたい。

43——平野英史「昭和初期における小学校手工科カリキュラムの展開——高等師範学校附属小学校の手工科教員による提案から」（『美術教育学（美術科教育学会誌）』三七、二〇一六年三月）三六六頁。

44——松井『模型のメディア論』八二〜八三頁。

45——押井守「前略　宮崎駿様——〈漫画映画〉について」（宮崎駿『風の谷のナウシカ　絵コンテ2』徳間書店、一九八四年）二六八〜二六九頁。

46——宮崎『出発点 1979〜1996』四一三〜四一五頁。

47——宮崎『出発点 1979～1996』四五〇頁。
48——Sergei M. Eisenstein, *On Disney*, Jay Leyda ed., Alan Upchurch trans., Methuen, 1988.
49——Scott Bukatman, "Some Observations Pertaining to Cartoon Physics; or, the Cartoon Cat in the Machine", in Karen Beckman ed., *Animating Film Theory*, Kindle, Duke University Press, 2014, Kindle Location 6221-6515.
50——Joon Yang Kim, "What Do Archived Materials Tell Us about Anime?", in Minori Ishida and Joon Yang Kim eds, *Archiving Movements: Short Essays on Materials of Anime and Visual Media V.1*, Archive Center for Anime Studies, Niigata University, 2019, pp33-34.
51——宮崎『雑想ノート』一〇一頁。
52——宮崎『出発点 1979～1996』四一四～四一五頁。
53——宮崎『出発点 1979～1996』四五〇頁。
54——中村三春『接続する文芸学——村上春樹・小川洋子・宮崎駿』（七月社、二〇〇二年）二四四頁。
55——宮崎駿『スタジオジブリ絵コンテ全集7　紅の豚』（徳間書店、二〇〇一年）三四九～三五〇頁。
56——上島春彦は『宮崎駿のアニメ世界が動いた——カリオストロの城からハウルの城へ』（清流出版、二〇〇四年）で『風の谷のナウシカ』から「海＝淀んだ大気」「風＝澄んだ大気」という概念を見出し、「飛行・飛翔」対「落下・墜落」に関する有意義な解釈を展開する。ただし同書でも航空運動は中核を占めていない。
57——武重洋二「Interview」（『The Art of The Wind Rises』）八八頁。
58——宮崎「映像についての覚書」九頁。宮崎は庵野秀明および松任谷由実と三人で行った映画『風立ちぬ』完成報告会見でも漫画映画に言及している（スタジオジブリ編『ジブリ教科書18　風立ちぬ』徳間書店、二〇一八年、七八頁)。

59——このシーンが堀越少年の夢だということが明確に提示されるのは、シーンの終わりごろである。そのため視聴者は、最初は現実の状況が描かれていると思うだろう。

60——『国民学校模型飛行機教育教程(試案)』五〇頁。

61——宮崎『風立ちぬ　宮崎駿の妄想カムバック』三七頁。

62——宮崎『風立ちぬ　宮崎駿の妄想カムバック』四〇頁には、宮崎自らが紙と画鋲を用いて作ったとされる紙飛行機のことが紹介されており、その作り方は『国民学校模型飛行機教育教程(試案)』の初等科第二学年後期生徒向けの「ヒカウキ」および初等科第三学年向けの「グライダー」に類似している。

63——本稿では映画中の堀越キャラクターを、歴史上の堀越とは異なる映画物語の装置として区別する。以降言及するのは全て堀越キャラクターである。

64——中村『接続する文芸学』二四四頁。

65——宮崎駿『スタジオジブリ絵コンテ全集19　風立ちぬ』(徳間書店、二〇一三年)六一一頁。

66——鳥になるという側面もありうるが、本稿では機械の側面にフォーカスする。

67——宮崎『風立ちぬ　宮崎駿の妄想カムバック』一〇頁。

68——『NHK特集　零戦との戦い～アメリカからの証言～』(一九七七年〔DVD：NHKエンタープライズ、二〇〇九年〕)。

コラム② 『魔女の宅急便』における労働とコミュニケーション

◉須川亜紀子

『魔女の宅急便』（一九八九年）は、人間と魔女との間に生まれたキキが一三歳の満月の夜、「一人前の魔女になるための修業」をするため親元を離れ、知らない街で独り立ちする物語である。この映画には、様々な年代の女性キャラクターが登場し、女性のライフステージや社会的役割を象徴する。彼女たちとキキをつなげるのが労働とコミュニケーションである。

時系列的にみてみよう。冒頭に登場する母親コキリ（三七歳）は、手作りの魔法薬を販売する働く女性として設定されている。親からの自立は、物理的・精神的に自律した自己の確立であり、それは社会とのかかわりを通じてなされる社会的自己の構築である。その実現のため、キキは労働を通して社会と関わり、自立していく。次に出会うのが、先輩魔女（一六歳位）で、ネオンの明るい街で占いを生業にしている。恋占いもすることから、恋愛経験のある少女であることがわかる。そして、新しい街で最初に出会うのが、パン屋のオソノである。彼女は妊婦（二六歳）であるが、働く女性である。彼女はキキに居場所を提供する重要な役割をもっている。

オソノのパン屋で宅急便の仕事を始めたキキの最初の顧客が、キャリアウーマン（ファッションデザイナー）である。指輪をしていないところから未婚・二〇代後半位の女性である。キキが「素敵ねえ」と憧憬の言葉を発することで、働く自立した女性がロールモデルとされていることがわかる。次は、森の奥の小屋で暮らす絵描きの女性ウルスラ（一八歳）である。[*1]ボーイッシュな彼女は、キキと同じく親元を離れ自活しており、キキがトラブルに巻き込まれたときに助けてくれるメンター的役割である。最後に、キキの顧客である裕福な高齢の女性（七〇代である。彼女は、集配を頼むのだが、キキにオーブンの修理や電球交換などをしてもらった礼に、キキの名前入りの手作りケーキをプレゼントする女性である。

こうした各ライフステージ（思春期少女→キャリアウーマン→既婚者（妊婦）→母親→老人）を象徴する女性たちはみな、「労働」をしているのだ。[*2] その中で特にウルスラに注目してみよう。ウルスラは、キキの分身として機能しているからだ。

ウルスラという名前は作中登場せず、「呼びかけられない行為体」であることは重要である。実体が曖昧な彼女は、キキの分身としての側面を強調されている。キキと彼女がダブルであることは、原作でキキが紛失した配達荷物を探しているうちにウルスラと出会った場面にも傍証されている。

「あ、あの、そっ、それ」「あっ、それ、そ、その……」顔を見合わせたふたりは、同時にさけびあいました。

「ああ、よかった」、「ああ、うれしい」ふたりは同時に息をつきました。

「見つかって、よかった」「見つかって、よかった」またふたりは、同時にいいました。[*3]

キキとウルスラはシンクロして言葉を発する。この要素は、映画では音声で表現されている。キキとウルスラ二役を演じるのは高山みなみである。先にウルスラ役が決まっていた高山だが、キキ役の選定が難航したことから、急遽キキ役とのダブルヘッダーになったという。[*4] 結果的にキキとウルスラがダブルとしてイメージされていることが、音声的に表象されることとなった。

そしてウルスラがキキの分身として強調されるのは、キキと同じように自信喪失している点においてだ。キキは突然魔力を喪失し、黒猫ジジとの会話能力も飛行能力も失い、休業に追い込まれる。社会的に男性の下位に配置される女性、かつ大人の下位に配置される子どもという二級市民的立場を転覆させ

図①　キキとウルスラ。ウルスラは未来のキキの姿を映し出す分身として機能する

るパワーの表象が少女にとっての魔法である。その喪失は社会的自己の喪失、アイデンティティーの危機の象徴である。ウルスラも画家としての才能を喪失し、突然絵が描けなくなった経験をキキに告白する。危機を乗り越えた、いわば〝未来のキキ〟として、彼女は次のように語る。

ウルスラ「魔法ってさ、呪文を唱えるとかじゃないんだね」
キキ「うん、血で飛ぶんだって」
ウルスラ「（中略）魔女の血、絵描きの血、パン職人の血。神様か誰かがくれた力なんだよね。おかげで苦労もするけどさ」[*5]

一人二役の高山によるウルスラの言葉は、成長後のキキ自身の言葉として解釈できる。キキは未来の自分から受け取ったメッセージから、「自分を信じる力」の重要性を理解するのだ。

ウルスラは、キキをモデルに描いた絵を納得できずに「何度も捨ててしまおうと思った」ことも告白する。この絵の実際のモデルは、八戸市の盲学校の学生たちが描いた「虹の上をとぶ船」であり、作品中で加工されて登場する。絵の中心にはキキをモデルにした空を飛ぶ大きな少女、角をもつ獣がおり、その下の山小屋の屋根に小さな少女が描かれている。

これがウルスラだと考えられる。飛翔するキキを、自由と羨望の象徴としてウルスラは描いている。山小屋からそれを見つめる小さな少女は、そのパワーのかけらを掴み取るかのように手を伸ばしている。その会話後、クライマックスシーンでキキの魔力も復活し、暴走した飛行船に宙づりになった友人トンボの救出劇へつながっていく。

自信を回復したキキは、エンディングで街の人たちとコミュニケーションをしている。そのシークエンス後、両親への手紙がボイスオーバーで読み上げられる。これは両親からの精神的な自立とともに、発話による行為遂行的な「私は元気です」という生きる力の宣言としても解釈できるだろう。

このように、『魔女の宅急便』では、労働とコミュニケーションによって、社会（共同体）へかかわることが、自信＝魔力の強化として意味される。社会的自己は他者との相互作用の過程で構築されるということが、キキと他の女性たちの関係性を通じて表象されているのだ。

1――ウルスラという名前は作中には明言されないが、エンドロールにクレジットされている。

2――「労働」とは、老婦人の料理などの家事労働を含む。

3――角野栄子『魔女の宅急便』（福音館書店、一九九五年）八六頁。

4――片桐卓也「三日間完全密着取材!!　アフレコ・ルポ――あの〝一人二役〟は、二日目の夜に決まった」（スタジオジブリ編『ジブリの教科書5　魔女の宅急便』文春文庫、二〇一三年）一六四頁。

5――宮崎駿監督『魔女の宅急便』（DVD、スタジオジブリ、ブエナビスタホームエンターテイメント、二〇〇一年）。

第3章

焼跡と池

高畑勲『火垂るの墓』における地域表象

◉横濱雄二

はじめに

高畑勲のアニメーション映画『火垂るの墓』（一九八八年）の原作となった、小説家野坂昭如による同名の短編小説（一九六八年）には、阪神間、とりわけ神戸から西宮にかけての地名が散見される。また、映画は、制作陣による綿密な現地取材によって当時の風景を描きだした。

本稿では、映画『火垂るの墓』について、作中に登場する地域表象に注目し、考察を行う。その際には、映像に描かれる事物の配置を詳細に分析したうえで、実際の地理やその地域の歴史的文脈との対比を通じて、たんに事実との差異ではなく、映画作品としての表象のあり方を読み解いていく。具体的な分析にとりかかる前に、同作をめぐる言説のいくつかを取り上げて整理しよう。そのうえで、主人公の清太・節子兄妹の母の死が描かれる国民学校のシーンを分析する。さらに、作品の後半で兄妹が身を寄せる防空壕のある池をとりあげ、近代以降の周辺地域の状況に踏み込んで、その場所の意味を探るとともに、その意味性を踏まえつつ作品の解釈を試みる。結論として『火垂るの墓』の想像力のあり方について、若干の考察を加えたい。

一　「心中物」と「悲劇」

小説では、神戸の市街地、主人公清太たちの自宅のあった御影町（当時は武庫郡、戦後神戸市に編入され東灘区の一部となる）、疎開先となった西宮市の満池谷(まんちだに)町などが主要な地名として登場している。映画では台詞のなかで西宮や御影町の地名（上西、上中、一里塚）が登場するほか、省線電車の三ノ宮駅、阪急電車の三宮駅や特徴的な塗装の阪急電車の車両が描かれており、阪神間を舞台にしていることが見て取れる。一九八七年三月には、監督の高畑勲、作画監督の近藤喜文、美術監督の山本二三、レイアウト・作画監督補佐の百瀬義行が、野坂昭如の案内で神戸周辺をロケーションハンティングしている。[*1]

注目すべきは、野坂が高畑との対談のなかで、原作小説を「心中物」と表現していることである。野坂は母を失った兄清太が妹を庇護しようと思い詰めることを「かなりの悲劇であると同時に、一方では大変幸せな境遇でもある。清太としては、世界中で二人っきりの天国を築こうとしてるわけですね」と解説したうえで、「あれは心中物だから」と要約する。これに高畑は「主人公たちが死ぬことを前提にして、その死に到る道筋をずっと追っている。ただその、いま天国っておっしゃったのはその通りだと思うんです。映画でもそこをきちんと描きたいと思っています」と応じる。[*2]

この二人の発言は、映像表現がリアリズムに基づいているとしても、物語は必ずしもそうではないことを示しているのではないだろうか。映画のパンフレットでは「この映画は、決して単なる反戦映画ではなく、お涙頂戴のかわいそうな戦争の犠牲者の物語でもなく、戦争の時代に生きた、ごく普通の子供がたどった悲劇の物語を描いたものだと言えるでしょう。そしてこの映画全体をささえるのが、日常生活のきめこまやかな描写です」と述べられている。[*3]

また、野坂は高畑より前に頓挫した映像化の企画について触れながら、以下のように記している。

この小説は、ぼく自身の体験と、かなり重なっている。以前にも書いたが、ぼくは、作中の少年ほど、妹にやさしくなかったし、いかに小説とはいえ、周囲の大人たちを、ずい分悪く書いているのだ。いわば、お涙頂戴式のおもむきがあって、申し訳ないというだけではすまない、といって罪の意識と大袈裟なものでもない。もし、かわいそうな戦争の犠牲者の物語に仕立て上げられたら、なおぼく自身、いたたまれないし、また、映画化といっても、焼跡をどう再現するのか[*4]

これらの記述は、物語が戦争の犠牲者を叙情的に描き出したものであることを否定しつつ、当時の子供の日常生活を描いたものであると主張しているとまとめうる。しかし一方で、野坂も高畑も、『火垂るの墓』が兄妹の死に帰結する「心中物」であることは認めている。

日本文学研究者の越前谷宏は高畑、野坂両者の記述を手がかりに、「原作者、監督、両者ともに、「お涙頂戴のかわいそうな戦争の犠牲者の物語」として受け取られることを危惧しているのである」と整理する。一方で、原作小説にあった感傷的な側面を相対化する描写（越前谷は「ノイズ」と呼んでいる）が映画では除かれたため、高畑の意図とは異なり、悲劇として受容されたことを指摘している。くわえて、『火垂るの墓』の「「幼い犠牲者を通して描く戦争悲劇」というステロタイプは、継子譚の拡大版でもある」と指摘したうえで、高畑は観客のそのような解釈を予想し拒んでいたものの、「公式の戦争物語の磁力に抗しきれなかった」、すなわち最終的に戦争の犠牲者の物語として受容されたとする。[*5]

近年では、齋藤孝が「心中物においては、ふたりの互いを想う関係性がいよいよ純化されていく」と述べ、宮沢賢治と妹トシの関係と重ね合わせつつ「『火垂る』の清太の軌跡は、節子の魂をどこか聖なる場所に送り届けようとする旅路のようだ」と指摘している。[*6] この見方もまた、『火垂るの墓』の物語を、清太と節子の兄妹が社会から離脱して「天国」すなわち二者のみの世界に逃れ出てしまうものとして捉えるものである。

このように、『火垂るの墓』は、清太と節子の兄妹が生きようとするものの、戦争という状況によって死へと追い込まれる物語として捉えられていると見ることができるだろう。

もうひとつ確認しておきたい。高畑勲は映画公開に先立って公刊された書籍のなかで、アニメーションのリアリズムについて二つの方向を示している。第一は「あり得ないことをあり得たと信じさせるまでに、現実感をもって描く力」であり、第二は「よく知っていることをクッキリとした形に定着して、再印象させる力」である。そして『火垂るの墓』は後者を追求していると述べている。さらに「無意識に行う日常的な動きの再構成」すなわち「細部に出来るだけこだわることによって、いつの間にか生きることのいとおしさ、切なさが立ち現れてくる……という作品にしたい」と抱負を記している。[*7]

たしかにアニメーション映画『火垂るの墓』では、人物の演技のみならず背景など様々な事物に至るまで、リアルな描写に目を惹かれる。それは高畑の意図することでもあった。これと同時に本作品は「心中物」としての兄妹の死出の旅路を描き出して見せた。このように理解すると、細部にまでリアルさを追求したこの映画は、そのリアルさが「心中物」の「悲劇」としての叙情性を高め、観客に印象づける役割を果たしたといえるだろう。

二　国民学校と高架の位置関係

さて、映画前半の山場となるのは、国民学校で清太と節子兄妹が母親と死別するにいたるシーンである。空襲に遭った兄妹が自宅から避難して御影公会堂近くの堤防までたどり着くと、「上西ィー、上中ァー、一里塚の皆さ〜ん、国民学校へ集合して下さ〜い。救護所がありまーす」と告知される[*8]（カット番号2—22〜25）。一方、原作小説では「御影国民学校へ集合して下さい、上西、上中、一里塚の皆さん」とある。[*9]細かい点ではあるが、両者は地区名をともに列挙している一方で、原作小説にある「御影」が映画では消去されている。

その後学校に移り、校庭に節子を置いて、清太は重傷の母と会い、校庭に戻って、節子に事情を伏せつつ（形見となる）指輪を託す。このシーンのうち、校庭を捉えているカットは、校庭から背景に校舎を映す（52、65）、同じく校庭から鉄棒を映す（52、56、75〜78）、鉄棒を左手に捉える（63、68）、空中と思われる高い位置から鉄棒をやや右下に捉えるクレーンのような俯瞰（79）である。校舎の左端とテントを斜めに捉えるカット（28）を除き、周囲はすべて焼跡となっている。なお、このカット28の絵コンテの「内容」欄には、括弧書きで「次カット以下とは別のテント」とある。

これらのカットから、以下の位置関係が分かる。校舎の右端から外側は焼跡だが、校舎左端の外にある校門は無事で、その外側の民家数棟も傷ついていない。校庭を挟んで校舎と鉄棒は平行に校庭の両端に位置しており、校庭の周囲は一面の焼跡となっている。

この学校の場面について、美術監督の山本二三は以下のような興味深い証言をしている。

――空襲があった後の国民学校の校庭のシーンもかなり白いですよね。

「それは意識的に白くしたというのもあります。この作品では情景描写を描く場合にものすごく象徴的な面が強いんです。監督からも、詩人の黒田三郎さんの詩を読みなさいという指示がありました。少し詩的な要素をここに入れた方がいいんじゃないかっていうことを。それは僕自身も感じていましたし、確かにあそこは難しかったです。やはり水蒸気の問題だとは思うんですけど、夏で、火事が、それも大火災があって、煙もある、水蒸気もある。そこに光も入っている。そうすると乱反射して広い運動場が白く輝くんではないかと。もともとモデルになった小学校も白っぽい感じでしたし、ディテールを一切つぶして白く飛ばした方が、説得力を持った一つの場面をつくり出せるんじゃないかと。僕自身は、関東ローム層とかの赤い土で見せるよりも、節子の感情を出す意味ですごく役立っていると思うので、成功したシーンだと思っています」[*10]

このインタビューに添えられた図版「国民学校校庭の美術ボード」の説明には「白く飛ばすことで、生き延びた者たちの安堵感と現実を受け取めきれない心境が表現された」とある。[*11] これらの資料から、白く飛んだ背景は意図的なものであることが見て取れる。その意図は空気や壁面の質感を表現することでもあるが、同時に人々の安堵感と混乱を示す情景描写でもある。一方で、学校で清太は重体の母と会い、助かりようもないその姿に衝撃を受ける。その心情を節子に伝えることのないまま、鉄棒に取りつく。短調の悲しげな劇伴音楽の使用も相まって、このシーンは強く情動を喚起する。

ここで筆者は画面の背景に疑問を抱いた。校庭の周囲は見渡す限り一面の焼跡であるが、原作小説通り御影国民学校（正確には御影第一国民学校）が舞台であるならば、校庭を挟んで校舎と平行する位置、すなわち鉄棒の背後には、阪神電気鉄道の高架が存在するのではないだろうか。

ではまず、高架について確認しておこう。大阪と神戸を結ぶ阪神本線は御影町を東西に横断している。社史を紐解くと、一九二九年に大石駅（神戸市灘区）から御影駅東隣の住吉駅まで高架化されたとある。くわえて、高架そのものに関する空襲の被害は記述されていない。[*12] これらから、当時は高架があり、空襲で瓦礫と化してはいないことがわかる。

つぎに、学校についてである。映画の校舎のモデルは成徳国民学校（現、成徳小学校）である。[*13] 建築史家の川島智生の著書によれば、同校は一九三二年に新設され、同年六月に鉄筋コンクリート造り三階建ての校舎が完成している。また、同書の被災校舎一覧には成徳の名はなく、校舎は戦災を免れたと判断できる。[*14] 一方、御影国民学校は一九四五年六月五日の空襲で焼失した。[*15] 同校出身の技術者で鉄道ファンとしての著作もある雑喉謙によると、校舎は木造の旧館が南にあり、間にこれも木造の高等科を挟んで鉄筋三階建ての新館があった。空襲の三日後に様子を見に行くと、木造校舎は全焼し、軍需物資を収めていた鉄筋校舎はまだ燃え続けていたという。[*16]

では、校地と周囲の位置関係について見ていこう。まず校地内の様子である。雑喉によれば、御影国民学校は阪神本線の高架

図①　御影国民学校周辺地図。中央の丸で囲んだ「文」が御影国民学校（大日本帝国陸地測量部「一万分一地形図神戸近傍六号」御影、大正12年測図・昭和7年修正測図、昭和10年印刷、神戸市立図書館蔵）

北側に道路を挟んで隣接し、校庭の北側に校舎があったため、校庭から「高架を行き来する阪神電車がまる見え」だった[*17]〔図①〕。一方、神戸空襲を記録する会によると、成徳国民学校の鉄棒は校庭の東側にあったという。[*18] ちなみに筆者が成徳小学校を実見したところ、校舎は校地の西端で南北に延びていた。

さて、位置関係を場合分けしよう〔図②〕。Ⓐ舞台が原作小説通り御影国民学校であり、校舎も同校の配置に準ずる場合。東西に伸びる阪神本線の高架に接する形で校地が存在する。校地南端には

図②　成徳国民学校と周囲の位置関係（上が北）

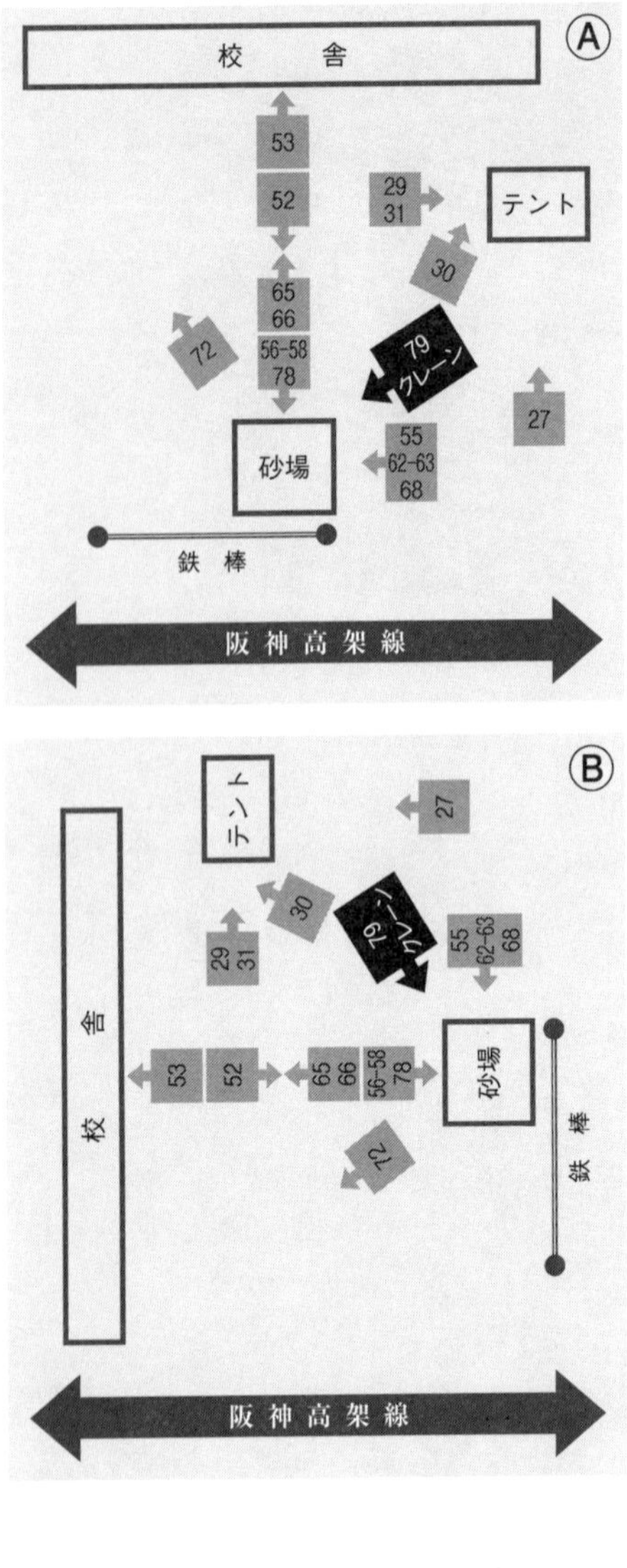

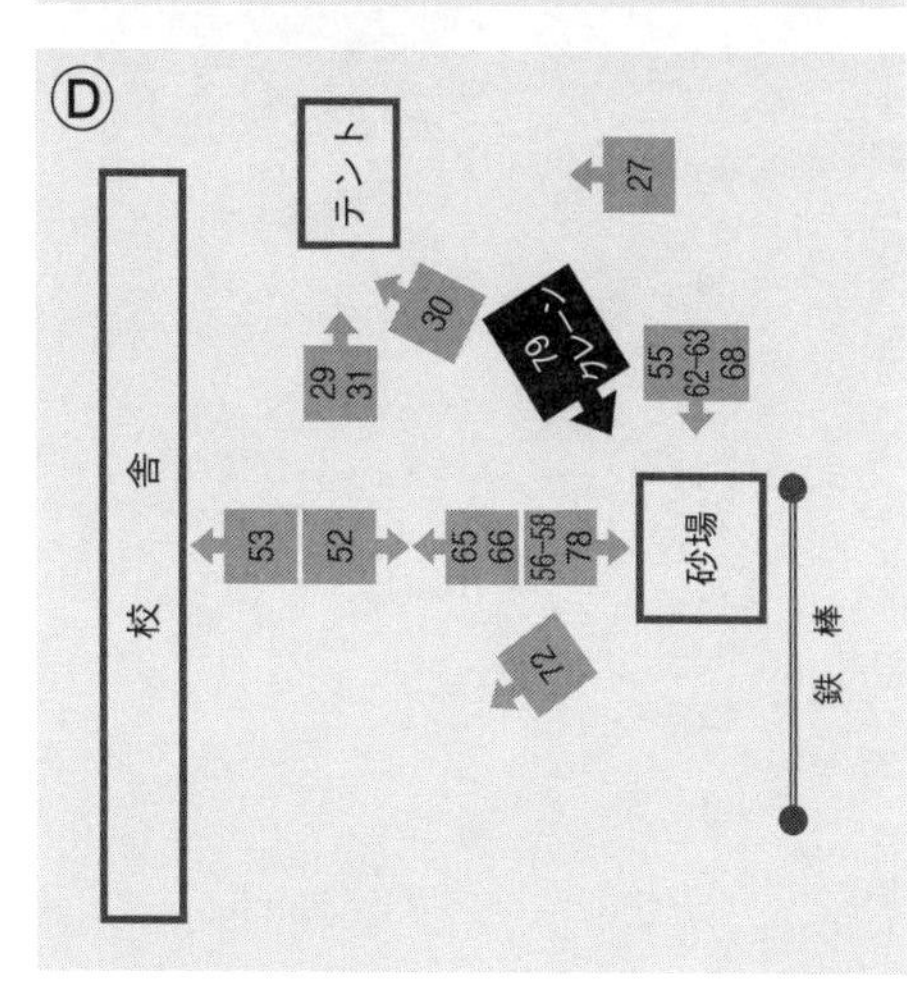

東西方向に鉄棒が、北端には同様に校舎が建てられている。これを長方形としてとらえると、上辺が校舎、下辺の一部が鉄棒、下辺の下側に平行線として阪神本線があることになる。Ⓑ舞台は御影国民学校であるが、校舎の配置は成徳国民学校に準ずる場合。長方形の左辺が校舎、右辺の一部が鉄棒、下辺に平行して下側に阪神本線が位置する。

しかし、カメラの位置を考慮すると、ⒶⒷとも成立しがたい。なぜならば、79のロングショットの際に、高架が映り込むことになるはずが、映画ではそうなっていないからである。したがって、可能性は以下のふたつとなる。Ⓒ校舎が成徳国民学校であるが、位置関係が東西逆である場合。右辺に校舎、左辺に鉄棒、下辺に沿って高架が配置される。この場合、79のカメラは高架を背負っている位置になる。Ⓓ成徳国民学校の校地・校舎をそのまま使うなど、高架が存在しない場所に学校が置かれている場合。この場合、カメラの配置は自由である。つまり、ⒸⒹの可能性は、高架を意図的に描かなかったことを示唆する。

一方で、清太たちが避難する際に高架の描かれているカット（1—84）がある。原作小説にも人混みの高架を避けて避難する描写があり、このカットの絵コンテには「阪神高架沿い／奥につまって動きのとれない避難民。人々に混って清太、手前より駈けてゆくが」と、阪神の高架線の存在が明記されている。そうすると、ⒸⒹの場合は、校舎の周囲から意図的に高架を排除したとみることができる。

では、描かなかった意図は何だろうか。それに答える前に、別の要素を急いで見ておこう。この映画には、小説にはない清太と節子兄妹の幽霊が登場する。[*19] 空襲に先立ち、かれらは（阪神ではなく）阪急電車に乗って御影の中心街を見下ろしている（1—32〜36）。また、かれらが生者の清太を見守りつつ乗っているのも阪急電車である（2—93〜100）。注目すべきは、このどちらの乗車のシーンも、生者の清太の周囲には他の乗客が描かれているにもかかわらず、幽霊の周囲には誰もいないことである。

移動とは他の場所へ行くこと、他の人との出会いをもたらすものであり、その意味で、他者との接触の契機にほかならない。生者の清太の周囲にいる乗客は、そのような他者の存在そのものである。一方で、幽霊の兄妹には他者が存在しない。この二つのシーンは、このような他者の存在の有無を示唆しているように思われる。

飛躍を恐れず言えば、校庭に高架が描かれないことは、兄妹がどこにも行きようがなく孤立していることを示しているのではないだろうか。だからこそ、校舎にはあれほどの避難した人々が描かれているのにもかかわらず、校庭にも、その外の焼跡にも、兄妹のほかには誰もいないのである。つまり、校庭のシーンの最初と最後では、喚起される情動が異なっているのである。最初のカットすなわち瓦礫のなかに屹立する校舎の姿は、山本二三インタビューに添えられた言葉の通り「安堵感」を示す。一方で、白く飛んだ校庭の周囲一面が焼跡となっているカットは、母を失うことになる「混乱」とともに寂寥感が強くせり出してくる。泣きじゃくる節子に対して無力な清太が鉄棒に取りついた瞬間（2―78）に流れ出す音楽は、この世界の中に兄妹二人だけが取り残された絶望的な寂しさを強く訴えかけてくる。この最後のカットによって、国民学校における一連のシーンで強調されるのは、兄妹ふたりの孤立となる。これには人一人いない一面の焼跡という背景が大きく寄与しているため、高架が描きこまれたとすれば、このシーンの醸成する情動に対して、負の方向に働くのは疑いえない。

前節で紹介した高畑のいうリアリズムの内実について、このシーンの背景はひとつの示唆を与えている。すなわち高架の不在は、頼るべきものを失いつつあるという空襲の結果を意味しており、主人公兄妹にとっては孤独のまま世界の中に投げ出されることを示しているのである。このように、『火垂るの墓』における背景は、風景を単にそのまま存在するものとして描いているのではない。人物の動きの「リアルさ」と同じように、背景のリアルさもまた、物語を駆動するべく「演技」しているのである。

三　ニテコ池のもつ場所性

御影町の自宅を焼け出された清太・節子の兄妹は、西宮市の満池谷にある「小母さん」の家に身を寄せ、やがて近くの池辺の防空壕で自活するようになる。郷土史専門誌『歴史と神戸』に寄せられた二宮一郎の調査報告によると、野坂昭如らが当時利用していたのは「池の南側で東西の崖に掘られた防空壕」二ヶ所であった。[*20] つまり、映画のように岸辺に壕があったものではない。

明治時代の『西宮町誌』によると、西宮の本町より北西方向の名次神社の境外官林として「名次官林」、その南に「南郷民林」という松林がある。それらの東にニテコがあり、その中にニテコ池がある。池の水は本町の用水と三〇町歩の田の灌漑に供されているとある。[*21] 現在の地名では、ニテコが満池谷町、名次官林が名次町、南郷民林が南郷町に相当し、ニテコ池の名称は現在も変わらない。[*22]

ニテコ池の南西隅には地蔵と石碑がある。西宮の地蔵に関する悉皆調査の報告書によると、二体の「地蔵の中央に石碑があり、正面に「(梵字)法界聖霊塔矣」、背面に「(梵字)旹 明治廿二年七月

建之　中島仁兵ヱ／米谷茂助　石工田中仙之助」と彫られている。また、右面の「功徳主　辰馬悦蔵」、左面の「功徳主　阪口吉蔵」の下にそれぞれ多くの人名が彫られている」とあり、吉蔵の子息である阪口浩平の談話が引かれている。[*23]

この談話は、西宮のコミュニティ誌『宮っ子』に付された地区ごとのペーパーに収められたものである。一部を引こう。

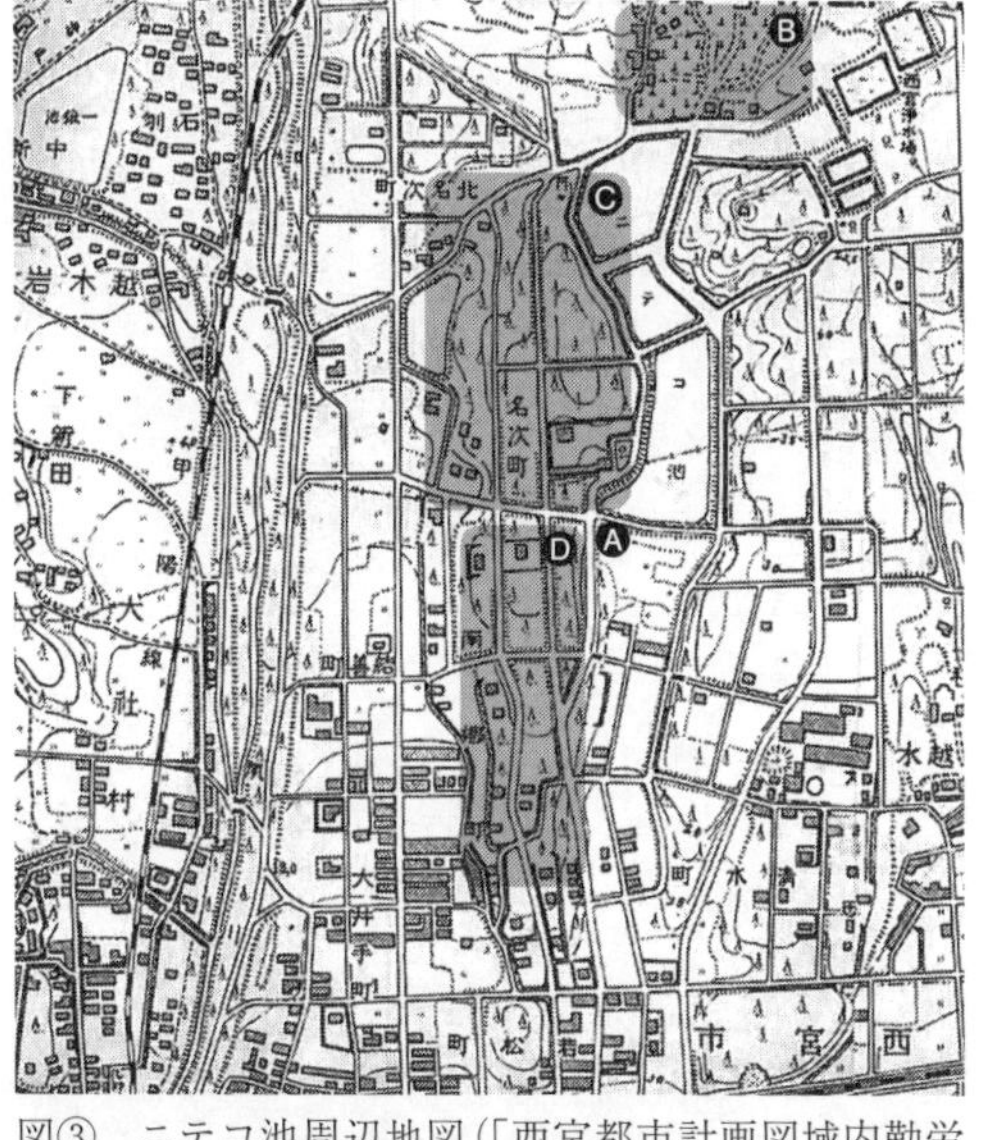

図③　ニテコ池周辺地図（「西宮都市計画図域内勤労者住宅分布図」昭和8年12月調、兵庫県立図書館蔵）Ⓐ石碑と地蔵、Ⓑ満池谷、Ⓒ名次官林、Ⓓ南郷民林

図④　ニテコ池の南西隅に建つ石碑と地蔵（2020年1月、筆者撮影）

父は若くして家業を継ぎ酒造界や市政界の仕事に熱情を傾け多くの知友を得たこと。

聖霊塔については幼い頃父より聞いた記憶はあるが深い関心もなかった。今にして思えば明治のあの時代は世の中が貧しく不安定な時代で自殺が流行し、ニテコ池にも身投げや心中が後を絶たなかったと言われていた。

それらの不幸な人々の霊を慰めようと辰馬悦次郎さんと計り多くの善意の人々の協力で供養のため石仏や塔を建立したのであろうと。巷に伝わる噂と同じようなお話しを承ることが出来ました。*24

この伝承について、先に紹介した渋谷もとりあげているのが、イギリス人リチャード・ゴードン・スミスの日記である。彼は一九〇四（明治三七）年一二月二日に以下のような記述を残している。

だがタダマツが、その池にまつわるこれまでに聞いたことのない話をしてくれた。そこは、親たちに結婚を反対された恋人たちが心中をしにやってくるところだった。心中をした人のために、一六年前、湖の端に背の高い石碑が建てられたが、それで事件が減少するわけではなかった。*25

長くなるので全文の引用は控えたが、この後、二つの怪異譚が記されている。ひとつは、池には巨大なスッポンが住んでいて、いちど捕えられたが池に返され、それ以来、心中はわずかに減少したが、「邪悪なスッポンの力で多くの自殺がひきおこされた」というものであり、もうひとつは「トヤマの行商人」が水中に「きれいな家」を見つけて飛び込もうとする逸話である。この怪談の記述と慰霊塔の存在は、明治期のニテコ池が心中の場として有名であったことを示唆している。

次に、大正期から昭和初期までのニテコ池周辺の様子を見ていこう。大阪にある杉村倉庫の社史によると、同社は一九〇九（明治四二）年四月、社宅建設予定地として「名次山の丘陵地帯3町歩」の払い下げを受けた。その後の所有形態は述べられていないが、一九二二（大正一一）年、同社は「杉村社長所有の兵庫県西宮町名次山の丘陵地」を買収して分譲と社宅としての貸与を全社員に呼びかけたが不調に終わったため、後に一般に分譲した。[*26]

また、池の北側には公営墓地が造営される。『西宮市史』によると、一九一二（明治四五）年四月には、火葬場を備え、墓地面積一六一七坪におよぶ満池谷墓地が開設された。西宮市は隣接地七四〇〇坪を取得して墓域を拡張、一万基余りが移転され、一九三〇（昭和五）年に開眼式が営まれた。[*27]

墓地造成の直後、住友信託と杉村倉庫によって満池谷の西側一帯が高級住宅街として開発された。その経緯を追ってみよう。建築史家の坂本勝比古によると、南郷民林すなわち南郷山を開発したのは住友信託で、一区画最大で六〇〇〇坪、最低でも六〇坪～一〇〇坪、計六三区画が分譲された。「周辺の住宅地より一段高い丘陵であるため、各宅地からの見晴らしは良好である」と坂本は述べている。名次官林すなわち名次町は先述の通り杉村倉庫の開発による。中央南北に道路を通し、東側（池側）が七区画二四〇〜五〇〇坪、西側（夙川側）が一四区画一〇〇〜一八八坪に分けられた。[*28]

住友信託は一〇年ごとに社史を編んでいるが、そのなかでは『住友信託銀行五十年史』が、詳しい開発の経緯について、当時の不動産課長であった小出憲による回想をもとに記述している。[*29] それによれば、阪急沿線（住吉〜夙川）に住宅地の需要が高まっていたところ、一九三〇（昭和五）年夏、南郷山一万三〇〇〇坪を坪あたり二八円で取得した。そして、区画整理法を利用し、「単独施行南郷山土地区画整理」を行い、「事故に備えて監視人を現場に置くとか、県より児童公園設置を命ぜられたりしたが、無事に造成を完了、昭和六年四月、売出しにこぎつけた」とある。宅地は一年たたずに全区画が売れた。興味深いのは、「然も売出に際しては品位ある高級住宅地として永く残したいとの意見もあって、買手の身元や職業も一々調査して厳選し、その結果、映画会社の重役や小店主なぞお断りした先も相当あった」という記述である。この社史の記述を踏まえると、住友信託は、南郷山を「品位ある高級住宅地」として位置づけており、実際に顧客の選別を行っていたのである。

一方、時期は明示されていないが、杉村倉庫の社史には、名次山の「土地を小口に分割し、住宅地として一般に分譲することになり、水道、下水、ガスなどの幹線工事施工の後、100坪、200坪に分け「売出案内書」（現地の写真入り）を配布して希望者を募集した」とある。[*30] 先に引いた坂本によれば、購入者には古田俊之助（住友総理事）、岡橋林（住友銀行頭取）、中根貞彦（三和銀行頭取）、岩井豊治（岩井商店主）に加え、松下幸之助らがいたという。[*31] つまり、満池谷西側の丘陵地帯は、一九三〇年前後になって急速に高級住宅地として開発されたことが見て取れる。

ここまでの内容を整理しよう。明治期の名次山・南郷山はともに松林で、満池谷は田圃だった。一八八九（明治二二）年、心中や入水を供養するためにニテコ池南西端に地蔵と石碑が建立される。一九一二（明治四五）年に池の北側に満池谷墓地が開かれ、一九三〇（昭和五）年に大きく拡張される。その後すぐに、西側の名次山とその南に続く南郷山とが高級住宅地として開発された。時代を遡及する方向で見ると、ニテコ池の西側の丘陵一帯は昭和初期に形成された高級住宅地であるが、それに近接して池の北側の墓地開発があり、さらに明治中期から後期までは、ニテコ池そのものが心中の場所として知られていたことがわかる。このように、近代に限っても、高級住宅地／墓地／心中という三つの文脈が重なり合った複雑な場所性をニテコ池はもっているのである。

四　場所性を解釈に引き込む

原作小説では、節子の亡骸を焼きながら、清太が「四年前、父の従弟の結婚について、候補者の身もと調べるためこのあたりを母と歩き、遠くあの未亡人の家をながめた記憶と、いささかもかわるところはない」と回想するくだりがある。[*32]

映画では、満池谷の家をながめるのは母と清太ではなく、清太と節子の幽霊である。先述の通り、清太と節子の幽霊は、阪急電車に乗って移動する生者の清太を見守りながら同じく夙川駅で降車し、そのまま南郷山を歩いて移動、立ち止まって満池谷を見下ろし、生者の清太が家へ入る様子を見守る（2—93〜100）。
　このシーンには、短調の悲しげな劇伴音楽が鳴り響いている。音楽の開始は、先述のように、清太が鉄棒に取りついた瞬間であった。それから母の亡骸を見送り、火葬と続くシーンすべてにこの音楽は引き続いて流れ、そのまま骨壺を抱いた清太が阪急電車に乗るところから、幽霊の清太と節子が登場することになる。つまり、この劇伴音楽は母の死が確実視され、兄妹が孤独のまま投げ出される瞬間から鳴り響いている。

　絵コンテによると、カット99に「谷を見おろすところで立止まる／下にひろがる集落」「清太㊦みつめる（ゆっくり、小さくのりだす。集中する）」、カット100に「A.C／清太が角を曲がって／未亡人の家へ／消える」とある。[*33] 劇伴音楽の指示は見られない［図⑤］。

図⑤　『スタジオジブリ絵コンテ全集4　火垂るの墓』（徳間書店、2001年）130頁

さて、先に引いた越前谷は、原作小説にあった清太や母親の差別性をとりあげ、以下のように述べている。

嫌いな天ぷらを飼い犬に投げ与え、貧乏な子供に林檎を「わけたった」と素直に回想する清太と、丘の上から「未亡人の家」に向けて値踏みするような視線を投げかける母親は、ともに自己の差別性に無自覚であると言わざるを得ない。清太に、特権的な過去の生活を自省する様子はうかがえない。このように、原作には、冷たく清太を突き放したような眼差しがあるが、アニメはそういう眼差しをきれいに拭い去ってしまった。[*34]

図⑥　南郷山から満池谷を見下ろす（2020年1月、筆者撮影）

図⑦　満池谷から南郷山を見上げる（2020年1月、筆者撮影）

開発の経緯を知ったわたしたちは、映画にある高低差について、越前谷が原作小説に読み込んだ「眼差し」を読み取ることもできるだろう。すなわち、高級住宅街の南郷山から満池谷を見下ろすという視線そのものがもつ社会階層の差異を感じ取ることである。

じつは映画にはもうひとつ、高所と低所を強調するシーン（6―118〜120）がある〔図⑧〕。終盤の節

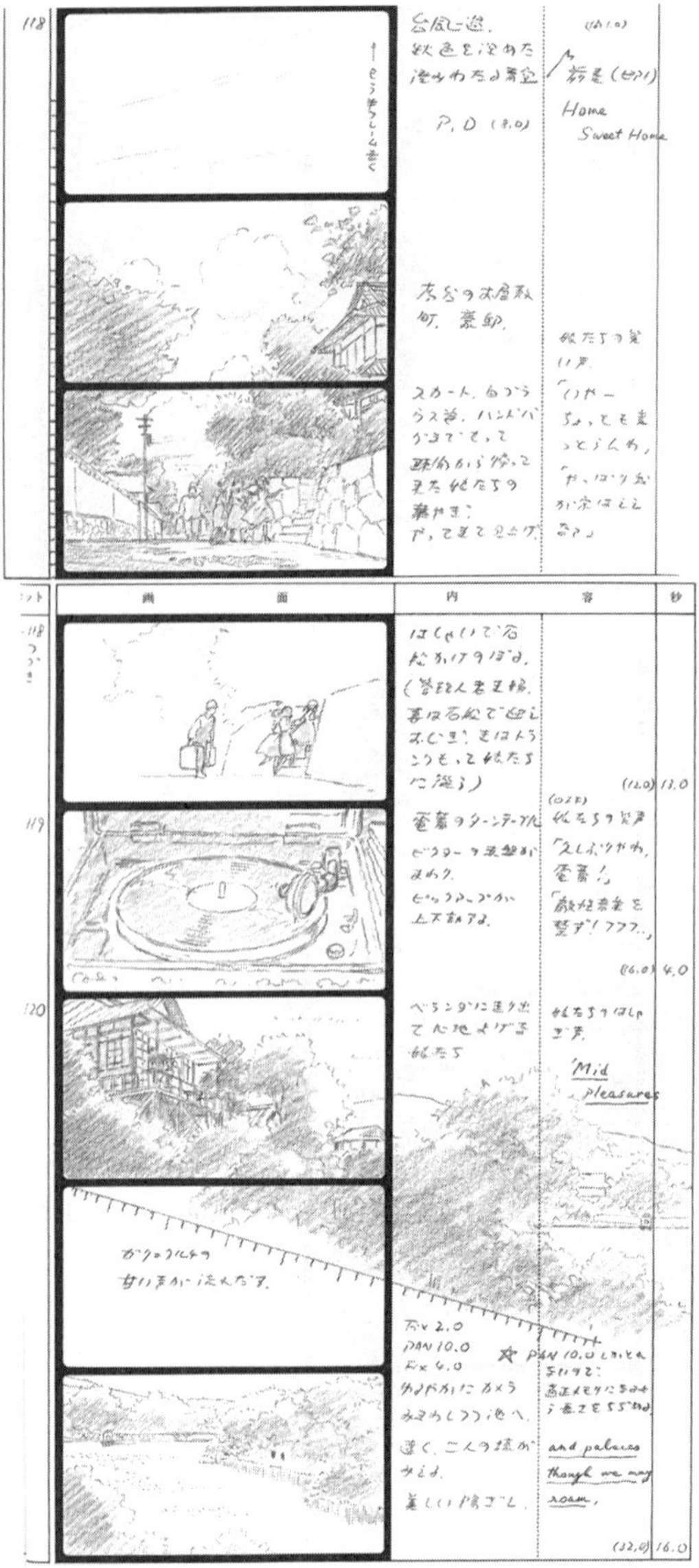

図⑧　『スタジオジブリ絵コンテ全集4　火垂るの墓』482・483頁

子の死後、特配の炭を受け取った清太は、高台の豪邸の前を通りかかる。鮮やかなスカート姿で笑い声をあげる少女たち、モンペ姿の管理人を見やるでもなく、国防服の清太は奥から手前に歩いてくる。ターンテーブルでレコードをかける様子がインサートされ「埴生の宿」が流れはじめると、高台のベランダで娘達は声を上げてはしゃぐ。絵コンテには「ガリ＝クルチの甘い声が流れ出す／ゆるやかにカメラみまわしつつ池へ／遠く、二人の壕がみえる／美しい陽ざし」（120）とある。そして歌声とともに、壕で遊ぶ節子の幻影が描き出される（121〜138）。

越前谷が原作にはあったと指摘する「冷たく清太を突き放したような眼差し」は、このシーンに残されているのではないだろうか。ひとつには鮮やかな洋服をまとった華やかな少女たちと、暗い国防服の清太の対比としてあり、もうひとつには、高所の豪邸と低所の防空壕の対比としてある。木立の上にせり出した豪邸のベランダをとらえたカメラが斜め下にパンしていき、遠く池の畔の防空壕を捉えるカット120のカメラワークは、この対比を際立たせている。このカットは、先のカット2―99よりも端的に、社会階層の差異を示しているのである。

しかし一方で、カット2―97〜100の背後は塗り塀や木立であり、背景から高級住宅地の雰囲気を感じ取ることはできない。むしろこのシーンで強調されるのは、短調の劇伴音楽も相まって、母親の骨壺を運ぶ生者の清太に集約される、母を失った寂寥感あるいは孤独である。そうすると、生者を見守る幽霊の視線は、原作にあった「清太を突き放したような」視線とは意味合いを異にし、積極的に孤立感を喚起していると見ることができる。

いま述べた幽霊／生者が高所／低所に位置するシーンを反転させるかたちで、カット6―120に代表される「埴生の宿」のシーンは構成されているように見え、とりわけ後者では、高所には生者が、低所には死者が配されている。また、兄妹が蛍を伴い闇夜のなかに佇む前者に対し、後者は「美しい陽ざし」のなかで節子の幻影が動き回る。劇伴音楽も悲しげなインストルメンタルの前者に対し、後者では絵コンテに書き込まれているとおり、甘やかな歌声が響く。ふたつのシーンにはさまざまな対比が重ねられているのだが、これらは、すでに失われた命すなわち節子への強い喪失感を示している。

ところで、満池谷墓地の存在は、小説にも映画にも明示されていない。しかし、その存在を踏まえると、なぜ節子の亡骸がここで荼毘に付されたかが見えてくる。昭和四〇年代に西宮市立図書館長を務めた南野武衛によれば、節子が火葬された丘は現在の大社中学校付近と推測される。[*35] これは満池谷墓地の西隣、ニテコ池の北西に位置し、名次山に連なる丘陵である。このように地理を踏まえると、『火垂るの墓』は、御影から満池谷、さらにニテコ池、そして丘というように、しだいに墓地へと接近する物語でもある。

さらに、最初に述べたように、心中物としての『火垂るの墓』は、心中の場としてのニテコ池と呼応するだろう。二宮が明らかにしたように、野坂兄妹が利用した防空壕は池に隣接したものではなかった。しかし、映画は池辺に防空壕を置いている。兄妹が孤立から死へと至る場としての壕と、淵を覗く者が引き込まれる水底の家とは、関わる者を死に誘うものとして通底性を持つことになる。

このように捉えると、なぜ清太と節子はニテコ池に身を寄せることになるのかについて、物語の内容とは異なる想像力の広がりが見えてくるのではないだろうか。ニテコ池が清太と節子の「世界中で二人っきりの天国」かつ「死に到る道筋」の場として選ばれたのは、もちろん、野坂自身の体験が一因であろう。[*36]しかし、それとは別に、そして野坂や高畑の意図や認識の有無を脇に置いて、ニテコ池をめぐる歴史的文脈が、幾重にも『火垂るの墓』の物語に陰影をもたらしている。このように、ニテコ池のもつ複雑な場所性を引き込むことで、『火垂るの墓』の物語から、さまざまな解釈を引き出すことができるのである。

五　層の重なりとしての作品

ここで『火垂るの墓』の物語を、仮にいくつかの層にわけて考えてみよう。[*37]この考え方はいわゆるセルアニメーションの作り方に近い。セルアニメーションでは、背景を描いた画用紙の上に人物など動く部分を描いた透明なフィルム（セル）を重ね、それを上から撮影することで一コマの画面を構成する。つまり、背景以外は透明なセルでできた、いくつもの層があり、それを上から見下ろすとひとつの画面が成立するのである。

『火垂るの墓』では、その地域を示す背景を一番下に置くならば、そのうえに野坂昭如の事実、清太と節子など作中の事象、そしてその感傷性を批判する野坂自身のエッセイなどの言説、さらに高畑勲の映画を含む映像化作品、それらを含む批評言説と、いくつもの層が重なり合って、『火垂るの墓』ができている。そして、受容者はそれらを上から透かし見るのであるが、このとき、途中にあるすべての層がセルと同様に透明であるとは限らない。野坂昭如自身の批判的な言説を知らない者も、物語の舞台が阪神間であることに気づかない者もいるだろう。それぞれの層がどれだけ見えるかは、さまざまな要因で異なる。

また、アニメーションのセルと、いま想定している層は、ある点において決定的に異なっている。それは、層そのものが時間の経過とともに生成あるいは変化することである。たとえば批評言説は、作品の公開後に積み重ねられる。あるいは地域の様相は、開発や災害などさまざまな事象によって常に変化する。物語に見られる層は、アニメーションのセルと異なり、それぞれが常にかたちを変えるのである。

最後に、作品から地域へと生成変化をもたらした事例を挙げよう。「『火垂るの墓』を歩く会」(以下、歩く会)は、尼崎市立地域研究史料館による「『尼崎市史』を読む会」の夏休み企画として一九九九年に始まった。毎年八月におおむね二日にわけて、①満池谷・ニテコ池コース、②香櫨園浜コース、③御影公会堂コースの三コースを世話人が案内するかたちで実施していた。①は西宮の寄寓先や防空壕周辺、②は海水を汲みに行った浜辺に至る道筋、③は空襲を受けた地域をめぐるものである。歩く会のウェブサイトによると、コロナ禍による中断を経て、二〇二一年では①③が実施されている。参加者は多い年で二〇〇名を超えることもあったが、二〇二一年は各回一〇名に限定している。[*38] また、満池谷町の有志による委員会の活動によって、西宮のニテコ池北西にある西宮震災記念公園には、二〇二〇年六月七日に野坂昭如「火垂るの墓」の文学碑が設置された。ウェブサイトには当時満池谷在住だった人物への聞き取り調査も掲載されている。[*39]

この「『火垂るの墓』を歩く会」の活動は、『火垂るの墓』における神戸空襲という重要な層を抜き出し、作品がフィクションであることを踏まえつつも、神戸空襲の戦跡と重ねることで、戦争の問題を教育するあるいは考えるという営みである。文学碑の設営もまた、野坂昭如個人あるいは作品そのものの事績を越えて、戦時下阪神間の人々の生活をも含みうるものである。

いずれの例も、『火垂るの墓』という作品を起点として、地域での活動につながり、さらに第二次世界大戦へと、その視野は広がっている。このように、ひとたび作品そのものが組み入れた層は、その後に作品から外への新たな力(ベクトル)を与える層ともなるのである。

おわりに

本稿では、『火垂るの墓』について具体的な地域表象をとりあげて検討し、地域の歴史的背景という「層」に光を当てることで、その場所性と情動との関わり、さらにはどのような情動が喚起されるかを観察した。

これらは、映画作家としての高畑勲が、綿密な調査の結果生み出したものである。第一節でもとりあげたように、映画『火垂るの墓』は単純に事実のみを描いたのではなく、むしろさまざまな技巧によって叙情性を高めている。その意味で、この映画は単なるリアリズムでもなく、また単なるメロドラマでもない、すぐれた映画作品なのである。

最後に書き添えておきたいが、わたしたちの認識が実在／虚構という二分法にとらわれている限り見えてこないものがあることを、わたしたちは改めてより鋭く認識し直す必要があるだろう。地域の歴史的文脈をどのように作品に接続するか、しないか。それは層のひとつひとつを形成するさまざまな力の重なりをどのように読み取るかに関わっているのであり、単に作品を虚構としてとらえ、あらゆる文脈から切り離せばよいものではない。また逆に、文脈のなかでの位置づけのみを捉えようとすることは、作品を歴史史料と同一視し、史料的価値のない側面を不要として切り捨てることにつながる。いずれも、映画や文学という表象文化の、まさに表象としての側面を捨象することになってしまう。必要なことは、丹念に文脈を追跡し、作品のなかに見られるいくつもの層を掘り起こすこと、言い換えると、何かを切り落として単純化することなく、映画の豊かさを引き受けて考え続けることではないだろうか。

*——映画の視聴には、高畑勲『火垂るの墓』（DVD、ウォルト・ディズニー・スタジオ・ジャパン、二〇〇八年）を用いた。

1――スタジオジブリ編『ジブリの教科書4　火垂るの墓』（文春文庫、二〇一三年）三〇頁。

2――高畑勲・野坂昭如「清太と節子の見た〝八月十五日〟の空と海はこの上なくきれいだった」（高畑勲『映画を作りながら考えたこと』徳間書店、一九九九年、初出『アニメージュ』一九八七年六月号）四二一～四二二頁。

3――引用は、スタジオジブリ責任編集『スタジオジブリ作品関連資料集Ⅱ』（徳間書店、一九九六年）二二頁によった。

4――野坂昭如「アニメ恐るべし」（前掲『ジブリの教科書4　火垂るの墓』所収、初出『小説新潮』一九八七年九月号）七九頁。

5――越前谷宏「野坂昭如「火垂るの墓」と高畑勲『火垂るの墓』」（『日本文学』五四（四）、二〇〇五年四月）四七、五一～五二頁。

6――齋藤孝「語りの「心中物」としての『火垂るの墓』」（前掲『ジブリの教科書4　火垂るの墓』所収）一六四～一六五頁。

7――高畑勲「人間を再発見する力」（前掲『映画を作りながら考えたこと』、初出『とんぼの本　アニメの世界』新潮社、一九八八年）四二九、四三一頁。

8――高畑勲・百瀬義行・近藤喜文・保田夏代『スタジオジブリ絵コンテ全集4　火垂るの墓』（徳間書店スタジオジブリ事業本部、二〇〇一年）、九四～九六頁。以下、本稿では映画のカットを示す際には、適宜絵コンテのカット番号の末尾を付記し、頁番号は省く。

9――野坂昭如「火垂るの墓」（同『アメリカひじき　火垂るの墓』文藝春秋、一九六八年）六五頁。

10――山本二三「ここは反抗的だったかなとは思っているんです」（前掲『ジブリの教科書4　火垂るの墓』所収）一一一～一一二頁。同書によると、このインタビューはもともとレーザーディスク『火垂るの墓特別仕様版』（一九八八年）収録の音声特典だったとある。

11——前掲『ジブリの教科書4　火垂るの墓』一一三頁。

12——日本経営史研究所編『阪神電気鉄道八十年史』（阪神電気鉄道、一九八五年）。同所編『阪神電気鉄道百年史』（同、二〇〇五年）とくに一三六頁。

13——神戸空襲を記録する会編『神戸大空襲——戦後60年から明日へ』（神戸新聞総合出版センター、二〇〇五年）一〇六頁。

14——川島智生『近代神戸の小学校建築史』（関西学院大学出版会、二〇一九年）一六七〜一六八、四八五頁。

15——続・御影町誌編纂委員会編『続・御影町誌』（御影地区まちづくり協議会、二〇一四年）七七頁。

16——雑喉謙『「銃後」の記録——神戸戦災記』（新宿書房、一九九〇年）一〇、一〇四頁。

17——雑喉謙『神戸の鉄道——随走記』（コーベブックス、一九八一年）一四五頁。

18——神戸空襲を記録する会、前掲、一〇六〜一〇七頁。なお、同会は一九七一年に世話人一〇名で発足し、現在まで神戸空襲犠牲者合同慰霊祭の実施や空襲体験記の刊行などを行っている。その歩みは同書に詳しい。

19——小説は冒頭で清太の死を描く円環状の時間構造であるうえ、三人称ながら清太に焦点化しているなど、複雑な語りの構造を持っているため、映画における幽霊の兄妹はそのような語り手を形象化したものとも捉えうる。

20——二宮一郎「野坂昭如が小説に書き高畑勲が映画で描いた「火垂るの墓」を記念するために」（『歴史と神戸』五七（四）、二〇一八年八月）四七頁。

21——西宮町『明治十六年一月調　西宮町誌』（西宮町、一八八三年）一〇、二九〜三一、三三〜三四頁。なお、西宮町教育会編集発行『西宮町誌』復刻版（中外書房、一九七五年、原著一九二六年）付録の復刻版を参照した。

22――阪神間の地名について考察を重ねている郷土史家の渋谷武弘は、ニテコ池の名称について、西宮神社の大練塀の土を練って運んだ掛け声に由来するとの説を紹介しつつも、明治期には語源未詳となっていたと推測している。そのうえで、池の成立を江戸時代初期に置き、「満池谷」は治水を願っての佳名、「ニテコ」は川をせき止めて水をためる「井手」が「仁手」に転じたものと推測している。渋谷武弘「西宮の地名探索――ニテコ池」(『歴史と神戸』四六(四)、二〇〇七年八月)二～五頁。

23――西宮市立郷土資料館編『西宮の地蔵』西宮歴史調査団調査報告書一、西宮市文化財資料五九(西宮市教育委員会、二〇一三年)三四～三五頁。

24――西宮コミュニティ協会「たいしゃ」二五(『宮っ子』三六、一九八二年一二月号付録)三頁。

25――リチャード・ゴードン・スミス『ゴードン・スミスのニッポン仰天日記』(荒俣宏・大橋悦子訳、小学館、一九九三年)二七二～二七三頁。

26――社史編集委員会『杉村倉庫創業七十五年史』(杉村倉庫、一九七二年)九、五四頁。

27――武藤誠・有坂隆道編『西宮市史』第三巻(西宮市役所、一九六七年)三五九～三六〇頁。

28――坂本勝比古「阪神間の住宅地形成に関する基礎的研究(2)――近代日本の大都市郊外住宅地形成過程」(『住宅総合研究財団研究年報』二一、一九九四年)二一一～二一六頁、引用は二一五頁。

29――住友信託銀行五十年史編纂委員会『住友信託銀行五十年史』(住友信託銀行、一九七六年)三九一～三九四頁。

30――前掲『杉村倉庫創業七十五年史』五四頁。

31――前掲「阪神間の住宅地形成に関する基礎的研究(2)」二一六頁。

32――前掲「火垂るの墓」八五頁。

33——A.Cはアクションカット（動作が連続するように繋ぐこと）。この場合は、清太の幽霊が身を乗り出す動作をカット99（正面）とカット100（背後）の両方に連続させることを指す。なお、／は改行の示すものとして筆者が用いた。

34——前掲「野坂昭如「火垂るの墓」と高畑勲『火垂るの墓』」五〇頁、傍点原文。

35——南野武衛『西野文学風土記』上（神戸新聞出版センター、一九八二年）一二三頁。

36——野坂昭如『「終戦日記」を読む』（朝日新聞出版、二〇一〇年、初版、日本放送出版協会、二〇〇五年）によると、焼け出された野坂は西宮に身を寄せた後、「負傷した養母を、大阪郊外の守口に住む祖母に預け、ぼくと妹とは、知人を頼り、福井県の春江へと疎開」（八二頁）した。その地で妹は餓死、終戦後に野坂は守口の祖母方に移る（一四一～一四五頁）。野坂の記述は時系列が判然としないが、九月初頭に中学へ復学の手続きをするとともに、三宮の駅に出かけたようである（一五二～一五六頁）。

37——以下に述べた考察は、トーマス・ラマールの「多平面的イメージ」に近いが、本稿はアニメーションの画面構成に主軸があるのではなく、物語内容と参照枠の関わりにより注目している。トーマス・ラマール『アニメ・マシーン——グローバル・メディアとしての日本アニメーション』（藤木秀朗監訳・大崎晴美訳、名古屋大学出版会、二〇一三年、原著、二〇〇九年）。

38——神戸空襲を記録する会、前掲、八八～九一頁。『火垂るの墓』を歩く会ウェブサイト（http://kaeru.la.coocan.jp/hotaru/ 二〇二二年三月閲覧）。

39——ウェブサイト「野坂昭如著 小説 火垂るの墓　文学碑建立」（https://kouseihata.wixsite.com/mysite/blank-4 二〇二二年三月閲覧）。

コラム③　スタジオジブリの「見立て聖地」

◉須川亜紀子

フィリップ・シートンらによれば、コンテンツツーリズムとは日本発祥の和製英語で「映画、ドラマ、マンガ、アニメ、小説、ゲームなどの大衆文化商品の物語、キャラクター、舞台、その他創造的要素に、多かれ少なかれ動機づけされた旅行行動」[*1]である。二〇一六年公開の大ヒットアニメ映画『君の名は。』（新海誠監督）をきっかけに、国内外の多くの人々がその舞台やモデルとなった地を訪れたことで、「（アニメ）聖地巡礼」という用語で認知されている旅行行動でもある。スタジオジブリ作品に出てきた場所などのモデルとされる「聖地」は、あまり公式発表されていないが、ロケハンの記録などを見ると推察可能な「聖地」は多い。例えば、『魔女の宅急便』では、スウェーデンのストックホルム、ゴトランド島のヴィスビーへロケハンをし、ストックホルムのガムラスタンの裏通りがそのまま作中に使われている。[*2]

公式発表はされていないが、ジブリ作品の舞台に雰囲気が似ているとされる場所が国内外に多くある。『崖の上のポニョ』の鞆(とも)の浦（広島県）のように、宮崎監督が社員旅行で訪れた地であり、長期間滞在して映画の構想を練ったという事実からモデルだと推察されるような根拠のある聖地もあれば、まったく縁もゆかりもないが「似ているから」という理由でファンの間で知られた聖地もある。後者を仮に「見立て聖地」と呼ぼう。ここではオーストラリアの見立て聖地の事例をみてみる。

『魔女の宅急便』――ロス・ビレッジ・ベーカリー

オーストラリアの孤島タスマニア島にロスという小さな村がある。ここは一八三六年に建設された歴史的に価値のある古い石橋があることで知られた、地方の小規模な観光地である。日本人にはあまり知られていなかったロス村が一躍脚光を浴びたのは、ある日本人青年がこの村のパン屋をたまたま訪れたことに始まる。大きなパン焼き窯のあるそのパン屋は、ＢＢ（朝食付き民宿）を営んでおり、その部屋の一つが三角屋根の屋根裏部屋だったことで、「『魔女の宅急便』のパン屋に似ている！」とブログに投稿したところ評判となり、日本人を含む世界中の多くのファンが訪れることになった。

パン屋のオーナーは、日本アニメなど見たことがなかったが、ビデオを観たところ「なるほど、似ている」と思ったという。くだんの屋根裏部屋は、『魔女の宅急便』にあやかってKiki's roomと名付けられた。筆者が宿泊した時には、部屋には『魔女の宅急便』ビデオや、このパン屋が取材された日本のテレビ番組を録画したＤＶＤ、そして関連のぬいぐるみや本なども置いてあった。「ファンが置いていったり、送ってくれるのよ」とオーナー夫婦は嬉しそうに語った。

図①　ロス・ビレッジ・ベーカリーのKiki's room。ファンが置いていったグッズなどであふれている

中でも興味深いのは、ビジターズノートである。実はロス村は、州都のホバート空港から一一〇キロ程あり、鉄道はなく、レンタカーか、バスを乗り継いで行くしかない。しかし、その苦難こそがキキにシンクロできる体験なのだ。ビジターズノートには、ここまで来るのにいかに苦労したかや、「ワーキングホリデーで大変だった日々を乗り越えた自分へのご褒美」に訪問したと書く女性も多く見受けられた。一人で見知らぬ街で修業するキキと自分を同一化している男性のメッセージもあった。オーナー夫婦は、ファンのイメージを壊さないことを常に心がけているという。見立て聖地ではあるが、オーナー夫婦はオソノさん夫婦と同じくあたたかい人たちだった。

『風の谷のナウシカ』――風の谷

ノーザンテリトリー州のウルル＝カタ・ジュタ国立公園は、エアーズロックで有名な観光地である。実は、ここにはその名も〝風の谷〟という場所がある。オルガ山にあるこの風の谷は、その岩壁の様子も『風の谷のナウシカ』に登場する岩壁に似ている。ファンの間でも雰囲気が似ていると口コミで広がり、エアーズロックに行くついでに見に立ち寄る人も多い。風の谷のハイキングは、三、四時間かかる。[3] 中級者向けのコースだが、体力に自信のある方は、十分な水分補給をして歩いてほしい。

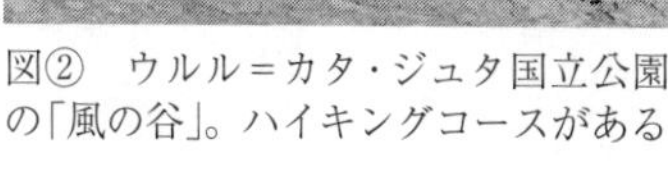

図②　ウルル＝カタ・ジュタ国立公園の「風の谷」。ハイキングコースがある

『天空の城ラピュタ』――パロネラパーク

シータとパズーが乗った小型のグライダーが龍の巣に巻き込まれ、軟着陸した打ち捨てられた廃墟のラピュタには、人間がいなくなったあともロボットたちがその街を守っていた……。そのコケやツタの生えた廃墟の建物を彷彿とさせるのが、パロネラパークである。ケアンズから約一二〇キロにあるこのパークは、スペイン人ホセ・パロネラが、自分の城を持ちたいという夢をかなえるため、クイーンズランド州に土地を購入し、城、自分の住む家、滝を利用した水力発電所などを作り、一般に開かれたパークとして一九三五年にオープンしたもの。パーク内のレストランでは、妻が料理を作ってもてなすなど、当時の人気遊興場であった。その後自然災害などで破壊され、パロネラ一家はここを手放したが、オーストラリア人夫婦が再建し、今に至る。[4] パーク内で

図③　パロネラパークのスペイン風の城。パズーたちが出逢ったロボットが出てきそうだ

は石の朽ちた感じやスペイン風の建物が異国情緒を醸し出し、滝や噴水が水の都を演出して、本当にラピュタの街を歩いている気分になる。人気の観光スポットで、園内でピクニックをする家族連れも多い。

このように、「似ている」ことで見出された見立て聖地は、多くのファンに認知されることにより、「本物らしさ」を獲得していく。こうした見立て聖地は、ファンが「似ている」と思う限り、無数に存在するのだ。

1――Philip Seaton, Takayoshi Yamamura, Akiko Sugawa-Shimada, and Kyungjae Jang, *Contents Tourism in Japan: Pilgrimages to "Sacred Sites" of Popular Culture*, Cambria Press, 2017, p. 3.

2――大野広司「リアルさと存在感そして光の表現にてこずってます」（スタジオジブリ編『ジブリの教科書5　魔女の宅急便』文春文庫、二〇一三年）一三四頁。

3――Uluru-Kata Tjuta National Park, "The Valley of the Winds Walk" (https://parksaustralia.gov.au/uluru/do/walks/valley-of-the-winds/ 二〇二一年三月三一日閲覧）。

4――Paronella Park (https://www.paronellapark.com.au/ 二〇二一年四月二日閲覧）。

第4章

四大元素と菌の問題系

宮崎駿『風立ちぬ』論

◉友田義行

一　終着点と原点

二〇一三年、宮崎駿監督の「引退」が報じられた。『崖の上のポニョ』から五年ぶりの監督作『風立ちぬ』が二〇一三年七月二〇日に公開され[*1]、一ヶ月あまり経った九月一日、スタジオジブリ社長の星野康二が、宮崎駿は長編映画制作から引退したと発表したのである[*2]。実際、宮崎は制作部門を解散しており、少なくとも「長編映画」の制作からは身を引いていたのだった。しかし、二〇一六年一一月一三日に放送されたＮＨＫの特別番組「終わらない人　宮崎駿」で、宮崎が鈴木に長編企画の「覚書」を提示する場面が公表される。二〇一七年二月二四日には、スタジオジブリプロデューサーの鈴木敏夫が、宮崎監督が新作長編の準備に取りかかっていることを公言し、引退宣言は撤回されるに至った[*3]。

その後、次回作のタイトルが『君たちはどう生きるか』であることも発表され[*4]、宮崎駿監督は今も精力的に制作を続けていることは周知の通りである。それでも、敢えて強調したいことは、『風立ちぬ』が長編引退作となった可能性もあった、という事実である。もちろん引退をめぐる発言はいずれも関係者によるものであったし、宮崎に限らず常に新作が最終作になることを覚悟しながら活動する創作家は少なくないだろう。何より、ファンにとって宮崎の引退宣言はお馴染みの恒例行事でもあり、話半分に聞くのが作法なのかもしれない。だが、七〇歳を越え、長男の宮崎吾朗を含む後継者たちが育つ中、本人にとっても周囲の者にとっても、その言葉が持つ重みは否応なしに増してくるのではないだろうか。

本稿では、『風立ちぬ』が宮崎監督にとっての暫定的な「終着点」である（あった）ことを重視したい。そうした枠組みから『風立ちぬ』を観ることで、初期作から一貫・継続する特徴を読み取り、彼の作家性の一面を明確化することが可能であると考えるからである。その一つが、本稿の標題に掲げた四大元素、すなわち火・水・風・土に、菌を加えた問題系である。このあとすぐ確認するように、『風立ちぬ』は戦闘機開発とメロドラマ（異性間の恋愛を主軸にした物語）を混在させた物語である。同時に、こうした表層的なストーリーの裏に、四大元素と菌が絡み合う図式が秘められているのである。そしてこの図式こそ、『風立ちぬ』に至るまでの宮崎駿の創作に早くから潜んでいた思想形態なのである。

まず、『風立ちぬ』のストーリーを大まかに確認しておこう。

パイロットを夢見ながらも近視に悩む少年・堀越二郎は、夢の中（「夢の王国」）でイタリアの飛行機設計家カプローニと出会い、美しい飛行機の製作を志す。成長し、東京帝国大学に進学して航空学を学ぶようになった二郎は、列車での移動中に良家の少女・菜穂子と出会う。その直後に関東大震災が発生し、二郎は足を傷めた女中のお絹を背負って、菜穂子とともに混乱をくぐり抜け、二人を家まで無事に送り届ける。大学を卒業した二郎は、設計士として三菱内燃株式会社に入社する。しかし、初日本が戦争へと突入する中、二郎は軍部に依頼された戦闘機の設計に取り組んでいく。しかし、初仕事の隼型戦闘機はテスト飛行に失敗。同僚の本庄らと共に盟友国ドイツのユンカース社を視察する中で、日本の航空技術の遅れを痛感する。帰国した二郎は七試艦上戦闘機の設計主務者に選ばれるが、今度もテスト飛行に失敗。失意のなか静養に訪れた軽井沢で、成長した里見菜穂子との再会を遂げる。まもなく二郎は菜穂子に求婚するが、菜穂子は結核で母親を失い、自らも同じ病であることを告白する。菜穂子の治癒を待ちつつ、九試単座戦闘機の設計に没頭する二郎。一方で菜穂子の病状は悪化し、ついに喀血（かっけつ）するに至る。菜穂子は一人で富士見の高原病院に入ることを決意するが、やがて多忙な婚約者に逢おうと病院を抜け出し、山を降りてくる。二郎の上司である黒川に仲人を依頼し、即席の結婚式を挙げた二人は、そのまま黒川邸の離れで新婚生活を送る決心をする。二郎は窮まる激務の末、ついに新型戦闘機を完成させた。しかし、テスト飛行に向かう二郎を見送った菜穂子は黒川邸を去り、一人で高原療養所へと戻って行くのだった。それから約一〇年後、戦闘機の残骸が散らばり、零戦が雲を引く[*5]カプローニとの「夢の王国」で、二郎は菜穂子に再会し、別れを告げる。

　時代は一九二〇年代から三〇年代が中心となる。関東大震災、金融恐慌、そして第二次世界大戦と、大正末期から敗戦へと至る激動の時代が描き出される。舞台は群馬県藤岡の農村に始まり、東京、名古屋、そして信州軽井沢や、八ヶ岳を望む富士見町の高原病院等が登場するほか、ドイツへの視察旅行も描かれる。後述する実在の人物や小説世界、そして映画オリジナルのストーリーが組み合わさった脚本である。

続いて、主要な登場人物とそのモデルを確認しておきたい。主人公は飛行機設計士の堀越二郎である。[*6]太平洋戦争でその名を轟かせた零式艦上戦闘機[*7]（零戦）の設計者として知られる、同名の実在人物がモデルである。堀越二郎はアメリカでライト兄弟が初飛行に成功した一九〇三年生まれであるが、その翌年には映画の二郎のモデルとなったもう一人の人物が誕生している。作家・堀辰雄である。『風立ちぬ』というタイトルは言うまでもなく堀辰雄の代表作から採られているし、映画の冒頭で示される「風立ちぬ、いざ生きめやも」という詩句も、この小説のエピグラフおよび作中で引用されるポール・ヴァレリーの言葉から採られている。堀越二郎と堀辰雄という、おそらく誰も思いつかなかった組み合わせで、この物語の主人公は造型されているのである。

また、二郎を愛するヒロインとして、里見菜穂子が登場する。こちらは実在の堀越二郎の妻（須磨子）ではなく、堀辰雄の小説に登場する三村菜穂子に基づいている。そして三村菜穂子は、矢野綾子という実在の人物がモデルになっている。いわゆる評伝物ではないが、実在人物をモデルにすることは宮崎にとって初の試みでもあった。この点だけを取り上げても、本作が宮崎監督の新境地であることは間違いないが、一方で既存の宮崎アニメとの連続性を強く感じさせるのが、まずはタイトルではないだろうか。『風の谷のナウシカ』へ回帰するように、「風」がタイトルに含まれている。そして、空を飛ぶことへの憧れや、活潑で一途な少女キャラクターなど、特に『天空の城ラピュタ』『となりのトトロ』『紅の豚』『魔女の宅急便』といった九〇年代以前の作品に一貫する宮崎駿の作家性が濃厚に表れていると言えるだろう。風に象徴される「飛翔」のイメージは、宮崎作品の映像を代表するものと捉えられてきた。[8]

「風」について付言すると、そもそも「スタジオジブリ」の名称は、サハラ砂漠に吹く熱風を意味する「Ghibli」に由来している。『熱風』はスタジオジブリが発行する小冊子の名称でもある。さらに、第二次世界大戦中にイタリアの航空機メーカー・カプローニ（創始者の名を冠した社名である）が製造していた偵察爆撃機の名称も、「The Caproni Ca.309 Ghibli」である。[9] 二郎が「夢の王国」で出会うカプローニもまた、実在の人物をモデルにしたキャラクターであり、かつスタジオジブリの名称とも縁の深い人物なのである。しかも、実在の堀越二郎が零式艦上戦闘機の後継機として試作していた新型機は「烈風」という、これも「風」を含んだ機名であった。つまり、スタジオジブリ名称の由来という「原点」と直結する飛行兵器およびその設計士たちの存在が、『風立ちぬ』にはちりばめられていることになる。

なお、宮崎は映画に先立って、マンガ「妄想カムバック「風立ちぬ」」を月刊誌に連載している。[10] のちに『風立ちぬ　宮崎駿の妄想カムバック』（大日本絵画、二〇一五年）としてまとめられるこのマンガでは、宮崎駿の自画像的な豚顔キャラクターが語り手を兼ねて登場し、「カプロニー（ママ）」以外の人物もコミカルな豚顔で描かれている。映画『風立ちぬ』のクレジットには原作・脚本・監督ともに宮崎駿の名が掲げられ、絵コンテも宮崎が手がけていることからも、この映画が物語内容からミザンセーヌ（視覚的要素の演出）まで、宮崎の個性によって強くコントロールされていることが分かる。

二　原作とモデル

宮崎駿は『風立ちぬ』について、「後に神話と化したゼロ戦の誕生をたて糸に、青年技師二郎と美しい薄幸の少女菜穂子との出会い別れを横糸に、カプローニおじさんが時空を超えた彩りをそえて、完全なフィクションとして1930年代の青春を描く、異色の作品である」と説明している。[*11] 受容の観点が観客によって異なることは大前提だが、宮崎が提示する二項のいずれに重きを置くかで、本作の見方は随分と違ってくるだろう。すなわち、二郎と菜穂子の恋愛と結婚そして死別を軸にしたメロドラマ的な展開がある一方で、軍国主義日本に栄光と滅亡をもたらす戦闘機を生み出した設計士の半生が語られるという、異質な要素が混合しているのが本作の特徴なのである。特に後者は、空を飛ぶ夢から生まれ、魚の骨格や鳥の羽ばたきといった自然と物理工学的な理論を結晶化した「美」の具現化でありながら、同時に殺戮を目的とする血塗られた兵器の製造に携わった人物の物語である。そこには必然的に倫理的な評価が伴う。両者が同居したこの作品を統一的に捉えることの不可能性についてはすでにいくつかの論考があり、なかでも中村三春は、『風立ちぬ』をはじめとした宮崎作品に共通する、矛盾をはらんだ「両義性」にこそ意義を見出している。[*12]

零戦の設計者である堀越二郎やその著作と、文学者である堀辰雄やその小説。ひとまずこれらを「原作」として、映画『風立ちぬ』の主要人物は造型されている。宮崎も「企画書」で、「この映画は実在した堀越二郎と同時代に生きた文学者堀辰雄をごちゃまぜにして、ひとりの主人公〝二郎〟に仕立てている」と述べている[*13]（以下、実在の堀越二郎を「堀越」、映画の登場人物を「二郎」と表記する）。物語や主題を一義的に収斂させるのとは対照的に、両義性や複数性へと開いていく傾向は、人物造形の複合性によっても強められているようだ。

しかも、映画公開直後に行われた対談で、二郎には宮崎駿の父親像も混ざっていることが、監督の口から明かされた。対談では触れられなかったが、宮崎の父親が宮崎航空機製作所の代表（実質的な社長）であったことは知られている[*14]。第二次世界大戦中に航空機の部品を製造した会社であり、零式艦上戦闘機の方向舵なども作っていた。『風立ちぬ』にこの製作所は登場しないが、零戦の製造に関わっていた点でも、二郎を構成する一要素として宮崎の父の存在があったことが認められる。

ただ、先の対談で宮崎が語った要素は、それとは別の事柄である。「ごちゃまぜ」となった三者の共通項として挙げられたのは、まず同世代であること、そして、結核を患っていた点であった。宮崎の父も堀辰雄と同じく、結核を患っていた。さらに、父の最初の妻も結核に罹っており、結婚から一年足らずで病死したというのだ[*15]。主要登場人物に宮崎の人生の「原点」である両親の姿が重ねられていることになる。

なお、結核への関心は、『風立ちぬ』の原作マンガの時点ですでに表現されている。「妄想カムバック「風立ちぬ」」の連載初回では、一九二〇年代の日本人の平均寿命と死亡原因が挙げられており[*16]、「男43才位　女45才位」「1位肺結核　2位腸炎　3位肺炎……」というデータとともに、「赤坊がすぐ死んだ」「本当にあっけなく人々が死んでいった」という言葉が一コマの中に記されている。戦争だけでなく、大震災、大恐慌と貧困、そして感染病による困難も、『風立ちぬ』は原作マンガから一貫して取り上げているのである。

堀辰雄に話を戻すと、彼は結核に罹患し、闘病しながら執筆を続けていた。一九二八年に肺結核から肋膜炎を発症した堀辰雄は死に瀕し、一九三一年には信州富士見のサナトリウム（肺結核をはじめとした慢性疾患治療のための療養所）に入院している。その際に出会ったのが、後に婚約相手となる矢野綾子であった。小説「美しい村」に登場する油絵を描く高原の少女との出会いは、堀辰雄と綾子との邂逅に基づいている。[*17] そして、二人は一九三五年に富士見高原療養所へ入院するも、同年末に綾子は二五歳の若さで帰らぬ人となった。この痛切な体験が小説「風立ちぬ」に結実したと言われている。[*18]

もっとも、映画の二郎はモデルたちのように結核には罹らない。菜穂子から感染している可能性はあるが、少なくとも発症はしない。実在の堀越も、過労によって休養したことはあっても、結核に蝕まれた経歴は見当たらない。よって、先に引用した宮崎の発言は、父と彼の最初の妻や、堀辰雄、矢野綾子、綾子をモデルにした堀辰雄作品の女性たちをミックスした、菜穂子の説明であると捉えられる。同じ対談で、「あの頃は結核だらけですね。ほんとうにすごく多かった。そしてあの病気は死病だったんですね[*19]」とも語る宮崎は、二〇世紀前半を描くにあたり、結核という死に至る病を重要な題材として見出したのである。

では、宮崎はなぜ堀辰雄に着目し、結核という設定を自作に取り入れたのだろうか。宮崎が「サナトリウム小説[*20]」と呼ぶ堀辰雄の作品群と比較して考えたい。

三　ジレンマとしての結核

菜穂子の原型は、堀辰雄「菜穂子[*21]」の登場人物であると考えられる。ただ、「菜穂子」に先行する「物語の女[*22]」に登場する同名の女性のほか、「風立ちぬ」で結核療養所に入る節子など、複数の堀辰雄作品を参照した様子がうかがえる。

映画のタイトルにもなった小説「風立ちぬ」は、語り手の「私」が婚約者の節子とともにサナトリウムに入り、やがて彼女を失うことを予感しながら、毎日を大切に生きる物語である。結果的に節子は病魔に斃(たお)れ、残された「私」は彼女と過ごした日々を追憶していく。

ある夏の日、一面に薄(すすき)の生い茂った草原の中で、「お前が立ったまま熱心に絵を描いている」光景の回想から小説は幕を開ける（菜穂子が草原で絵を描く映画のシーンの原拠と考えられる）。やがてどこからともなく風が立ち、草むらの中に絵が画架と共に倒れた音がする。続いて、「風立ちぬ、いざ生きめやも」との詩句が「私」の口を衝(つ)いて出て来る。

風が吹き、画架が倒れる――死を予兆する出来事だ。だからこそ、「私」は祈りと決意を込めて、先の詩句を口にするのである。この詩句はポール・ヴァレリーの詩集『魅惑』に収録された「海辺の墓地」の最終連に見出せる。鈴木信太郎訳では、「風　吹き起る……　生きねばならぬ。一面に吹き立つ息吹は　本を開き　また本を閉ぢ、　浪は　粉々になつて　巌(いわお)から迸(ほとばし)り出る。／飛べ　飛べ、目の眩(くるめ)いた本の頁よ」と続く。[*23] 詩の大部分を占める死にまつわる瞑想が終わり、生命の勝利が歌われる結末部分なのだが、堀辰雄の小説でも宮崎の映画でも、この言葉は最愛の人に先立たれた者が胸に抱く言葉となる。

小説「菜穂子」に登場する三村菜穂子は、二五歳のときに黒川圭介と結婚している。[*24] 菜穂子が少女時代を過ごした信州の同郷人である都築明が、かつて恋した菜穂子を偶然見かけるところから物語は始まるのだが、菜穂子の頭を占めるのは、自身の病や家族関係の苦しみである。特に、結核の引き金にもなった姑との関係や、妻よりも母との生活を優先させようとする圭介との関係が問題となる。菜穂子が一人で療養所に入っても、圭介は一通の手紙も寄こさない。孤独な毎日を過ごす内に菜穂子は、「一体、わたしはもう一生を終えてしまったのかしら?」とすら考えるようになる。そんなある日、明が彼女を見舞いに訪れ、二人は数年ぶりに再会する。

菜穂子と明と圭介、向き合ったそれぞれの感情が繊細に描かれるが、そのほとんどは相手に伝えられることなく、各自の胸に秘められたままとなる。明に対する菜穂子の思いも複雑に揺れ動きながら、明確な形を取ることがない。

しかし、明と再会したあと、菜穂子はある雪が激しく降り続く日に、一人で病院を抜け出して山を降り、汽車に乗る。突然の決心を実行に移す思い切った性格は、映画『風立ちぬ』の菜穂子にも引き継がれているようだ。宮崎が描く菜穂子は、一途に二郎を思い、病身を押して行動する女性であった。その強さに応えるように、二郎は「ここでいっしょにくらそう」と提案する[*25]（「ここ」とは療養所のある高原ではなく、二郎が普段生活している地上のことである）。一方、小説「菜穂子」では菜穂子を迎える圭介の態度は冷たく、互いの愛情を確認し合うこともない。明のことが心を過ぎりながらも、菜穂子は一人で療養所へ戻って行くことになる。この小説では、結核が主要因となって、別々に暮らさざるを得ない夫婦が描かれているのである。

結核は飛沫などで経口感染する病である。周囲に感染しないよう、患者は隔離されたり、自ら療養所に入る決断を迫られたりする場合がある。結核とは、最愛の人と共にいることが、そのまま相手を滅ぼすことになりかねないジレンマをもたらす病なのである。ゆえに、結核は共にいることを望む人々に試練を与える。愛し合う二人のどちらかが結核になった場合、それでも生活を共にするか否かが厳しく問われる。堀辰雄は高山のサナトリウムという、療養と隔離の両機能を持った施設を舞台に、人物の往還を通して、人間の愛と葛藤を描いたのである。その意味で、宮崎が描こうとする「薄幸の少女」は、貧困や不慮の事故などで苦しむ人物ではなく、結核に冒された人物でなければならなかった。[*26] 堀辰雄の小説は、結核のジレンマを引き出すために参照されたとも言えるだろう。

『風立ちぬ』のタイトルや、公開前に発表されたポスターは、堀辰雄の原作を知らない者には、飛行機製作の物語であることのみを強く印象付けそうだ〔図①〕。だが、宮崎が堀辰雄に注目してヒロ

図①　『風立ちぬ』ポスター

インを造型したのは、飛行機設計家と結核患者との愛――共に生きたいという願望――の強さを際立たせるためでもあろう。療養所での生活を描いた堀辰雄の小説とは異なり、宮崎が描く二人は治療よりも仕事を優先するかたちで、地上での結婚生活を選び取る。それは病気の重篤化と感染の危険性を相互に及ぼす、破滅を含んだ願望に基づく選択である。そして菜穂子が主導するこの夢は、美しい飛行機を作りたいという願望が多くの人々を殺戮し、国家を滅ぼす道へと通じてしまった、二郎の夢とも対を成すものなのである。

四　恋愛と戦火、そして感染病

展開されるメロドラマの検討を続けるべく、結核病患者として描かれる菜穂子を軸にしながら、『風立ちぬ』の恋愛劇のありかたを追っていこう。実在の人物をモデルにしつつ、堀辰雄の小説やそこに引用された詩句も織り交ぜながら、どのような展開が描かれただろうか。

堀辰雄「風立ちぬ」において、ヴァレリーの詩句はサナトリウムで療養する男女の間で語られる。一方、宮崎は物語序盤のまだ結核への言及がない段階でこの詩句を登場させる。大学生の二郎と、一三歳の菜穂子が初めて出会う、一九二三年の場面である。映画『風立ちぬ』で菜穂子が少女として登場するのはここから続くシークェンスのみであり、物語の後半で二郎と再会する際には二一歳になっている（ただし、絵コンテでは引き続き「少女」と表記される）。堀辰雄の「サナトリウム小説」では、少女時代はわずかに回想されるのみであり、たとえば三村菜穂子や節子の少女時代も概観的に描写されるに留まるが、映画では宮崎のオリジナル色の強い菜穂子の少女時代が直接的に描かれる。

東京へ向かう列車内。二郎は連結部のデッキに腰掛け、風に吹かれながら本を読む。その時、一人の少女（菜穂子）が二等車から姿を現わす。断髪で洋装しており、一九二〇年代に流行したモダンガール風の姿である。側には女中（お絹・一八歳）がついており、経済的にも豊かな家の令嬢であると推測される。「ワア…きもちがいいわ」と身を乗り出し、女中の制止も聞かずに帽子をおさえて風を受ける姿は、いわゆるお転婆な少女といったところである。

二郎の目には、菜穂子は年齢的にも妹の加代と重なるような、勝気な少女として映ったことだろう。再び読書に戻るが、列車が谷間の鉄橋にかかったところで強風が立ち、二郎の本は激しく捲(めく)られる（先ほど引用した「海辺の墓」と重なる）。そして、二郎がかぶっていた帽子が飛ばされる。菜穂子はとっさに身を乗り出して帽子を受け止め、体勢を崩した菜穂子をお絹と二郎が支える形になる。風が二人をつなぐ流れは、物語の後半でも反復されることになる。

顔を上げた菜穂子は明るく「セーフ」と言い、二郎も「ナイスプレー」と応じる。初対面の年上の男性にも怯まない性格だ。菜穂子はポール・ヴァレリーの詩句をフランス語で投げかけ、二郎も続きを応える。二郎が手にしていた本がヴァレリーの詩集であることを素速く認めるのほどの教養を備えていることが分かる。ちなみに二郎がつぶやく邦訳は、堀辰雄「ヴェランダにて」[*27]に登場する訳と似ており、宮崎が参照した可能性が高い。「合格」とでも言いたそうな満足な表情を浮かべると、菜穂子はさっさと二等車に入っていく。丁寧にお辞儀し、二郎にお尻を向けないよう会釈しながら去って行くお絹とは対照的である。ドアが閉まる直前には、菜穂子が座席から振り向いて手を振っているのが見える。

菜穂子はおそらく尋常小学校卒業後も労働に従事することなく、高等女学校に進学した少女であると考えられる。良妻賢母教育にはまだ染まりきっていない、適度に愛嬌のある、無邪気で快活な少女と捉えられるだろうか。絵コンテには、「ものおじしないおませなスポーツ少女」とも記されている。スポーツする少女像は、今田絵里香によると、第一次世界大戦後に見られるようになったものであるという。[*28]『少女の友』などの少女雑誌がスポーツに興じる健康的な少女像を打ち出し、同時に洋装と断髪が流行していった。井上章一は女子体育教育によって両大戦間期に美人イメージが変容し、それまで否定されていた健康・表情・知性・労働が、肯定へと移り変わったという。[*29]菜穂子はこうした社会的な少女イメージも反映した存在であると言えるだろう。

このあと、列車は大震災によって急停車する。[*30]その結果、先ほど交わされた詩句は、大震災にも抗して生きなければならないという意味を、まずは帯びることになるだろう。[*31]しかし、第二次世界大戦の最中、大人になった菜穂子と二郎が再会してからは、結核との戦いがこれに取って代わる。その意味で大震災は、村瀬学が指摘するように、太平洋戦争と、菜穂子の身体を蝕む結核菌がもたらす、二重の「破局」を予感させる出来事でもある。*32

停止した列車から降りた二郎は、うずくまったお絹と菜穂子を見付けて駆け寄る。骨折したお絹の脚に計算尺をあてがって応急処置を済ませると、二郎は彼女を背負って家まで送ろうと歩き出す。菜穂子は二郎のトランクと帽子を持って懸命に二人の後を追う。自分たちの荷物には目もくれない潔さ、そして恩人の大きなトランクを必死に運ぶ姿は、彼女の健気さを印象づける。この健気さこそが、結婚後の菜穂子を表すキーワードとなる。人混みをかき分ける内に二郎は帽子をなくすが、家の者を呼びにさらに走る。神社にお絹とトランクを置いて、二郎と菜穂子は身体能力が高いのか、帽子も失わずに二郎と手を取って走り続ける。家が見えると、門から人が飛び出して来る。菜穂子は案内に戻ろうとするが、両親たちによって門の中へ引き戻されていく。

以上が、少女時代の菜穂子の登場シーンである。瀟洒で、勝気で、快活で、健気で、聡明で、健康な、良家の令嬢。宮崎が描いてきた冒険活劇にも耐えられそうな颯爽とした少女だが、すでに結核菌は彼女の身体に潜伏していたのだろうか。生命と死が相克する女性へと、少女は成長していくことになる。

ここで、『風立ちぬ』に登場するもう一人の重要な少女である加代に言及しておきたい。二郎の妹である加代は、実在の堀越にも堀辰雄の作品にも原拠を持たない、映画オリジナルの人物である。

映画パンフレットによると、物語冒頭の一九一六年時点で加代は六歳であり、菜穂子と同年齢という設定である[*33]（二郎は一三歳）。後述するように、二郎が菜穂子と加代を見間違えるような場面もあり、また結核患者と医者の卵という対照的な設定でもあることを考え合わせると、二人は分身あるいは鏡像のような関係として位置づけられそうだ。

少年時代の二郎が飛行機（の操縦）に憧れを抱き、カプローニの記事を学校教師から借りて、辞書を片手に読もうとするときも、加代は兄と約束した笹取りに行こうと言ってきかない。勝ち気な性格であると同時に、二郎が思わず煩わしそうな表情を浮かべるほど、兄にべったりな少女である。二郎が近眼を治そうと、屋根に仰向けになって夜空を眺めるときも、加代は兄に寄り添う。妹には無数の流れ星が見える。しかし兄には見えない。歓声を上げる妹と、無言で目を凝らす兄の姿が対照的だ。夢の妨げとなる視力に悩む兄の姿、そして兄の顔の傷に絆創膏を貼ると言ってきかない一途な優しさは、彼女の進路を照らしていく。加代は大学に進み、医者の道を志すようになる。戦争と結核を描く本作にあって、加代は人を癒やそうとする役割を担った少女なのである。一方、ヴァレリーの詩を原文で暗唱した菜穂子は、結核のせいか、大学には通わず父と二人で生活を続けていたようだ。その点でも二人は対照的な関係に置かれている。

劇中で再び加代が登場するのは、一九二五年のことである。二二歳の大学生になった二郎の下宿を、一五歳の加代が訪問する。このシーンの直前には、二郎にとってより重要な訪問があった。小使いのじいさんが大学の教室に風呂敷包みを持って来て、「若い娘さん」が届けに来たと二郎に告げ

図②『スタジオジブリ絵コンテ全集19　風立ちぬ』（徳間書店、2013年）160・161頁

るのだ。風呂敷を広げ、封筒とシャツと計算尺を目にした途端に、二郎は二年前の震災で出会った女性のことを思い出す。慌てて後を追うが、すでに姿は見えなかった。

下宿に帰る道中、二郎の頭は「若い娘さん」のことで一杯だったはずだ。だから、下宿の玄関を開けて、「お客さまをお部屋にお通ししました。女の方ですよ」と女中に言われたとき、彼は期待に胸を膨らませて階段を駆け上がっただろう。自室の窓辺に腰掛けた女性の後ろ姿を見て、二郎は何を思っただろうか。和服姿はお絹と重なるが、断髪は一緒にいた少女の記憶を一瞬呼び覚ましたかもしれない。しかし、ふくれっ面で振り返ったのは、成長した加代だった〔図②〕。

このシーンには、観客を惑わす詐術がある。[*34] 観客は窓辺に腰掛けた女性の後ろ姿を見たとき、加代ではなく、菜穂子の再来を期待しなかっただろうか。その期待は快く裏切られ、やがて到来する二人の再会をよりドラマチックなものに彩るが、一方で、このときの二郎の期待は、観客が抱いたのとも少し違ったものであったと考えられる。

菜穂子は初登場シーンからヒロインとしての風格をまとっている。風とともに現われ、二郎に支えられ、手をつないで被災後の人混みを駆け抜ける少女。鈴木敏夫が指摘するような、出会ってすぐに男性と肉体的に接触するという、宮崎の特徴である官能性が表れている。[*35] 別れ際に二郎へ送る視線も含め、彼との再会を確信させる人物である。ところが、二郎の心に残っていたのは菜穂子ではなく、お絹の方だったようだ。そのことが明確になるのは、「若い娘さん」が二郎を訪ねてくる、先述の場面である。風呂敷包みを開けて窓の外に目をやった二郎の主観ショット（少し過去に起きたことの映像とも捉えられるが、二郎の心境・願望を反映した主観ショットと捉えるのが妥当だろう）に浮かぶのは、断髪で洋装のモダンガールではなく、和装の女性の後ろ姿なのである。震災時の二郎は菜穂子とお絹にとって「王子さま」だったが、二郎にとっては専らお絹の方が心に残っていたのだった。

それから八年。静養のため軽井沢を訪れた二郎は、風の吹き渡る丘で大きなパラソルを立てて油絵を描く少女に出会う。しかし二郎は彼女に気付かない。一方の少女――二一歳になった菜穂子――はすぐに二郎だと認める。そこで菜穂子は、二郎のあとに森から出て来た父・里見に手を振って叫ぶ。その際、菜穂子の視線は二郎の方を見送っている。父への呼びかけは、二郎を振り向かせるための「戦略」とも取れるが、それも不発に終わってしまう。しかし、風が立つ。堀辰雄の「風立ちぬ」とは違い、菜穂子はとっさにカンバスを支え、代わりにパラソルが飛ばされて二郎の元へ運ばれる。パラソルを畳むことに成功した二郎に、菜穂子は「ヴラァボー、ナイスキャッチ」と叫ぶが、それでも彼は手を振って応えるだけで、里見にパラソルを差しだすと歩き去ってしまう。

このシーンは一〇年前の列車のシーンを変奏した反復である。二郎の帽子が菜穂子に運ばれたのに対し、今度は菜穂子のパラソルが二郎に運ばれる。二郎が「ナイスプレー」と言ったのに対し、今度は菜穂子が「ナイスキャッチ」と叫ぶ。菜穂子やお絹を助けておきながら名乗りもせず颯爽と立ち去った、その態度も変わらない。

少し変わったのは、父に「わたし失礼なことといっちゃった」と反省の色を見せる菜穂子である。このあとホテルの食堂で二郎と目が合った際も、手を振ったりはせず、優雅に会釈する女性へと成長している。そして、二郎はかつての少女に気付かないままだ。

それから菜穂子はかなり積極的、あるいは戦略的に、二郎の中に自分の記憶を蘇らせ、距離を縮めようとする。菜穂子の「戦略」については岡田斗司夫が詳しく分析しているが、[*36]まず菜穂子は森の入口にカンバス等を置き、二郎を泉へと誘う。首尾良く二人きりになると、涙ながらに震災時の礼を述べる。お絹と一緒にいた元気な少女のことなどすっかり忘れていた二郎も、ようやく再会に気付く。突然の夕立で二人は相合い傘をして歩くが、菜穂子がまず話すのは、お絹が結婚し、すでに二人目の子を授かったことの報告である。菜穂子は周到に、二郎の意中にあるライバルを断念させるのである。

図③　二郎が放った紙飛行機を受けとめようとする菜穂子

　雨上がりに出た虹を眺めながら、「生きているってすてきですね」と語る菜穂子は、やはり列車で「生きようと試みる」詩句を交わし合った過去を現在に反復している。結核に蝕まれた菜穂子は生きて二郎と再会できた喜びを噛みしめつつ、少女時代から八年ものあいだ抱き続けた愛情の深さを、彼女なりの怜悧さで二郎へと伝えているのである。

　里見父娘と二郎は同じホテルに滞在する。やがて二郎は菜穂子と恋に落ちるが、一方で深夜に菜穂子の部屋へ看護婦が入っていくのを目撃し、彼女の病状に気付いていく。彼は詩集を読み、自分でも「風」をモチーフにした詩を作りつつ、紙飛行機を折って飛ばす（設計士・堀越と、詩人・立原道造の二人が「ごちゃまぜ」になっていると考えられる）。菜穂子は二郎が放つ紙飛行機に、テラスから身を乗り出して応答する〔図③〕。菜穂子の帽子が飛ばされたのを二郎が受け止め、菜穂子が「ナイスキャッチ」と叫ぶのも、無論パラソルの時の反復である。こうした風を媒介にした遊びが菜穂子と二郎を結びつけていくのだが、その過程で紙飛行機は通りかかった宿泊客（カストルプ）につぶされたり、墜落したりする。それでも次の改良型を作る二郎の姿勢は、地上での戦闘機作りと重なる。二郎が元気を取り戻すこと、それは仕事への復帰も意味することになる。菜穂子との恋愛ゆえに二郎は活力を取り戻し、同時に高原での時間は終わりを告げる。堀辰雄の「風立ちぬ」やトーマス・マンの『魔の山』のようにサナトリウムでの生活は続かない。菜穂子の戦略は、逆説的な働きを持ってしまったと言える。

岡田斗司夫や村瀬学らが論じているように、二郎は「美しいもの」に惹かれる人物である。夢に見る飛行機、魚の骨の曲線、ドイツで視察した小型戦闘機を前に、彼は「うつくしい」と感嘆する。一方で、菜穂子や加代には「きれいだ」と繰り返す（カストルプと黒川夫人、そしてカプローニは菜穂子を「美しい」「かわいい」と評す）。村瀬は前掲書で、二郎が美しいと感じるのは「技術・テクノロジー」であると指摘している。二郎にとって美の最たるものは、風に乗って飛ぶ鳥のような飛行機であり、「火を噴かずに飛ぶもの」（村瀬）である。それは飛行機において実現不可能な技術であるが、二郎はその夢と理想を追って止まない。まだ見ぬ新型戦闘機製作への挑戦を前に、やがて衰えゆく「きれい」な菜穂子は二の次に置かれる。その残酷な優先順位は、多忙を理由に療養所への見舞いを先延ばしにする二郎の態度にも表れる。ゆえに菜穂子は、一旦は一人で療養所に入ったものの、結局二郎の元へと降りていき、「二兄（にいにい）を安心させたくて毎朝お化粧してホホ紅をさしたりして」（加代）、「美しいところだけスキな人に見てもらったのね……」（黒川夫人）という、短い人生を送らざるを得なかったのである（ちなみに頬紅はモダンガールによる先端の化粧であるが、少女時代のおしゃれと結婚後の病状隠しでは異なる目的で用いられている）。作品はそれでも今を懸命に生きる二人の姿を肯定する。菜穂子は二郎と一緒にいるために、結核と戦い、さらに夫が没頭する飛行機の美しさとも戦うという、絶望的な個人的戦争に挑まなければならなかったのである。

　結核の治療を諦めてでも、二郎の仕事を優先し、かつ二郎の傍にいる道を、菜穂子は選ぶ。その姿は、黒川が繰り返し褒めそやすように、実に「けなげだ」。しかし、菜穂子の健気な女性イメージは、近代国民国家における典型的なジェンダー役割を担わされたものでもある。たとえば、夜遅くに帰宅した二郎が着替えようとすると、菜穂子は病床から起き出して、彼の背後から丹前を着せる。宮崎は絵コンテに、「古い日本映画を見て下さい。三四郎の笠智衆と八千草かおるの着がえシーンとか」とスタッフへの指示を書き込んでいる。夏目漱石の小説を原作とした中川信夫監督の『三四郎』（一九五五年）を参照させるこのシーンには、明治期を生きた女性の動作が描き込まれている。二郎が脱ぎ散らかす衣服を、菜穂子は甲斐甲斐しく畳んでいく。日中は黒川邸で療養に専念し、病気による衰えを化粧で隠してまで、妻として二郎に仕えるその姿は、純潔で愛情深く美しい、理想的な「良妻」イメージそのものである。

　しかし、渡部周子によると、「愛情」「純潔」「美的」という三つの規範こそ、近代国家形成期の明治期日本における固定化された性別役割の最たるものであった。[*37] 戦闘機を設計する夫を献身的に支えることは、結果的に戦争する国家に奉仕するための労働力を再生産する行為であり、菜穂子は近代国家による女性の国民化を一身に引き受けた女性に成長したとも言えるのである。その姿を「美しい」と評価するか否かの判断は、観客にも問われることになる。

五　火・水・風・土、そして菌

宮崎駿作品にはいくつものキスシーンが登場する。『紅の豚』では愛情や惜別の感情表現だけでなく、童話「かえるの王さま」と同様に魔法・呪いを解除する鍵としてキスが描かれるし、『もののけ姫』では衰弱したアシタカにサンが口移しで食べ物を与える。いずれの作品でも口づけは重要な意味を担っている。『風立ちぬ』でも、二郎と菜穂子は何度も口づけをする。菜穂子は婚約期間こそ「うつります」と二郎に訴えていたが、結婚式後の初夜では大胆にも「きて」と二郎を誘う。なぜ『風立ちぬ』ではこうした場面が繰り返し描かれるのだろうか。もちろん接触と感染のジレンマを乗り越える愛の強さを具現化する行為であるわけだが、現実的に考えれば、菜穂子の結核は重篤化していくし、二郎も感染の危険を冒すことになる。だが、過労気味の二郎が結核に倒れる気配はない。この演出はリアリズムではなく、象徴的な意味合いを持っていると考えた方がよさそうだ。

菜穂子の健気な愛情を印象付けるシーンとして、部屋で仕事をする二郎の手を握る場面がある。

このシーンも震災時に手を取って人混みの中を駆けた場面の反復である。しかし、もう菜穂子が二郎を追って走ることはできないし、重いトランクを運ぶこともない。また、二郎の仕事の手を止めて、自分を振り向かせることもできない。「手を下さい。お仕事をしている時の顔をみてるのすきなの」とだけ言い、二郎も「はなさないよ」と答え、片手で設計作業を続ける。ところが、しばらく

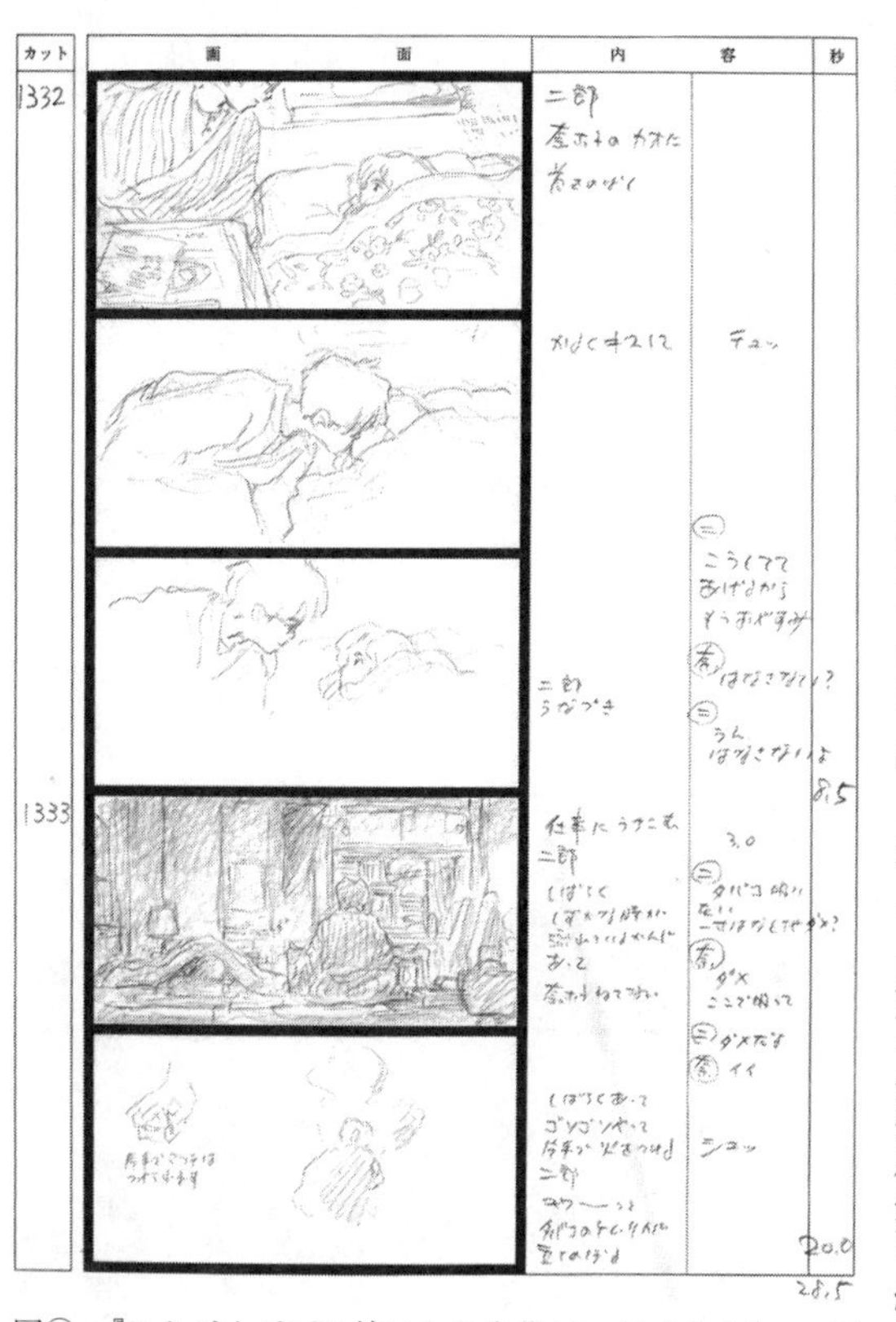

図④　『スタジオジブリ絵コンテ全集19　風立ちぬ』566頁

すると二郎は「タバコ吸いたい。一寸はなしちゃダメ?」と訊ね、菜穂子の方も「ダメここで吸って」と言い出す。「ダメだよ」「いい」としばらくやりあうと、二郎は本当に菜穂子の傍らで喫煙を始めてしまう[図④]。

二郎のこの態度については、公開直後からネット上で多数の批判コメントが書き込まれたほか、日本禁煙学会からも公式に要望書が提出されている。[*38] 映画の喫煙シーンの是非をコメディタッチで問うた『サンキュー・スモーキング』(二〇〇五年)が日本でも公開されるなど、映画と煙草をめぐる議論が国際的にも高まっていたことは、宮崎も当然知っていたはずだ。なぜ「炎上」が予想される挑発的な表現を用いたのだろうか。

病人の傍らでの喫煙は、リアリズムではなく、象徴的な次元で捉えるべきだろう。このシーンは、二郎があらゆる機会に火を用いる人物であることを示しているのだ。一方の菜穂子が風や水とともにあり、そして菌に冒されていることと対比できる。火を使う二郎と、風・水・菌をまとう菜穂子という図式が明らかになっていると解釈できるシーンなのである。この観点から『風立ちぬ』を振り返ると、たとえば二郎や同僚の本庄はガソリンを燃やして飛び、火気を装備した戦闘機を作っているだけでなく、いつも煙草の残りを気にして、火を移しあっていることに気付かされる。常に火をまとい、より強い火力を求める彼らは、再び村瀬学の言葉を借りるなら、「火を噴く技術」を担うことを選んだ者たちである。物語の展開だけを目的とするならば、省略または自粛されるような喫煙行為は、こうした象徴的な構図を暗示するためにも敢えて用いられたと考えられる。

一方の菜穂子は、喫煙どころか、病身ゆえに火を使うような家事をしている様子もない。少女時代に二郎と出会うときも、軽井沢で再会するときも、彼女は風の吹く中で現れる。映画のラストシークェンスで描かれる「夢の王国」でも、「渡る風の中かろやかに」現れ、「風になってとけていく」〔図⑤〕。そんな彼女をカプローニは、「美しい風のような人だ」と評する。菜穂子はまず、風の人なのである。

図⑤ 「夢の王国」での菜穂子

また、菜穂子は水とも親和性が高い。軽井沢での再会が泉のほとりで遂げられるだけでなく、その後の雨や、絵具のように粘度が感じられる吐血も、菜穂子というキャラクターを彩っている。彼女は二郎との出会いについて、「風があなたを運んで来てくれた」と語っているが、軽井沢では泉と雨という水もまた、彼女に二郎を運んでくれていたと言える。彼女の幸福は、風と水によって恵まれる。

火・水・土・風（空気）という四大元素に分類するならば、二郎が火をまとうのに対し、菜穂子は風と水をまとっている、という人物図式が描けるだろう。火を使う二郎は、夢の中では、最小限の火力で風に舞う鳥のような飛行機を思い描いていた。そして夢以外では、少女時代の菜穂子に出会ったときや、軽井沢で菜穂子と再会して紙飛行機で遊んだときだけ、彼は戦闘機の設計や煙草から離れ、風と共にあった。火と、風と水は、表層的な物語上でも相容れないものとして描き分けられている。

この図式に、菌が絡んでくる。結核菌は飛沫という風・水の元素と近い一方で、火によって滅ぼされる。そしてこの点においてこそ、私たちは『風立ちぬ』と『風の谷のナウシカ』とのつながりを見出すことになる。

『風の谷のナウシカ』では、海からの風によって腐海の森の胞子・菌糸（菌）から守られている谷が描かれる。風は菌を運びもするし、拒みもする。そのことわりの中で、人は生存の場を見出している。ところが、巨大な火で飛ぶ軍用機が墜落したことで、谷は菌に侵される。菌に侵された樹々は、火によって焼き払うしかなくなる。蟲は火を起こす人々に対して怒り狂い、「大海嘯」という水となって押し寄せ、やがて死んで体にまとった菌を繁殖させ、森を作る。森は清浄な水と風と土を生み、蟲たちの生存圏を確保する。四大元素のうち特に水・風・土によって育まれる森の誕生に、蟲によって媒介される菌が重要な役割を果たしていることが明らかになる。

巨神兵や軍艦によって戦火を巻き起こし、腐海から菌に覆われた蟲を引き出しては駆逐しようとする者たちに対し、谷の住人は次のように語る。「あんたは火を使う　そりゃ、わしらもチョビッとは使うがの　多すぎる火は何も生みやせん　火は森を一日で灰にする　水と風は百年かけて森を育てるんじゃ　わしらは水と風の方がエエ」[*39]。スタジオジブリ設立以前の作品から、宮崎監督のいわば「原点」に、火・水・風・土そして菌の問題系は描かれていたのである。

ここに『天空の城ラピュタ』の終盤でシータが語る「ゴンドアの谷の歌」を加えることもできる

だろう。「土に根をおろし風と共に生きよう　種と共に冬をこえ鳥と共に春を歌おう　どんなに恐しい武器をもっても、沢山のかわいそうなロボットをあやつっても、土からはなれては生きられないのよ」[*40]。火を発する兵器よりも遥かに尊いものとして、土や風が言祝（ことほ）がれている。

　こうした思想は、高度経済成長期から社会問題となった公害や環境破壊と、それらへの批判から生まれたエコロジー運動とも共鳴するものと言えよう。二〇一五年に発表されたＳＤＧｓ（持続可能な開発目標）とも相性のよい思考枠組みである。『風立ちぬ』では火力を用いた戦闘機開発を魅力的に描いていると捉えた観客からの反発も生じたが、最終的には火がもたらす死と破壊が描かれているし、愛する者の死という形でも火の敗北と断罪が表現されることになる。

『風立ちぬ』の結婚した二人は、互いを滅ぼしあう火と菌である。すでに結核菌に浸蝕された菜穂子は滅亡を運命付けられている一方、傍で火を使う二郎は菌に感染せず、むしろ風・水をまとう菜穂子を菌ごと絶命に追いやってしまうだろう。このことは喫煙のシーンだけでなく、二人が出会った直後に発生した関東大震災でも象徴的に表現されている。震災はまず、暗闇を走る亀裂によって描かれる。亀裂から覗く溶岩のような炎は、地震というよりもむしろ噴火を思わせるようなイメージである。続いて湾から伝わる波紋が描かれ、さらに瓦屋根の家々や線路も波立っていく。急停車した汽車から逃げる途中、二郎は「ゴミや火が舞う」煙の中に、「カプローニの三発爆撃群」を幻視する。大震災が戦争だけでなく菜穂子の内部的な破滅も予兆する（前掲、村瀬）と考えれば、火や戦闘機が菜穂子を駆逐してしまうことは、すでにこのシーンで描かれていたと言える。

物語の終盤、菜穂子は重篤化した症状を隠していつも通り二郎を見送ったあと、一人で黒川邸を去る。夫婦の別れは描かれない。菜穂子はもはや振り返ることも、涙を流すこともない。二郎の方も、飛行場と高原を吹く風に、菜穂子の死を直観するのみである。そこに涙は描かれない。ただ、二人の代わりに盛大に泣く役割を担うのが、菜穂子の分身であり鏡像である加代であった。

二郎は菜穂子の死後も火を噴く戦闘機を作り続け、零式艦上戦闘機を完成させることになるが、真珠湾に出撃し太平洋戦争の幕開けを告げたその飛行機は、のちに特攻機としても使われ、国の未来を担うはずだった若者たちの棺となった。物語では零戦の完成や敗戦は描かれず、昇天した戦闘機と空襲を想起させる煙火（関東大震災の反復）、そして墜落した戦闘機の残骸がワンショットで描かれるのみである。カプローニの夢の王国で、二郎は菜穂子と二度目の「再会」を遂げ、そして別れを告げることになる。

どんな作品でも、結末は重要だ。ましてそれが監督にとっての「終着点」であるならばなおのことだ。最終場面の絵コンテには、監督の推敲の跡をうかがわせる複数の変更箇所が見出せる。菜穂子が二郎に向ける言葉と、カプローニによる最後の台詞だ。当初、絵コンテでは菜穂子の台詞は「きて…」であった［図⑥］。初夜の場面の反復であり、高原で共に生きることの願望とも捉えられる言葉であったが、完成した映画では「生きて…」に変更された。マンガ版『風の谷のナウシカ』や『もののけ姫』などでも繰り返されてきた、「生きる」ことの肯定と励ましが直接的に語られる。ヴァレリーの詩句は、やはり残された者の生を励ます意味をまとう。殺戮兵器を完成させ、妻を見殺しにした二郎は、この言葉に支えられて生きていくのだろう。
　カプローニの台詞の方は、一見するとそれほどの意味があるとは思われない。「わしらも行かねばならんが、ちょっとよってかないか、イイワインがあるんだ。つもるはなしをきこうじゃないか…」という台詞だったのが、「君は生きねばならん。その前に寄ってかないか？　いいワインがあるんだ」に変更されたのだ。押井守はこのラストシーンに言及し、「愛も失った、心血を注いだ飛行機も一機も生還しなかった。彼は、人生でなにか成し遂げるなどということはないだろうと判ってしまい、だからこそ酒を飲むわけだ」と解説している。[*41]
　しかし、この映画が宮崎の「終着点」であったことと、「ワイン」が最後に置かれたことにもう一度注意を払いたい。ワインとは人間が菌の力を借り、葡萄を発酵させて作った酒である。結核菌に滅ぼされた菜穂子が風のように消えたのち、入れ替わるようにこの言葉は発せられるのだ。二郎と菜穂子、ともに

図⑥　『スタジオジブリ絵コンテ全集19　風立ちぬ』612・613頁

滅びの道を歩んだ人間を描きながら、映画の最後に差し出されるのは、火を使わず、菌を使い、身体に取り込む技術の精華たる、ワインなのである。

火がほかの元素と異なるのは、『風の谷のナウシカ』から引用したセリフにもあったように、物質にもたらす変化の急激さである。水・風・土、そして菌が生じさせる変化は、火と比べてもっと緩やかだ。サンダー・エリックス・キャッツは『メタファーとしての発酵』で、火と発酵を対照的なものと捉え、すべてを焼き尽くす火と、穏やかでゆっくり着実に進む発酵とを比較している。[*42] 水と菌によって時間をかけて生み出された赤ワインは小さな森でもあり、戦争と病で流された血液でもあるだろう。

おわりに

『風立ちぬ』の表層的な物語は、二郎と菜穂子のジレンマを抱えた時限付きの愛であり、美に憧れながら戦闘機開発に尽力しつつ国家を滅亡に導いた男の半生である。同時に、象徴的な次元では、強すぎる火が風と水そして菌を滅ぼす悲劇とも捉えられる。

二郎には、美しさを追求する仕事すなわち強い火を求める仕事を捨て、風のような人とともに生きる道を選ぶことはできなかった。ただ、戦火のあとの焦土あるいは零戦の墓場のかたわらにも、風が吹く草原と、そこで味わうワインはかろうじて残された。しかし、二郎はそんな「夢の王国」

を、「地獄」と表現する。この映画の物語が「メロドラマ」「戦争物」「人物評伝」といった既存のカテゴリーに収斂されないのと同様に、二郎が到達した場所も多義的である。[*43]

強大な戦火が去り、風のような菜穂子が去り、荒廃した国土と、水と菌が残された。だが、火は一方で、穢れを浄化する性質も持つ。[*44] 四大元素もまた多義的である。そして、一義的なものに集約されない、諸要素の共存が生み出す〈揺らぎ〉もまた、発酵という現象に通じるものである。[*45] 終着点にさりげなく差し出されたワインは、宮崎駿監督作の豊穣さを象徴して止まない。

1――宮崎駿は二〇〇九年三月にテレビシリーズ『ルパン三世 1st』を高畑勲と共同で監督したほか、『借りぐらしのアリエッティ』（二〇一〇年）では企画と共同脚本と美術設定を、『コクリコ坂から』（二〇一一年）では企画と共同脚本を担当していたが、単独での監督作は二〇〇八年七月公開の『崖の上のポニョ』以来であった。

2――「宮崎駿長編映画制作から引退へ「風立ちぬ」が最後の作品に」（『毎日新聞』二〇一九年九月一日）。

3――「宮崎駿監督が新作長編準備　引退撤回」（『産経新聞』二〇一七年二月二五日）。

4――「宮崎駿監督、新作タイトルは「君たちはどう生きるか」」（『朝日新聞』二〇一七年一〇月二八日）。

5――中村三春が指摘するように、このシーンは『紅の豚』の船の墓場と酷似している（中村三春「宮崎駿のアニメーション映画における戦争――『風の谷のナウシカ』から『風立ちぬ』まで」『接続する文芸学――村上春樹・小川洋子・宮崎駿』七月社、二〇二二年、二四四頁）。横濱雄二は本書の打ち合わせを兼ねた研究会で、「精霊流しを連想させる」と指摘した。

6――宮崎駿と戦闘機といえば『紅の豚』が連想されるが、『風立ちぬ』は操縦士ではなく、設計士が主役に置かれている。宮崎監督作品の系譜を振り返ると、パイロットに焦点が当てられたことは珍しく、むしろ設計や整備、模型作りに携わる人々の姿が散見される。『天空の城ラピュタ』で模型飛行機を飛ばすパズー、『となりのトトロ』で同じく模型飛行機を作るカンタ、『紅の豚』でマルコの飛行艇を修理するミラノの女たち、『魔女の宅急便』で人力プロペラ機に乗るトンボなど、宮崎は飛行機という乗物に関わるパイロット以外の人物を描き続けてきた。

7――零戦の評価は、日本が誇る世界最高の戦闘機と捉えるものから（日本人としての誇りと捉える言説も目立つ）、帝国主義・軍国主義の象徴と捉えるものまで、大きな振幅がある。

8――中村三春「宮崎駿監督映画の文学性――『風立ちぬ』に触れて」（『學士會会報』九三九、二〇一九年一一月）。

9――"World War II Database"（https://ww2db.com/aircraft_spec.php?aircraft_model_id=192）、二〇二二年三月三一日閲覧。

10――宮崎駿「妄想カムバック1～9「風立ちぬ」」（『月刊モデルグラフィックス』二九三～三〇二（二九九号は休載）、二〇〇九年四月～二〇一〇年六月）。

11――宮崎駿「企画書」（東宝ステラ編『風立ちぬ』映画パンフレット、東宝出版・商品事業室、二〇一三年七月）。

12――中村三春前掲論文および前掲書。本稿の結論も中村三春論を別の観点（発酵現象）から補強するものである。

13――前掲「企画書」。

14――Helen McCarthy, *Hayao Miyazaki: Master of Japanese Animation*, Stone Bridge Press, 1999, p.26. 戦闘機と

宮崎の生家との「特別な関係」には、スーザン・ネイピアらも注目を促している（『ミヤザキワールド　宮崎駿の闇と光』仲達志訳、早川書房、二〇一九年、原著二〇一八年）四九〜五〇頁。

15――半藤一利・宮崎駿『腰ぬけ愛国談義』（文藝春秋、二〇一三年）。もっとも、映画パンフレットによると、二郎の人物像は詩人の立原道造など様々な原拠を持つようだ。

16――宮崎駿「妄想カムバック1「風立ちぬ」」（『月刊モデルグラフィックス』二九三、二〇〇九年四月）一四〇頁。

17――堀辰雄「美しい村」（『改造』一九三三年一〇月より各誌に連載）、のち堀辰雄『美しい村』（野田書房、一九三四年四月）。

18――堀辰雄「風立ちぬ」（『改造』一九三六年一二月より各誌に連載）、のち堀辰雄『風立ちぬ』（野田書房、一九三八年四月）。

19――前掲『腰ぬけ愛国談義』。

20――前掲『風立ちぬ　宮崎駿の妄想カムバック』。

21――堀辰雄「菜穂子」（『中央公論』一九四一年三月）。なお、宮崎は絵コンテに「奈穂子」と書いているが、パンフレットその他諸稿に基づき、本稿では「菜穂子」と表記する。

22――堀辰雄「物語の女」（『文藝春秋』一九三四年九月）。

23――『ヴァレリー全集1』（増補版、鈴木信太郎訳、筑摩書房、一九八三年）。なお、同書所収のP・F・ブノアの解説文によると、「墓地は消え、生命の力が強く脈打ち、詩人をその水尾の中に巻き込む。風は象徴的に詩人が詩や思索を書いてゐる本を吹き捲る……」とある。

24――映画『風立ちぬ』に登場する三菱内燃の黒川の名は、おそらく堀辰雄「菜穂子」に登場するこの人物に由来している。

25――映画『風立ちぬ』の台詞はすべて、宮崎駿『スタジオジブリ絵コンテ全集19　風立ちぬ』（徳間書店、二〇一三年）からの引用である。

26――福田眞人『結核という文化――病の比較文化史』（中央公論新社、二〇〇一年）によると、堀辰雄はサナトリウム療法の最後の時期を経験した作家である。

27――堀辰雄「ヴェランダにて」（『新潮』一九三六年六月）。

28――今田絵里香『「少女」の社会史』（勁草書房、二〇〇七年）六九～七八頁。

29――井上章一『美人論』（リブロポート、一九九一年）一四六～一七二頁。

30――男女の恋愛を匂わせる場面へ唐突に震災が襲い来る展開は、堀辰雄「麦藁帽子」（『日本国民』一九三二年九月）のエピローグを想起させる。

31――『風立ちぬ』制作中の二〇一一年三月一一日には東日本大震災が起きている。また、堀辰雄は震災で母を亡くしており、小説「墓畔の家」「花を持てる女」「麦藁帽子」などにも母の死が描かれる。

32――村瀬学『宮崎駿再考――『未来少年コナン』から『風立ちぬ』へ』（平凡社、二〇一五年）。村瀬学ロングインタビュー「なぜいま『古事記』＝「鉄と火の物語」なのか」（『飢餓陣営』四〇、二〇一四春号、編集工房飢餓陣営）も参照。

33――前掲『風立ちぬ』映画パンフレット。

34――顔が見えない人物と振り返りの表現については、宮崎は様々なバリエーションを描いている。『千と千尋の神隠し』で千尋の両親が振り返ると豚に変身しているシーンは、観客に強い衝撃を与える（原拠は古典怪談の「のっぺらぼう」だろうか）。これに対し『紅の豚』の終盤では、マルコは振り返らないまま、周囲の反応によって彼の顔の変化を観客に想像させる。

35――鈴木敏夫『仕事道楽――スタジオジブリの現場』（岩波書店、二〇〇八年）九二頁。

36――岡田斗司夫『『風立ちぬ』を語る――宮崎駿とスタジオジブリ、その軌跡と未来』（光文社、二〇一三年）第一章。
37――渡部周子『〈少女〉像の誕生――近代日本における「少女」規範の形成』（新泉社、二〇〇七年）一八頁。
38――「ＮＰＯ法人日本禁煙学会の見解」（http://www.nosmoke55.jp/action/1308kazetatinu.html）、二〇二二年三月三一日閲覧。
39――宮崎駿『スタジオジブリ絵コンテ全集1　風の谷のナウシカ』（徳間書店、二〇〇一年）四五〇～四五一頁。
40――宮崎駿『スタジオジブリ絵コンテ全集2　天空の城ラピュタ』（徳間書店、二〇〇一年）六四四～六四五頁。
41――押井守『誰も語らなかったジブリを語ろう』（東京ニュース通信社、二〇一七年）一四四頁。
42――サンダー・エリックス・キャッツ『メタファーとしての発酵』（ドミニク・チェン監修、水原文訳、二〇二一年）二四頁。
43――『風立ちぬ』から矛盾を孕んだ多義性の意義を析出した論には、先述の中村三春論がある。
44――火の両義性および水との調和について、赤坂憲雄『ナウシカ考――風の谷の黙示録』（岩波書店、二〇一九年）第三章を参照した。
45――前掲『メタファーとしての発酵』。

コラム④ 〈垂直〉の距離 天空と坑道 ◉友田義行

宮崎駿監督の映画は、〈飛翔〉のイメージで語られることが多い。たとえば『風の谷のナウシカ』。「メーヴェ」という飛行装置を操って大空を飛翔するナウシカの姿は、多くの観客を魅了してやまない［図①］。メーヴェの形態はその名のとおりカモメ（ドイツ語でメーヴェ）に似ており、鳥のように滑空し、漂うことができる。その姿は、谷と森、人と蟲（むし）の「間」に浮かぶ少女の生き方を視覚化する。[*1]『となりのトトロ』で子供たちを身体にくっつけたトトロも、山里という人と森の境界を縦横無尽に飛翔する。大きなコマに乗り、風になって駆け抜ける彼らの姿は、自由そのものだ。人間が設定した物理的・心理的なあらゆる境界を越えて行き交う運動は、久石譲の音楽も相俟って、爽快な滑走感や開放感を生じさせる。ほかにもマルコの空中戦（『紅の豚』）や、キキの空飛ぶ宅急便（『魔女の宅急便』）、千を乗せたハク（『千と千尋の神隠し』）、雫を連れたバロン（『耳をすませば』）など、いずれの作品でも飛翔の場面が大きな魅力になっていることは間違いない。

だが、観察の精度を上げると、〈飛翔〉は様々な要素と複雑に絡まり合いながら表現されていることに気付かされる。それは宮崎監督あるいはスタジオジブリ作品の一般的な印象を覆すものかもしれない。たとえば中村三春は、飛翔するナウシカから〈液状化〉のイメージを析出して見せる。[*2] そもそもナウシカが飛ぶ森は「腐海」、腐海が攻撃性を限界まで発揮した状態は「海嘯（かいしょう）」、谷の住人が操縦する飛行艇は「ガンシップ」と呼ばれるなど、いずれも「海」にまつわる名を冠せられている。[*3] ナウシカや腐海の蟲たちが飛び回る姿も、海中での遊泳にも見えるよう表現されてはいないか。ナウシカは墜落後、流砂によって腐海の底に到達するが、そこには川が流れていた。飛翔や滑空という行為は、水・砂に流されるという、液状の運動に吸収されるのである。中村はさらに、巨神兵の腐肉や粘菌にもこうした流動性を見出し、生と死の〈両義性〉を読み取っていく。シシ神の体液（『もののけ姫』）や、菜穂子の喀血（かっけつ）（『風立ちぬ』）などにも連なるイメージと言えよう。それらは飛翔とセットで描かれながら、重くまとわりつく対極のイメージでもあり、それ自体が両義性を孕（はら）んだ表現になっている。

また、上島春彦は〈落下〉の力学に着目している。*4 これも飛翔の一部でありながら、同時に対照的な運動でもある。遥か天空を目指す上昇だけでなく、地面への落下と、さらには地下の深奥へ流れ行く運動をも描くのが、宮崎監督作品の特徴の一つであると言えそうだ。『天空の城ラピュタ』はそれらが顕著に表れた作品の一つだろう。冒頭から、空に浮かぶ巨大な船（飛行艇）が姿を現す。その一室に監禁された少女シータを、黒眼鏡の男たちが見張っている。そこへ海賊（空賊）たちが襲撃をかける。空中戦の混乱に乗じて逃げようとするシータは、足を滑らせて数千メートルの高度から落下する。しかし、落下の途中で胸元のペンダントが不思議な光を発すると、とたんに重力が緩和され、墜落スピードが穏やかになる。光に包ま

図①　メーヴェで飛翔するナウシカ

図②　落下してきたシータを抱き止めるパズー

れて舞い降りる少女を、地上の少年パズーはふわりと抱き止める［図②］。だが光が収束したとたん、体重がパズーの腕にのしかかる。

　飛翔と落下、そして重力からの解放といった様々な力学が、冒頭から示されている。このあとシータとパズーは、ペンダントの飛行石や両親・故郷の記憶に導かれながら天空の城ラピュタを目指すことになる。昆虫のような姿をした飛行装置による活劇や、種がほころぶように羽を生やして飛び回るロボット兵、そして何より大空に浮かぶラピュタ城と、やはり飛翔のイメージは随所に見ることができる。一方で、二人は意外にも自由な飛翔とはほど遠いアクションを繰り返すことになる。彼らは海賊が操縦する艇に乗り込んだり、凧に乗って舞ったりするが、墜落寸前の危機的状況であることがほとんどだ。特に映画の前半では、パズーは屋根から飛び降りて墜落し、心配して駆けつけたシータも足を踏み外し、彼の上に落下してしまう。悪漢に捕らわれたパズーは井戸の底のような監獄に入れられるが、よじ登ってはまた墜落する。天空への飛翔が描かれる一方で、地上・地下への重力が強く印象付けられているのである。

　悪漢から追跡されて逃亡する二人は、鉱山跡へと落下し、飛行石の力で無事に坑道へと降りていく。二人はそこでボブじいさんに出会う。石の声や感情を読み取ることができる彼は、シータの飛行石が影響して、坑道の石たちが騒いでいると語る。そう、空に城や島を浮かべるほどの力を持つ不思議な石は、地下の坑道から掘り出される錫（すず）や金などと同じく、あくまで石の一種なのだ。現実世界の石炭や石油、そしてウランといった化石燃料も、土から生まれ、人の手で飛翔するエネルギーに転換される物質だ。飛行石はもちろんフィクションだが、地中から生まれ人を空へと駆り立てる物質の不思議さは、現実の化石燃料にも通じるものであろう。

　『天空の城ラピュタ』のオープニングクレジットは、神話世界を思わせる壁画風のショットを重ねることで、天空と地中の人類史を描いて見せる。雲の間から姿を現す女神[*5]が息吹を送ると、地上の人間はそれを風車によって受け止め、その回転を歯車から木へと伝え、摩擦によって火煙を起こす。同じ原理で、歯車にベルトをまとわせることを思いついた人間は、やがて風力で土を掘り進める装置を発明する。地下から掘り出された石を燃やすことで、より強い火が生まれ、その力を用いてより大きい多数の歯車やプロペラを駆動させ、空を飛翔する艇が建造される。艇は巨大化し、やがて島や建造物全体を浮遊させるに至る。しかし、荒天のせいか戦火のせいか、天空の島は墜落し、人々は地上に戻ったのだった。ここで再び、天空から息吹を送る女神が登場する。ただ、その風を受ける地上の人は、幼いシータに入れ替わっている。彼女の傍らには、牛が一頭たたずんでいる――。

　物語の本編が終わり、エンドクレジットに現れるのは、廃墟であり墓でもある城と、根が剥き出しになった巨樹が同居した、ラピュタの姿だ。シータは王妃としてこの城にとどまろうとはせず、作中の「ゴンドアの谷の歌」が示すように、牛が草を食む地上へ降りていくことを選ぶ。

　私たちの目の前に広がる世界があり、より自由な視界を与えてくれる天空への飛翔の憧れがある。他方で、私たちの足下には地中の時間が流れており、脈々と生命を育みながら、とてつもないエネルギーを蓄積し、時に暴発させる。飛行機設計を目指す人物を地震が襲う『風立ちぬ』に至るまで、宮崎駿監督の作品は、遥かな垂直の距離をその想像力に含んでいるのである。

1――メーヴェを操るナウシカの姿が高い象徴性を有していることは、『風の谷のナウシカ』公開から一〇年以上経ってからも、比較文学研究や文化人類学など複数の学術領域で注目されていることからも分かる。たとえば稲賀繁美「ナウシカの慰め――文化のあいだに浮かべる翼」（稲賀繁美編『異文化理解の倫理にむけて』名古屋大学出版会、二〇〇〇年)、赤坂憲雄『ナウシカ考――風の谷の黙示録』(岩波書店、二〇一九年)などを参照。

2――中村三春「液状化する身体――『風の谷のナウシカ』の世界」(米村みゆき編『ジブリの森へ――高畑勲・宮崎駿を読む[増補版]』森話社、二〇〇八年)。

3――『崖の上のポニョ』(二〇〇八年)が二〇一一年の東日本大震災とそれに伴う津波を「予言」したかのように語られることがあったが、宮崎はむしろ初期作から水が文明を圧倒するイメージを描いていたといえよう。

4――上島春彦『宮崎駿のアニメ世界が動いた――カリオストロの城からハウルの城へ』(清流出版、二〇〇四年)。

5――三浦雅士はボッティチェリの「ヴィーナスの誕生」に登場するゼフィロスを思わせる風神と呼んでいる(『スタジオジブリの想像力――地平線とは何か』講談社、二〇二一年、一七六頁)。

第5章 『コクリコ坂から』と「理想世界」

戦争の記憶をめぐって

◉奥田浩司

はじめに

アニメーション映画『コクリコ坂から』は二〇一一年に劇場公開された。この映画の時代設定は「1963年頃、オリンピックの前の年」であり、舞台は「横浜」である。[*1] 監督は宮崎吾朗、企画・脚本を手がけたのは父親の宮崎駿である。

この映画は、二〇一一年の興行収入（邦画）で、第一位を獲得しており人気を博した。[*2] 加えて二〇一二年には、日本アカデミー賞最優秀アニメーション作品賞を受賞するなど高く評価され、海外を含め多くのメディアで取り上げられた。

同映画の映画評に目を通すと、ある共通した特徴のあることに気づかされる。それは、いずれの映画評も宮崎駿に関連付けて言及されていることである。例えば、『読売新聞』の記事「1963年大切な記憶」には「1963年当時、20代の若者だった宮崎駿が脚本を担当、まだ生まれていなかった息子の吾朗が監督、という親子共作による大きな成果」[*3] とある。イギリスの大手新聞である *The Guardian* のレビューでは、同作は佐山哲朗の漫画が原作であり、宮崎駿によって翻案された映画であることが紹介されている。[*4] また、フランスを代表する新聞 *Le Monde* では「宮崎吾朗の才能は父親とは異なっている」[*5] と、二人の監督としての才能が比較されている。いずれにしても、宮崎駿が企画・脚本を担当したことが、この映画への関心を喚起したことは明らかであり、宮崎駿の存在を抜きにして、『コクリコ坂から』について考えることはできないであろう。

公開から少し経た段階（二〇一一年）での映画評の一つに、新聞記者である小原篤の記事「（甲乙閑話）駿から吾朗への継承物語？」[*6]がある。そこでは次のように指摘されている。

> スタジオジブリ最新作「コクリコ坂から」は、高校生の海と俊の初々しい恋が主軸だが、2人の亡き父の青春時代を絡めた物語からは「父から子への継承」というテーマも浮かび上がる。
> それって、宮崎駿（本作の企画・共同脚本）から長男の吾朗（監督）への継承ってこと？――そんな深読みを促す仕掛けが、実は映画の中に潜んでいる。

この映画は「高校生の」「初々しい恋」の映画として視聴者に受け止められる一方で、そのような見方とは別に、「父から子への継承」という視点から関心を寄せられていたことがわかる。「父から子への継承」という映画の捉え方は、現在でも大きく変わってはいないのではないだろうか。

しかしながら、宮崎駿の脚本と映画作品の差異を掘り下げていくと、「父から子への継承」という枠組みでは捉えきれない宮崎吾朗の独自性が浮き彫りになる。それは、もちろん単なる「初々しい恋」の映画という観点に収まるものでもない。『コクリコ坂から』において宮崎吾朗は、父親の脚本を映像作品として再現しようとしたのではなく、新たな主題を提出しようとしたと考えられる。

この点について考察するため、まず宮崎吾朗と宮崎駿の関係性について確認しておきたい。参考になるのは、映画の制作の過程を追ったドキュメンタリー『ふたり コクリコ坂・父と子の300日戦争〜宮崎駿×宮崎吾朗』[*7]（以下、『ふたり』）である。このドキュメンタリーでは、二人の関係性は、「戦争」という言葉に象徴されるように、一貫して緊張関係にあるように映し出されている。

このドキュメンタリーで宮崎吾朗の抱えていた葛藤は、次のような発言にも表されている。

> 舞台を横浜と決めた宮崎駿は、場所にとらわれる必要はないと言うんです。当時のある基本を持った、素敵だなと思える風景を描ければいい、と言うわけです。そう言われても、その時代に何の思い入れもないところからスタートしているので、何も出てこない。自分が共感していないものを描かなければいけない。そうするとますます広がらない。[*8]

宮崎吾朗は、宮崎駿が脚本で設定した「時代」に何ら「共感」を抱くことができず、したがって映画制作を続けることは難しかったと語っている。

宮崎駿にどれだけ「時代」への思い入れがあろうとも、世代の異なる宮崎吾朗には共感することができない。プロデューサーの鈴木敏夫によれば、脚本を読んだ宮崎吾朗は「僕らの世代には分からないことだらけですよ」[*9]と言って困惑したという。

このような宮崎吾朗の発言から見えてくるのは、監督という立ち位置への自覚である。本来、監督は映画全体を統括する立場にあるが、宮崎吾朗の場合、そうではなくて一つの役割を果たしているように見受けられる。実際に、宮崎吾朗に課されていたのは、既にある脚本を映画化するという役割であった。鈴木敏夫は、この映画に関するエッセイで次のように述べている。

それまで監督中心主義でやってきたジブリが、企画中心主義にして成功したのが『アリエッティ』でした。企画からシナリオまではプロデュース側で作り、それを若い監督に提供して絵にしていく。『コクリコ』でも、その方式をとることにしました。宮さんと僕とで企画をまとめ、シナリオ作りは『アリエッティ』に続いて丹羽圭子に加わってもらいました。[*10]

鈴木敏夫の回想によれば、ジブリの映画制作は分業体制へと変わり、宮崎吾朗の役割はシナリオ（脚本）を「絵にしていく」ことにあった。しかし、先の宮崎吾朗の発言に見られるように映画制作は困難を極める。前述の通り、宮崎吾朗には時代への思い入れが全くと言っていいほどないからである。

そこで鈴木敏夫は、宮崎吾朗に当時の社会の雰囲気を伝え、同時に「当時大流行した日活の青春歌謡映画」を何本も見せたと述べている

初めて青春映画を見た彼は、「何ですか、これ⁉」とびっくりしていました。それでも悪戦苦闘しながら、時代背景を丁寧に調べていった。ある時代にタイムスリップして、そこで見たこ

と聞いたことを、当時の気分も含めて再現する。ある意味、文化人類学のフィールドワークみたいなものですよね。[*11]

映画を制作するために、宮崎吾朗は「時代背景」を綿密に調べる。試行錯誤を経た上で、宮崎吾朗の映画制作は進められていくわけであるから、時代への理解が映画制作の原動力になっていると考えてよいであろう。ただし、それが直ちに宮崎駿の影響下で映画作りが行われたことを意味しているわけではない。後に考察していくが、宮崎吾朗は自らの問題意識にそって絵コンテを作り上げていく。『コクリコ坂から』の映像世界が具体的に表現されている絵コンテには、宮崎吾朗の問題意識が鮮明に刻印されている。宮崎吾朗は脚本を脚色し、絵としてイメージ化すると同時に説明と台詞を書き込んでいるのだが、そこに見えるのは独自の作品世界を追求する姿勢である。

ここで本論の構成についてあらかじめ説明しておきたい。まず、宮崎駿が作成した脚本と映画のポスターについて考察を行う。それによって、宮崎駿は戦争の忘却という問題点を踏まえて、脚本を制作していることを指摘する。その上で、宮崎吾朗の描くヒロインの像と絵コンテについて考察し、宮崎駿とは逆に、戦争の記憶を呼び戻している点に着目する。『コクリコ坂から』は、理想世界を戦争の記憶が支えるという、宮崎吾朗のオリジナルな物語として捉え直すことができるであろう。

一　映画のポスター――理想化される少女

映画の封切りに合わせるようにして、二〇一一年六月に『脚本　コクリコ坂から』[*12]が刊行される。加えてほぼ同じ時期に漫画『コクリコ坂から』が再刊され、そのカヴァーには「映画原作コミック」と記されている。映画の封切りが同年七月であるから、脚本と漫画の刊行は映画公開とほぼ同時期のことである。また同年八月には、先に言及したようにドキュメンタリー『ふたり』がＮＨＫで放映される。[*13]このように映画に関係する複数のコンテンツが流通するという状況には、ある種の戦略性が感じられるのであり、メディアミックスと呼んで差し支えないであろう。

しかし本稿ではこのようなメディアミックスを、商業的な戦略性という観点からではなく、映画を再考（解釈）するための別の入り口を示唆するものとして捉え直してみたい。取り分け、『脚本　コクリコ坂から』の刊行にはそのような意味を見いだすことができるからである。

『脚本　コクリコ坂から』を構成する主な内容をあげると、宮崎駿「企画のための覚書」、宮崎駿・丹羽圭子「脚本　コクリコ坂から」（以下、脚本）、丹羽圭子「「脚本　コクリコ坂から」ができるまで」、鈴木敏夫「企画はどうやって決まるのか」となる。すなわち同書を通して、脚本が作り上げられていく様相がわかるような内容になっている。

丹羽圭子「「脚本　コクリコ坂から」ができるまで」を読むと、脚本の成立過程がわかる。丹羽圭

図①　宮崎駿の絵による『コクリコ坂から』のポスター

子は、宮崎駿の発言を文章化して脚本を作り上げている。宮崎駿の発言には一貫性がなく、日々変容していくのだが、丹羽圭子はそれを整理して物語を創り出していった。だから脚本は「宮崎駿・丹羽圭子」の共著名となっているわけである。したがって丹羽圭子は、宮崎駿の「脚本」を最も深く理解する存在であると言って過言ではないであろう。

　この点を踏まえた上で注目したいのは、エッセイの末尾で、丹羽圭子が「映画の方は、宮崎吾朗監督の演出が加わり、また新たなものになっていると思いますので、これはまさしく宮崎駿版「コクリコ坂から」です」と述べていることである。この発言は、宮崎駿の脚本は映画とは別作品として捉える必要性のあることを示している、と考えられるのである。

　では、宮崎駿版「コクリコ坂から」はどのような作品として考えることができるのであろうか。この点について考えるために、有効な手がかりになるものがある。それは映画のポスターである[*14]［図①］。実は映画のポスターは、宮崎駿が描いている。このポスターをめぐって、次のようなエピソードを鈴木敏夫が書き記している。

このポスターの絵は宮崎駿が描きました。この映画を作る時に、駿監督は「シナリオは作って、美術設定はするがそれ以外は一切手を出さない」と言ったんですが、ある日ポスターの話をした次の日に、なんとなく駿監督のアトリエに朝、会社に行く前に立ち寄ったんです。すると、こちらの絵をもう描いていたんです。ものすごく良い絵だと思い、ポスターにしちゃいました。吾朗監督も気に入っています。[*15]

この絵では、一人の少女が上を向いて旗を揚げている。少女の顔が上を向いているのは、旗を掲げるためだけではなく、少女の目線に手書きで書き込まれたキャッチコピー「上を向いて歩こう。」に関係づけられているからなのであろう。

ドキュメンタリー『ふたり』を観る限りでは、鈴木敏夫の言うように、宮崎駿が直接的に映画制作に関与することはなかった。したがって、この絵には宮崎駿による『コクリコ坂から』のイメージが表現されていると考えてよいであろう。この点については、『THE ART OF From Up On Poppy Hill』に収められている、宮崎吾朗のインタビュー記事からも確認することができる。

脚本を改めて読み直してみると、脚本の中にいる海はポスターに描かれている海なんです。朝、台所で小鳥のように、おはようございますと言いながら、踊るように家事をして、スカートの裾をひらひらさせて、くるくる廻ったりしてしまう。ある理想化された女の子です。本当は横浜ではなくて、イギリスの地方の港町の丘の上にある古い洋館に住んでいて、黒髪ではなく、少し茶色の髪でストライプのエプロンをしている女の子みたいな像なんですね。理想としての女の子のありよう、少年のありようが脚本にある。それはファンタジーだと思ったんです。[*16]（傍線引用者、以下同）

宮崎吾朗は、ポスターに描かれている海は、宮崎駿によって「理想化」されていると述べる。「イギリスの地方の港町」という言に示されているように脚本で描かれている海は、日本人離れのした容姿で陽気に生活している少女なのである。

しかし宮崎の「脚本」（および映画作品）に描かれている海は、朝鮮戦争によって父親を喪い、父親の帰りを待って毎日旗を揚げている少女である。この点に照らせば、宮崎吾朗の言うように、宮崎駿がポスターで描いた明るい少女のイメージには非現実的な要素が多分に漂っていると考えることができるであろう。

その一方で、考えておきたいのは、宮崎駿のポスターは本当に「理想化」されているのかどうかという点である。そしてまた、脚本における海の明るさは、「ファンタジー」として切り捨てられるものなのであろうか、という疑問もある。次節では、脚本における海の非現実性について考察を加えていきたい。

二　宮崎駿の脚本——「戦死者」の記憶

宮崎吾朗が指摘している、脚本における海の「非現実性」について考察するために、先に言及した脚本の作成過程について確認しておく。それによって、宮崎駿が何にこだわっていたのかという点について検討することができる。それと同時に宮崎吾朗には「ファンタジー」と感じられた、その点についての手がかりを得ることができる。丹羽圭子によれば、脚本の作成はミーティングの形式で行われた。


まず、宮崎さんがホワイトボードにストーリーの流れを書いていきます。

（中略）

そしてボードの横に立ち、大学の先生のように棒で指し示しながら、一つ一つを詳しく説明。生徒の私はそれをノートに取り、シノプシスに起こす。そこに宮崎さんは、次々に新しいアイデアを加える。これを繰り返し、イメージが固まった部分から順にシナリオの形にしていく……というように進行します。[*17]

丹羽圭子は宮崎駿のイメージに寄り添い、文章にして具体的な形を与えていく。最初のミーティングについて、丹羽圭子は次のように回想している。

「父親たちは戦争に行ったんです」

2月に入って、初のミーティング。宮崎さんの話は戦後から始まりました。

船乗り仲間だった海の父と俊の父。俊の父は引き揚げ船で事故死。海の父親は朝鮮戦争でLSTに乗るが、その船が爆発、沈没する。お葬式で、小さな海には父の死がわからない。[*18]

丹羽圭子にとって、最初のミーティングは意外だったはずである。なぜであろうか。脚本の作成に先立って丹羽圭子のもとには、鈴木敏夫からまずコミックスが、続いて「企画のための覚書」が送られていた。その「企画のための覚書」では戦争との関わりが暗示されてはいるものの、強調されているわけではなかったからである。したがって「企画のための覚書」を読んだ丹羽圭子は、「美しい海を背景にした少年と少女の一途な姿」を思い浮かべていたという。だが、宮崎駿の第一声は「父親たちは戦争に行ったんです」であったのだ。

もっとも、宮崎駿の考えは必ずしも一貫していたわけではない。

それにしても、宮崎さんの考えはどんどん変わります。前回、熱く語っていた部分を、次に惜しみなくカット。もっと凄いアイデアが飛び出します。振り返っている暇はありません。すぐに別のボートに乗り換えて、目的地まで、さあ、どうやって到着するか…？　ハラハラ・ドキドキの2ヵ月を経て、脚本は完成しました。[*19]

宮崎駿の脚本作りは、試行錯誤の繰り返しであった。留意しておきたいのは、そうであるにもかかわらず物語が「戦争」から始まることは終始一貫していた点である。脚本の冒頭は次のように書かれている。

アバンタイトル

○太平洋（1952年）

灰色の海を静かに進むLST。

と、突然、水柱に包まれ、大爆発。

静まった海を背景に浮かびあがる、二葉の写真。

セピア色に変色した古い写真――商船大学の制服姿の三人の若者。沢村雄一郎、遺された家族の写真――喪服姿の良子（27）と三人の子供。[*20]

脚本は朝鮮戦争で「LST」が爆発する場面から始まり、喪服姿の遺族の姿が続く。同映画（脚本）の原作とされるコミックス『コクリコ坂から』では朝鮮戦争はまったく関係がない。したがって、朝鮮戦争において「LST」が「大爆発」する場面は、宮崎駿のオリジナルである。いかに宮崎駿が、この場面を重要なものと考えていたかがわかる。実際、宮崎駿の戦争への拘りは強く、「朝鮮戦争（のくだり）がなかったら、ほんとにどうにもならなかったです」[*21]と述べている。

加えて、脚本ではこの場面がアバンタイトルに置かれていることにも目を向けたい。アバンタイトルとは、オープニングの前に流れるプロローグシーンであり、言わば映画の導入部である。宮崎駿と共にスタジオジブリを支えた高畑勲は、「観客は映画の導入部から作品の第一印象をつかみ、以後どういう態度でそれに接していくのかのカマエをきめます」[*22]と述べている。それほど宮崎駿にとってこの場面は重要な意味を持っていたのである。仮にこの場面が映像化された場合、観客は戦争の光景を目にして作品世界に入っていくことになるのであり、観客は言わば戦場を共時的に体験することになる。したがって、観客は戦争を強く意識しながら作品を鑑賞することになるであろう。

他方、後述するようにこの部分は、宮崎吾朗の映画作品では作品の後半部分、海や俊たちが通う学校の理事長を訪ねた際の会話――「海の回想」の部分に移動され、船の爆撃の瞬間がクリップ映像のようなかたちで挿入されることになる。この移動によって、戦争の光景の意味は大きく変容することになる。この場面は、映画について考える上で着目すべき変更であり、後に詳しく論じる。

それではいったい「朝鮮戦争」は、宮崎駿の世代にとってどのような意味があるのであろうか。戦後の日本は、日本国憲法の第二章いわゆる第九条で戦争放棄が定められてきたのだが、実は、戦後にも日本は戦争協力を行い「戦死者」を出していた。一ノ瀬俊也『昭和戦争史講義――ジブリ作品から歴史を学ぶ』[23]は、敗戦後の日本はGHQの統治下にあり、占領下の日本は米軍の依頼を断ることはできず「数々の戦争協力をしていくこと」になると記している。続けて、一ノ瀬は次のように述べる。

一つは敵が海中に仕掛けた機雷を掃海、すなわち爆破処分して艦船の通行を安全にする作業です。海上保安庁は米国の〝要請〟で特別掃海隊を編成、朝鮮半島へ派遣しました。そのうち一隻が一九五〇年一〇月一七日に触雷沈没、烹水員中谷坂太郎が死亡しました。掃海は戦闘行為とみなされており、中谷は公務でこれに従事して亡くなったことから、戦後日本唯一の「戦死者」といわれることがあります（殉職とは別）。この事実が一般に知られたのは一九七〇年代に入ってからです。[24]

機雷の爆破処分を行っていた船が「触雷沈没」し、日本人が死亡していた。しかし朝鮮戦争での「戦死者」の存在は極秘事項となっており、公になることはなかった。それだけではなく、親族への口封じも行われていた。読売新聞戦後史班編『「再軍備」の軌跡』は次のように記している。

当時は、掃海隊の朝鮮出動そのものが、吉田首相によって「極秘」を命じられ、したがって、中谷さんの殉職も「講和条約など国際的にも影響する特殊な出来事」という理由で、真相の口外を固く止められていた。[*25]

中谷さんの実兄は、弟の「戦死」について、「絶対に口外しないように」と言われていたため「瀬戸内海の掃海中に死んだことにしようと、みんなで申し合わせた」と言う。

加えて、戦後日本の社会には、戦争に関わる議論を避ける傾向があったこともここで確認しておきたい。石丸安蔵「朝鮮戦争と日本の関わり——忘れ去られた海上輸送」[*26]は、朝鮮戦争における対米協力について詳細に調査して次のように推測している。

このように朝鮮戦争における海上輸送については、第二次世界大戦で甚大な被害を受け軍事面の議論には関わりたくないという面と、軍事作戦であるためアメリカ軍から厳重な口封じをされ、記録がアメリカ軍の秘密文書には残されたが、日本側にはいっさい残されなかったという面の2つの面において相乗効果的に関わらないことが是とされたため、朝鮮戦争における海上輸送を「忘れ去られた」ものとしてしまったのではないだろうか。

朝鮮戦争において、日本政府やアメリカ側からの圧力があり、「戦死者」が隠蔽されたことは確かであろう。しかし、それだけではない。人々は、戦争の記憶から目を背けたかったのだ。

このような朝鮮戦争下の日本の状況を視野に収めるとき、海の父親の死の意味が見えてくるのではないだろうか。海の父親はLSTに乗船して物資輸送に従事しており、民間船員であった。一ノ瀬俊也は、「『コクリコ坂から』の描いたようなLSTの爆沈による日本人死者は確認できない」[*27]とする。したがって、正確に言えば、海の父親は「戦死者」ではない。だとすれば、海の父親の死が「爆沈」によるものであることは虚構である。そしてこの虚構は、海の父親の死を限りなく「戦死者」へと近接させる。なぜなら、史実において「爆沈」したのは、特別掃海隊の隊員だったからである。

脚本冒頭は、多くの日本人が目を背け、その結果、戦死者の存在を不可視なものにしてしまった問題を提示している。宮崎駿は脚本制作のプロセスにおいて一貫して「朝鮮戦争」の重要性を強調し、アバンタイトルに「爆沈」の場面を置いていた。仮に宮崎駿版による『コクリコ坂から』という映画を想定するとすれば、観客は自分たちが戦死者を忘却してきたのだと印象づけられながら、映画を見ることになったであろう。

脚本では、海や俊の出生の秘密にかかわり、戦争の記憶や戦後の混乱期の状況が描かれている。その意味では、戦争の記憶は社会から完全に消し去られていたわけではない。しかし留意したいのは、戦争の記憶は、海や俊が大人から聞き出した話になっていることである。戦争の記憶が、社会を担っている大人たちの行動に何らかの影響を及ぼしているわけではない。その意味で、大人たちにとって、戦争は過去の出来事になってしまっている。

戦後の日本は、高度経済成長期に入り、その間に東京オリンピックを開催するなどして復興を遂げる。宮崎駿の脚本冒頭が明らかにしているのは、高度経成長の過程で、人々が見事なまでに戦争の記憶を失っていったことである。

鈴木敏夫は次のように述べている。

まわりにあるものがプラスだらけだったんです。もちろん、実際にはマイナスなこともあったはずなんだけど、がむしゃらに前へ進んでいくとき、人は過去を振り返りませんよね。だから、いやなことが何も見えなくなる。とくに、あの時代は社会全体が前向きだったから、いろんな問題が覆い隠されてしまったのかもしれない。

政治家や実業家に限らず、市井の人々に至るまで、一人ひとりが「社会をよりよくしていくんだ」という感覚を持っていた時代。そう評する人もいます。そういう時代はやっぱりみんな幸せなんです。僕もその中で多感な時期をすごしたから、やっぱり世の中はよくなっていくんだと思っていたし、脳天気にもなりました。[*28]

東京オリンピックを迎えようとしていた日本で、人々は一体となり「社会をよりよくしていくんだ」という志を抱いていた。だが、その一方で過去を振り返ることをせず、そのため「いろいろな問題」が不可視化されていた。その不可視化されていた問題の大きな部分を、戦争の忘却が占めていたと言ってよいのではないだろうか。

歴史学者の吉田裕が著した『日本人の戦争観――戦後史のなかの変容』[*29]では、「オリンピックの開催を目前にひかえた六四年八月一五日付『読売新聞』社説」を取り上げて、「戦争を完全に過去のものとみなすこの時代の雰囲気をよく伝えている」[*30]と述べる。

吉田の引用する社説（「終戦記念に提案する」）の一節を参照する。

きょうは終戦十九年目の記念日にあたる。昨年は米英ソ三国間の部分的核停条約が成立し、わが国も七月末には同条約に参加することを決定したので、終戦記念日としてはなにかしら明るい気分があり、平和がようやくよみがえったという感があった。本年はオリンピックをひかえて、さらに明るい空気がみなぎっており、戦争の記憶も遠い過去となったようである。

まことにけっこうなことである。二十年もたった今日、いまなお敗戦や終戦について語ってみたところで、さして有益でもないだろう。敗戦からすでに多くの教訓をひきだし、たび重なる反省もしてきたことゆえ、ことしあたりを転機に、前向きの姿勢をとって、将来の日本のありかたについて検討してみたり、その基礎となるものをさがしてみたりする機会にしたほうがよいと思われる。

吉田の指摘するように、この一節に端的に示されているのは、「戦争の記憶」を過去の出来事とする認識である。加えてこの社説から読み取ることができるのは、「戦争の記憶」から離れることで

「前向きの姿勢」を取ることができると考えていることである。また吉田は、六〇年代前半の漫画界で起こっていた「「戦記もの」ブーム」に着目して、「戦争に対する批判意識が日本社会の中で急速に衰弱しつつあるという現実を、最も象徴的に示していた」[*31]とする。

ここで考えてみたいのが、宮崎駿の描く少女のイメージである。この陽気な少女のイメージと、父親の死を結びつけることは難しい。少女のイメージは、宮崎駿の脚本のテーマである、高度経済成長の過程で人々が見事なまでに戦争の記憶を失っていったことを体現するものであろう。社会がよくなっていくと信じて「上を向いて」はいるが、戦争の記憶とは結びつかない海の姿には、個人の物語には回収できない意味を見いだすことができる。これからは幸福へと向かうと信じ、一方で戦争を忘却するこの時代の象徴なのである。

そしてこのような時代の雰囲気を、宮崎吾朗には正確に把握することが難しく、少女のイメージはただ「ファンタジー」として受け取られてしまうものであった。では宮崎吾朗においては、何が「現実」であったのだろうか。

三　宮崎吾朗の映画作り——大人を理想化する

鈴木敏夫によれば、宮崎駿には企画の段階で「明確な企画意図」があったと言う。

ところが、今回は宮さんの中に明快な企画意図ができあがっていた。

――二十一世紀に入って以来、世の中はますますおかしくなってきている。なんでこんな社会になってしまったのか？　日本という国が狂い始めるきっかけは、高度経済成長と一九六四年の東京オリンピックにあったんじゃないか。物語の時代をそこに設定すれば、現代に問う意味が出てくる――

その考えを聞いて、僕も非常に納得するものがありました。高度成長の結果、暮らしは豊かになったけれど、その後、バブルが崩壊。〝失われた十年〟を経て、いっこうに未来は見えてこない。社会全体が閉塞感に覆われているのを感じていたからです。[*32]

宮崎駿は戦後日本の問題を問うべく、映画を企画した。物質的に豊かな社会を作り上げることに成功はしたが、実現した社会は、精神性を欠いた空虚なものであった。鈴木敏夫は次のように語っている。

でも、やってきた未来はどうだったか？　たしかに豊かにはなった。でも、モノに溢れた社会の中で、多くの人たちが生き方に悩み、心の問題を抱えている。それがいまの日本の姿。だとしたら、その始まりとなった時代を描くことには意味があるはず――。宮さんと話しながら、僕はそんなことを考えていました。[*33]

図②『コクリコ坂から』のヒロイン・海。宮崎駿が描いたイメージとは違い、生活感に溢れている

宮崎駿の脚本は、高度経済成長によって豊かにはなったが、精神性を欠いた社会になったという批判意識の下に作成された。恐らく宮崎駿や鈴木敏夫にすれば、六〇年代を振り返ったときに、現在の閉塞感の出発点の時代であったということを問題化せざるを得なかったのであろう。

本論の初めに述べたように、宮崎吾朗は脚本に共感することができず、映画制作は困難を極める。行き詰まった状況を打開するため、宮崎吾朗は時代背景を綿密に調べる。興味深いことに、宮崎吾朗は、宮崎駿とは全く異なった方向性で映画制作を進めていく。

その最も分かりやすいものが、ヒロインのイメージである。映画で宮崎吾朗の描く海の姿は、生活感に溢れ、宮崎駿の絵とは対照的な少女になっている。

宮崎吾朗はヒロインについて、新聞のインタビュー記事で「普通の女の子を描きたかった」[*34]と述べている。しかしヒロインが、宮崎吾朗が志向する「普通の女の子」であり、かつ宮崎駿の脚本に沿った心の中に父の死を抱えているという設定では、映画制作は難しいのではないだろうか。キャラクターデザインを担当した近藤勝也は、鈴木敏夫から宮崎吾朗が志向する海のキャラクター像について再検討を迫られている。

鈴木プロデューサーからもキャラの印象や話の流れがちょっと暗すぎるのではないかという意見が出て、この雰囲気のままで作っていいのかと検討せざるを得なくなったんです。*35

近藤勝也は、宮崎駿や高畑勲の下で仕事をしてきた。『コクリコ坂から』ではキャラクターデザインを担当し、宮崎吾朗と言わば二人三脚で映画を制作した。ちなみに、近藤勝也は一九六三年生まれであり、一九六七年生まれの宮崎吾朗とは世代が近い。

前述のように、宮崎駿がポスターで描いた少女は、時代の象徴に忠実でありその意味では「現実的」であった。この点を踏まえ、陽気で純粋な少女を中心に映画を制作することはあり得たのではないだろうか。そうすることで陽気な少女と父親の死との矛盾が際立ち、時代への批評性が作品の主題として立ち上がることになる。

しかし、恐らく宮崎吾朗の目には、宮崎駿のイメージする少女は「非現実」（ファンタジー）としてのみ映し出されたのではないだろうか。それゆえ宮崎吾朗は「普通の女の子」を描き、映画制作を進めようとする。そのためには、宮崎駿の脚本を読み替えて、自らの主題を探し出す必要があるであろう。この点について参考になるのが、以下のような近藤勝也の発言である。

そこで去年の夏頃、吾朗監督と二人で一カ月くらいかけて改めて宮崎さんのシナリオをいろいろな方向から検討してみました。キャラクターがたくさん出てくるけれど、本当にこんなに必要なのかとか、(中略)シナリオを再構築しなければならないところまで突き詰めて考えたんです。

結局、過去があって今の状況がある。海と俊の話だけではなくて、周囲の大人のドラマもある。さまざまな要素がからみあった、乱反射的な物語の見せ方が魅力的なんだということがわかって、そういう共通認識を得たところから監督も僕もパーッと視野が開けて、そこからはわりと作りやすくなりました。[*36]

宮崎吾朗と近藤勝也は、シナリオを「再構築」する。「再構築」の意味は、シナリオで描かれている様々な要素を抽出し、自分達の問題意識に沿ってシナリオを組み立て直したと言うことであろう。その結果、「視野が開け」て映画の制作が動き始めた。

インタビュアーに「それは具体的にはどんな部分ですか?」と問われ、近藤勝也は次のように述べている。

僕自身が年をとったせいか、海と俊を見つめる大人たちのふるまい、若い二人が苦しんでいる時にさりげなく手をさしのべる対処の仕方といったものに感動するんです。(中略)そういうところがこの作品の魅力だと思うので、それをわかった上で作るのと、ただシナリオをなぞって作るのとではぜんぜん違うと思うんですよ。[*37]

宮崎吾朗と近藤勝也が行ったのは、脚本を大きく変えるのではなく、エピソードへの力点の置き方を変更することであった。宮崎駿の脚本では少女と少年の恋愛が物語の中心であった。それに対して、彼らは「手をさしのべる」大人に焦点を当てていく。

映画では、コクリコ荘で暮らす女性たちは生き生きとしており、明るい未来の訪れを予感させる。学園の理事長も若者たちの非礼とも言える訪問に快く応じ、要求に理解を示す。近所の大人たちも親切である。要するに、和気あいあいとした理想的な大人たちの中で、若者たちが成長していく物語になっている。

絵コンテから、学校を抜け出した若者たちが、理事長の徳丸に直談判をする場面を見ておきたい。

徳丸「座って、君たち学校はどうしたのかね」
俊「エスケープしました」
徳丸「エスケープか。俺もよくやったなぁ……」
徳丸「用は清涼荘の建て直しの件だね[*38]」

理事長は、生徒たちを叱責するのではなく理解を示し、海たちの学校に視察に行くと告げる。

理事長室を出た後で、水沼は「いい大人っているんだな」と言う。

この映画が、理想化された大人を描いている点に着目したのは、小説家の三浦しをんである。三浦しをんは次のように述べている。

「いい大人っているんだな」と、心から思うことができたら、どんなによかっただろう。いま、「当時の経験をもとに、いい大人になれました」と自信をもって言えたら、どんなによかっただろう。

海たちが出会ったような「いい大人」、理想的な大人は、現実には存在しないのかもしれない。学生時代が、一瞬の幻のようなものであるのと同じく。[*39]

この映画は、三浦しをんによって正しく理解されていると考える。宮崎吾朗は、現実には存在しない「理想的な大人」、「手をさしのべる」大人を描き、作品世界の中心に据えたのだ。ここに、宮崎駿と宮崎吾朗の二人の「理想世界」の違いをみることができる。

宮崎駿の描いた理想世界は、一見すると理想的には見えるが、実は戦争を忘却した世界であった。宮崎駿の描く理想的な少女の姿は、そのような時代の象徴である。やや複雑な見方になるが、次のように整理しておきたい。宮崎駿の描く少女は現実世界には存在しないが、その非現実的な少女の姿が、六〇年代のリアルな雰囲気を再現している。

その一方で、宮崎吾朗の理想世界は、若者の行動に理解を示す大人がいる世界である。そして、そのような大人は現実世界には存在しない、という思いを——三浦しをんと同様に——抱いている。その意味で、宮崎吾朗は、この映画の理想世界を非現実的なファンタジーとして描いていると言うことができるであろう。

宮崎吾朗は、脚本の焦点の当て方を変えることで、自らの作品世界を表現した。とは言え、脚本を変更しなかったわけではない。宮崎吾朗は、脚本の冒頭を大きく変えているのである。次節ではこの点について考察していきたい。

四　脚本を脚色する——戦争の記憶をめぐって

宮崎吾朗は、絵コンテで脚本の冒頭場面を後半に移動させる。この点について、宮崎吾朗は次のように述べている。

> 最初は脚本通りに絵コンテを描きましたが、いきなり大爆発から始めると、あまりにも陰うつになって、「この女の子は本当はかわいそう」という印象を持たれてしまう。そこで、冒頭から外して、後半の海の回想シーンで使うことになりました。[*40]

宮崎吾朗は映画の印象が暗くなるのを避けるために、「大爆発」の場面を、後半の「海の回想シーン」に移動させたとする。それにより映画の冒頭は、海が正面から階段を下りてくる場面へと変更され、明るい印象になったことは確かである。

一見すると「大爆発」のシーンの移動は、映画における「戦死者」の重みを減らして、映画作品におけるエンターテイメント性を前面に押し出しているかのような印象を受ける。しかし、それは一面的な受け取り方であり、「海の回想シーン」への移動は、「大爆発」の意味が変容したことを示唆しているのではないか。ここで予め、着目した点について述べておくと、海が「大爆発」を「回想」することがはたして妥当であるのか、という疑問が残る。「大爆発」の場面は脚本では冒頭に置かれており、海の「回想」ではない。「大爆発」の場面は、これまで述べてきたように、この時代の問題を象徴する意味を備えている。その意味で「大爆発」の場面は「象徴ショット」の役割を担っているのであり、作品の主題を提示している。その場面を「海の回想」へと変えてしまったことは大きな変更であり、それに伴い新たな問題が生起することになる。

絵コンテでは、「大爆発」の場面は海と徳丸の会話の場面に移動している。先述した若者たちが徳丸に直談判するシーンの続きであり、この映画を考える上で最も注目される場面である。以下、詳細に考察していく。

徳丸「お父さんのお仕事は？」

海「船乗りでした。船長をしていて、朝鮮戦争のときに死にました。」[*41]

海の絵に宮崎吾朗の説明が書き加えられているが、そこで繰り返されているのは「しっかりした視線で徳丸を見ながら」「徳丸をじっと見つめる海」と、徳丸を見続ける海の姿である〔図③〕。この会話の後に触雷し爆沈するLSTのシーン〔図④〕、さらに「海の父の写真」「遺された海たちの写

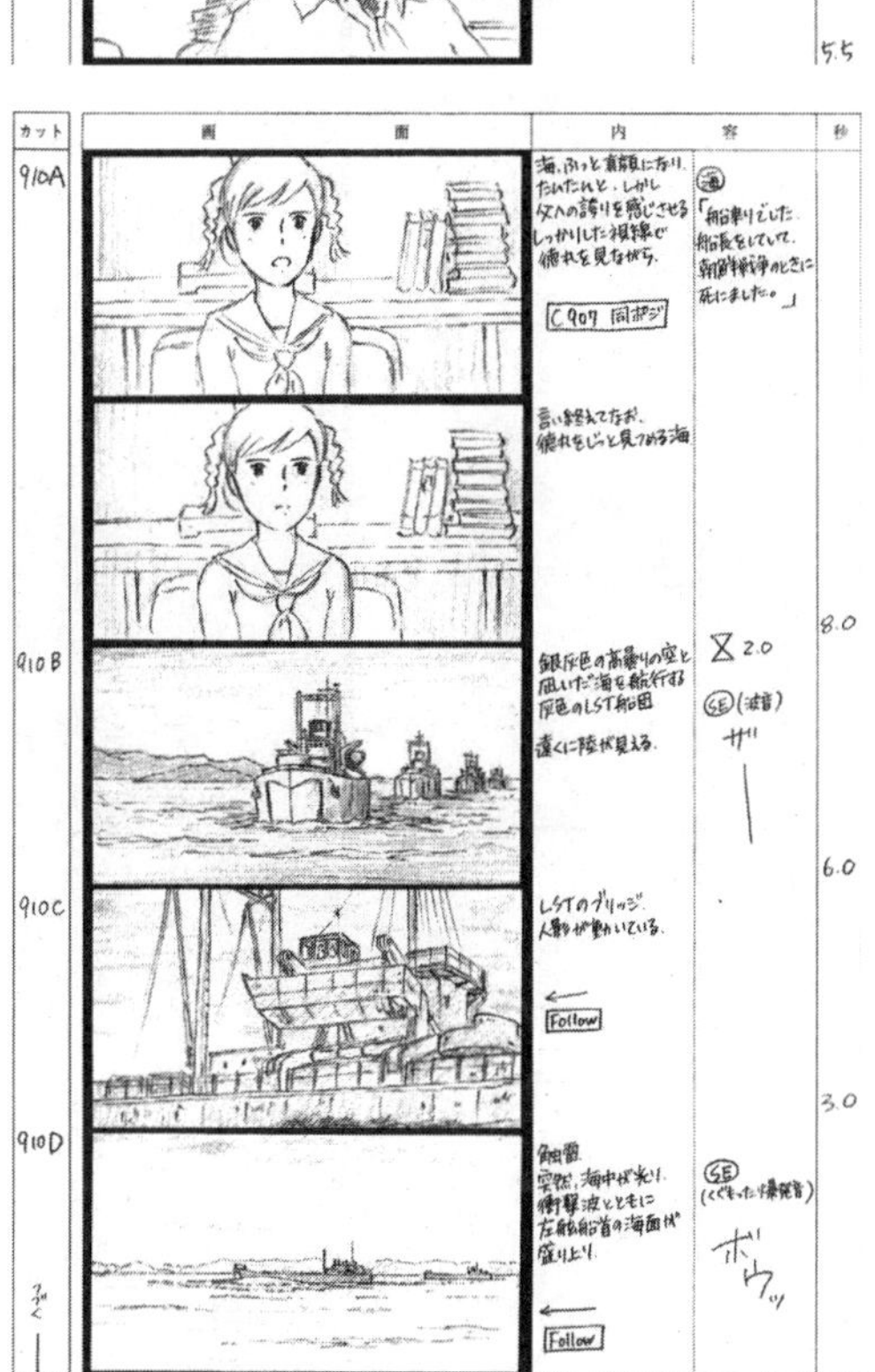

図③　『スタジオジブリ絵コンテ全集18　コクリコ坂から』（徳間書店、2011年）316・317頁

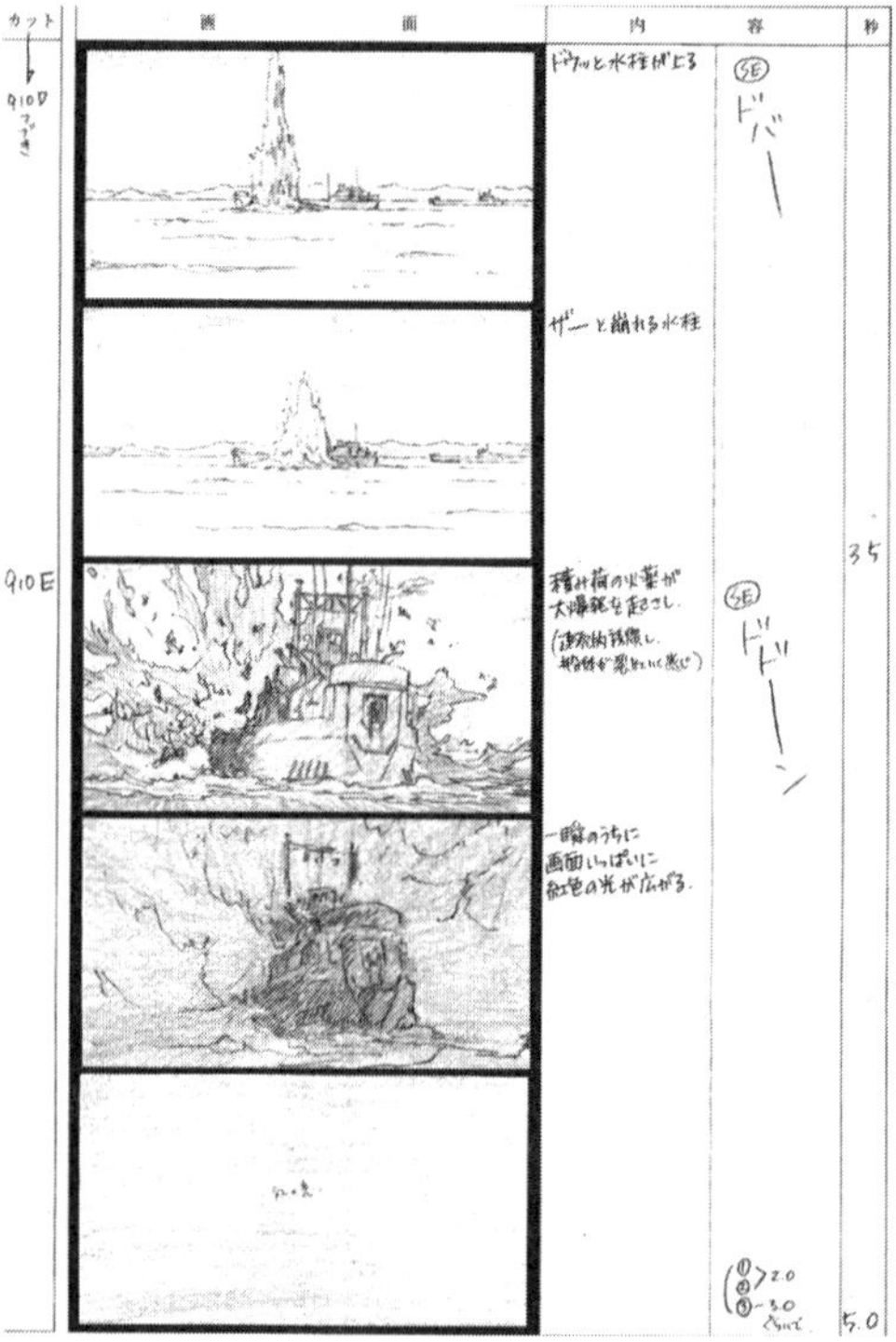

図④　『スタジオジブリ絵コンテ全集18　コクリコ坂から』318頁

真」の絵が続く［図⑤］。そして徳丸の絵が入り、「厳しい表情になっている徳丸」「ぐっと身を起こして、海をねめつけるように」と説明が書かれている［図⑤］。ここで注目されるのは、この爆沈のシーンでは、海と徳丸がお互いに視線を交えていることである。

続けて、説明書きは「海が朝鮮戦争における日本人船員の関与が、戦後の裏面史であることを理解しているかは不明だが」と書かれ、その後に徳丸の表情の説明として「あの時代が頭をよぎる感じ」と続く［図⑥］。この説明が示唆しているのは、海は知らないが、徳丸は「裏面史」を知っていたということである。

以上のことを整理すると、爆沈の場面を宮崎吾朗自身が説明するように「海の回想シーン」とすることには無理があるのではないだろうか。なぜなら海は戦争を経験していないし、「戦後の裏面

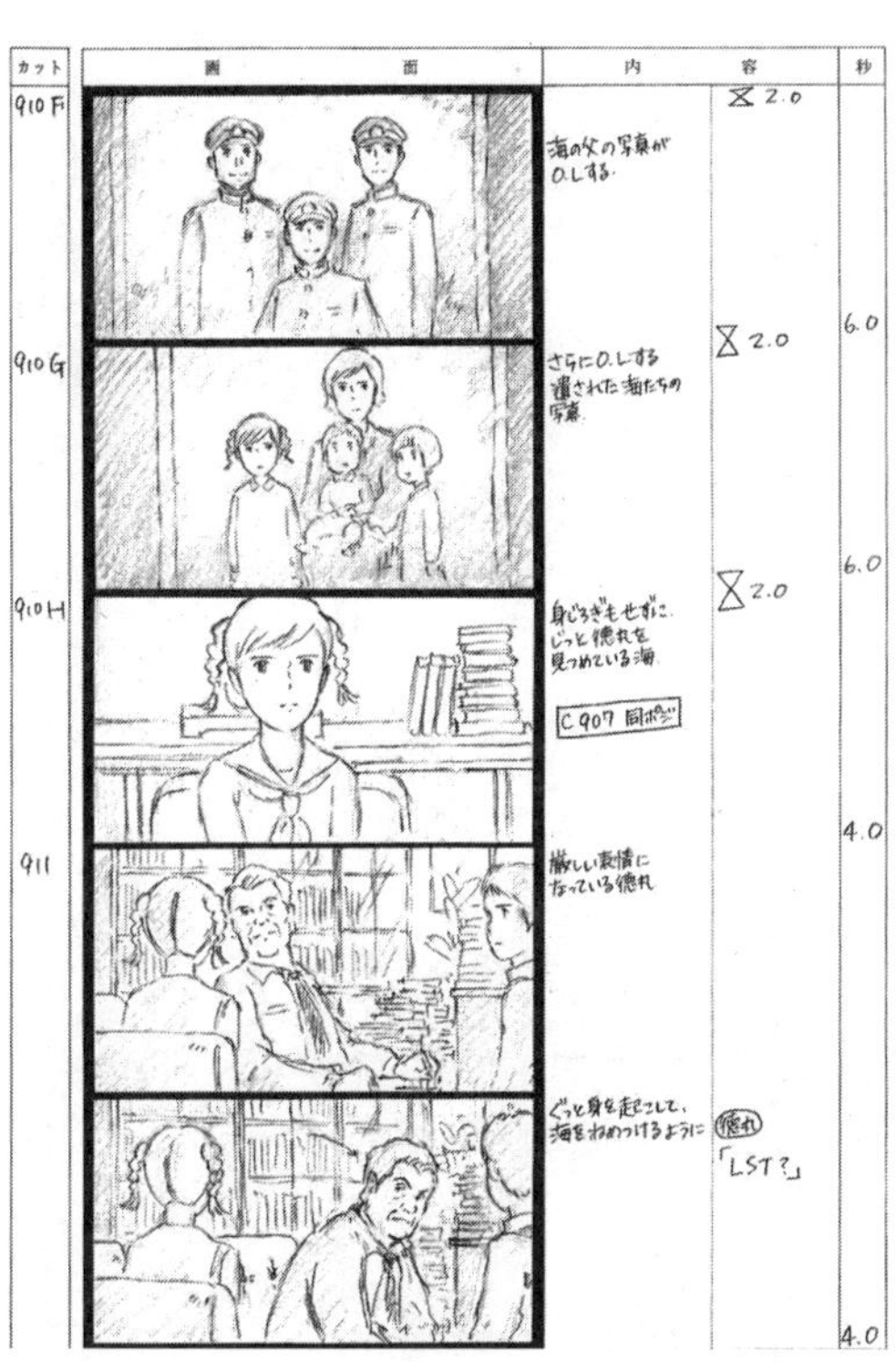

図⑤　『スタジオジブリ絵コンテ全集18　コクリコ坂から』319頁

図⑥　『スタジオジブリ絵コンテ全集18　コクリコ坂から』320・321・322頁

史」も知らないからである。だとすれば戦争を経験し、戦後を生きてきた徳丸が、「戦後の裏面史」だけではなく、戦場の光景をも想像していると捉えることができるであろう。徳丸の「厳しい表情」は、そのことを示唆していると捉えることができる。徳丸は、海に見つめられている。それに応えるようにして、徳丸は海には知り得ない、海の父親の死の光景と「裏面史」を想起したと考えられる。

回想シーンに戻ろう。爆沈では八枚の絵が使われている。爆沈の絵にはそれぞれ詳しい説明が書かれている［図③④］。


「銀灰色の高曇りの空と凪いだ海を航行する灰色のＬＳＴ船団／遠くに陸が見える」

「ＬＳＴのブリッジに人影が動いている」

「触雷。突然、海中が光り、衝撃波とともに左舷船首の海面が盛り上がり」

「ドウッと水柱が上る」

「ザーと崩れる水柱」

「積み荷の火薬が大爆発を起こし（連続的被爆し、船体が裂けていく感じ）」

「一瞬のうちに画面いっぱいに紅色の光が広がる[*42]」


この場面で描かれているのは、言わば戦場のリアルな光景である。

先に、徳丸がこの光景を想像したと述べたが、その一方で、ここで描かれている戦場の光景が客観的であり、まるでニュース映像であるかのように見えることにも注意を払っておきたい。この光景は、徳丸の記憶にしては余りに客観的で正確であり、いわゆる「全知の視点」を想起させる。今泉容子は「全知の視点」について、「登場人物たちが知り得ないことや、彼らの位置からは見ることができない[*43]」と説明する。徳丸が知っていることを越えた情報が、この光景には描き込まれているのではないだろうか。

「爆沈」の場面が徳丸の想像であるのか、それとも「全知の視点」によるものであるのか、決めることは難しい。ここではむしろ見方を変えて、徳丸の想像と客観的な映像が、重なり合うようにして現れ出た光景であると捉え直してみたい。そうすると見えてくるのは、「爆沈」の光景は、公共性を帯びた記憶でもあることである。「爆沈」の光景は、ニュース映像や新聞、雑誌などを通して広く社会に共有され、観客ひとりひとりの記憶に残っていたのではないだろうか。したがって「爆沈」の場面は、観客にも共有され得る映像になっている。

この場面に続いて、徳丸が決断する光景が描き出される。海と徳丸の会話は次のように続いている。

徳丸「ＬＳＴ？」
海「はい」
徳丸「そうか」
「お母さんはさぞご苦労して、あなたを育てたんでしょう」
「いいお嬢さんになりましたたね」
海「……ハイ」
徳丸「判った行こう」[*44]

絵コンテでは、徳丸の表情が四枚の絵で描かれ、説明は「徳丸、にっこりとやさしい笑顔になり」「満足そうな徳丸」となっている［図⑥］。徳丸は戦争の記憶に促されて、若者たちに協力したのである。そして徳丸の決断は、「爆沈」の場面を共有している観客の目にも、説得力を備えたものとして映し出されるであろう。

このような絵コンテの流れは、宮崎吾朗が宮崎駿の脚本をどのように脚色したのかということを示している。絵コンテには、徳丸が若者たちの行動に協力したのは、父の死を乗り越えて生きようとする海に感銘を受けただけではなく、戦争の光景や「戦後の裏面史」を想起したからであると宮崎吾朗が解釈し、脚本を脚色したことが明瞭に記されている。

図⑦　海の話を聞いて優しい表情をみせる徳丸（上）と、徳丸の決断におどろく若者たち（下）

だとすれば宮崎吾朗は、宮崎駿が脚本で問題化した戦争の忘却の場面を、意識的であるのかどうかはともかく、言わば反転させることで、戦争の記憶を呼び戻していることがわかるであろう。このような脚色を、宮崎吾朗はオリジナルな作品世界を創出するためにおこなっているのである。宮崎吾朗の描く「理想世界」は、大人が戦争の記憶に導かれて、若者たちの行動に「手をさしのべる」世界なのだ。

観客の視点で考えると、宮崎駿と宮崎吾朗の作品は全く異なる世界を感じ取らせることになるのではないだろうか。宮崎駿の脚本では、観客を、私たちの社会が戦争を忘却していたことに思い至らせる。それに対して宮崎吾朗の映画では、観客に、戦争の記憶を呼び戻させ、若者たちを支えようとする思いを抱かせることになる。言い換えれば、宮崎駿は観客に過去を振り返ることを求めるのに対して、宮崎吾朗は未来に向けて行動することを促していると言えよう。

おわりに

ここで本稿のまとめを行っておきたい。本稿では第一節で宮崎駿が作成した映画のポスターについて考察し、ヒロインの像が非現実的なイメージとなっている点を指摘した。第二節では宮崎駿の脚本について考察し、ヒロインの非現実性が、時代の空気を象徴的に表現していることを明らかにした。第三節では宮崎吾朗が脚本を「再構築」して、「理想的な大人」を描いていることを明らかにした。第四節では脚本の冒頭が「海の回想」シーンへと移動されていることに着目して、海と徳丸の記憶が接続されていることを指摘した。それによって、戦争の記憶が大人を動かすという「大人のドラマ」が描き出されていることを明らかにした。

以上、見てきたように、宮崎吾朗は宮崎駿の脚本を脚色し、戦争の記憶が大人を動かして世の中を変えていくという映画作品を創り上げている。ここに宮崎吾朗のオリジナルな作品世界を見出すことができるであろう。

だが宮崎吾朗の脚色の注目すべき点は、他にもある。それは戦争の記憶が大人を動かすという映画の構造が、実は六〇年安保闘争にも存在していたことである。宮崎駿は戦争の忘却という六〇年代の負の側面を露わにしたが、宮崎吾朗の映画は、戦争の記憶が人々を動かすという六〇年代の別の側面を描き出している。

六〇年安保闘争とは、どのようなものであったのだろうか。一九六〇年に、岸信介首相を中心とする内閣が日米安全保障条約の改定に調印し、国会で承認を求めるが、紛糾し全国的な反対闘争が展開される。これが、いわゆる六〇年安保闘争である。日米安全保障条約とは、一九五一年に日米間で締結された条約であり、日本の安全を保障するために米軍の日本駐留を定めた。その条約の改定が岸内閣の下で行われたわけである。付言すると、岸信介はアジア太平洋戦争を遂行した東条英機内閣の重要な閣僚の一人であった。

六〇年安保闘争における戦争の記憶のかかわりについて、小熊英二『〈民主〉と〈愛国〉』では、社会学者である清水幾多郎の回想を引用した上で、その一節を引きつつ次のような興味深い指摘を行っている。

「振返ってみれば、誰の過去も、不安、恐怖、憤怒、飢餓、屈辱で一杯になっている」という言葉は、過大なものではなかった。戦争と敗戦のなかで、人びとは死の恐怖に脅かされ、貧しさと飢餓にさいなまれ、無責任な戦争指導で肉親を奪われ、自分の将来設計を破壊され、生き残るために卑屈な行為に手を染めねばならなかった。戦後一五年を経て、ようやく生活が安定しはじめ、そうした傷痕が癒されはじめた時期に、開戦の詔勅に署名した戦争責任者が、悪夢をよみがえらせる暴挙を行なったのである。

そのとき人びとは、戦争の記憶を想起するとともに、戦後ずっと抱えこんできた心情が、「岸信介」という象徴に凝縮してゆくのを感じた。清水のいうように、「久しく言葉にならなかった古い経験や感情」が、いまや「表現の機会」を獲得しようとしていたのである。*45

「戦争の記憶」を胸に人々は立ち上がり、全国的な反対闘争が沸き起こった。人々は、もう二度と戦争に巻き込まれることは避けたいし、戦争を遂行した政治家は信じられないと思っていた。この論述に続いて小熊英二は、東京大学で教鞭を執っていた政治学者である丸山真男の講演を取り上げ、「戦死者の記憶」が知識人を突き動かしていた出来事について次のように言及している。

そして、戦争の記憶のもう一つの象徴が、戦死者であった。五月三一日、東京大学で異例の全学教官集会が開かれ、丸山真男が講演を行った。そこで彼は、岸政権との闘いを訴えたあと、「最後に一言。人民主権の上に立った議会政治は私たち日本人が何百万人かの血を流してようやくかちとったものである」と講演を結んだ。*46

当代一流の政治学者であった丸山真男は、戦後日本の民主主義は多数の戦死者の血によって贖われたものであると訴えた。丸山真男の発言には、戦死者への限りない哀悼の意が込められていると考えてよいであろう。同時に考えられるのは、丸山真男は「戦死者の記憶」が多くの人々の共感を呼ぶことを確信していたであろうことである。だからこそ、丸山真男は、流された血という扇情的ともいえる表現で講演を締めくくり、人々に訴えかけたのだ。

このような安保闘争のあり方を参照すると、アニメーション映画『コクリコ坂から』は、宮崎駿の脚本とは異なった方法で、六〇年代の現実を映し出していることが見えてくるのではないだろうか。三浦しをんは「理想的な大人」は非現実的であるとしたが、六〇年安保闘争においては現実（リアル）であった。なぜなら六〇年安保闘争では、大人が「戦争の記憶」によって、学生と歩調を合わせるように反対闘争に参画したからである。

だがこのような理想世界は、高度経済成長下において急速に力を失い、人々は言わば享楽の消費社会を生きることになる。『コクリコ坂から』は、六〇年安保闘争において輝きを放った、一瞬の光芒をも映し出したアニメーション映画であると言えよう。

1——宮崎駿「企画のための覚書」（宮崎駿・丹羽圭子『脚本　コクリコ坂から』角川文庫、二〇一一年）八頁。

2——『読売新聞』（二〇一二年一月二七日）の記事「昨年の映画興収　大幅減」に、「邦画〈1〉コクリコ坂から（44・6億円）」とある。

3——『読売新聞』（二〇一一年七月八日）、署名・近藤孝。

4——"From Up on Poppy Hill-review", *The Guardian*, Aug 1 2013（https://www.theguardian.com/film/2013/aug/01/from-up-poppy-hill-review 二〇二二年七月二〇日閲覧）。

5——"La Colline aux coquelicots": au temps des jeunes Japonaises en fleur, *Le Monde*, 10 janvier 2012（https://www.lemonde.fr/cinema/article/2012/01/10/la-colline-aux-coquelicots-au-temps-des-jeunes-japonaises-en-fleur_1627862_3476.html 二〇二二年七月二〇日閲覧）。

6——『朝日新聞』二〇一一年八月一七日。

7——『ふたり　コクリコ坂・父と子の300日戦争～宮崎駿×宮崎吾朗』（ＤＶＤ、ＮＨＫエンタープライズ、二〇一一年）。

8——スタジオジブリ責任編集『THE ART OF From Up On Poppy Hill』（徳間書店、二〇一一年）二五頁。

9——鈴木敏夫「社会全体が前向きだった時代を悪戦苦闘して描いた青春映画」（スタジオジブリ編『ジブリの教科書17　コクリコ坂から』文春文庫、二〇一八年）四〇頁。

10——同右、四〇頁。

11——同右、四三頁。

12——前掲『脚本　コクリコ坂から』。付言しておくと、『脚本　コクリコ坂から』には単行本と文庫本の二種類がある。共に角川書店から刊行されている。奥付によると、単行本は二〇一一年六月一五日、文庫本は同年六月二五日となっており、ほぼ同時期に刊行されていることが確認できる。両書はまったく同一のものではなく、内容に相違がある。例えば単行本には「シナリオミーティング」の写真が掲載されているが、文庫本にはない。逆に文庫本に収録されている鈴木敏夫「企画はどうやって決まるのか」は、単行本にはない。本論文では文庫本を用いた。ちなみに、本論文で引用した「「脚本　コクリコ坂から」ができるまで」は、単行本では「天才の思考過程――「脚本　コクリコ坂から」ができるまで」となっており、文章内容もやや異なっている。

13――二〇一一年八月九日放映、『読売新聞』の記事「放送塔」（二〇一一年八月一八日）から確認。

14――このポスターは第一弾である。ポスターには第二弾がある。スタジオジブリのホームページから確認できる（https://www.ghibli.jp/info/007263/ 確認日二〇二二年四月二七日）。

15――シネマニエラ編集部「鈴木敏夫Pがジブリの新作アニメ『コクリコ坂から』を語る」（https://www.cinemaniera.com/movie/173 二〇二二年四月二九日閲覧）。

16――前掲『THE ART OF From Up On Poppy Hill』二七頁。

17――丹羽圭子「「脚本　コクリコ坂から」ができるまで」（前掲『脚本　コクリコ坂から』）一五五～一五六頁。

18――同右、一五四頁。ＬＳＴについては、同書で、「（Landing Ship Tank）…揚陸艦、軍事輸送のための船」と注記されている。

19――同右、一五七頁。

20――宮崎駿・丹羽圭子「脚本　コクリコ坂から」（前掲『脚本　コクリコ坂から』）二一頁。

21――宮崎駿『続・風の帰る場所――映画監督・宮崎駿はいかに始まり、いかに幕を引いたのか』（ロッキング・オン、二〇一三年）一五三頁。

22――『ホルスの映像表現』（徳間書店、二〇〇一年）二五頁。

23――一ノ瀬俊也『昭和戦争史講義――ジブリ作品から歴史を学ぶ』（人文書院、二〇一八年）。

24——同右、二一九頁。
25——読売新聞戦後史班編『「再軍備」の軌跡』（読売新聞社、一九八一年）一九六頁。
26——『戦史研究年報』（防衛省防衛研究所、二〇〇八年）。
27——前掲『昭和戦争史講義』二一九〜二二〇頁。
28——前掲「社会全体が前向きだった時代を悪戦苦闘して描いた青春映画」三九頁。
29——吉田裕『日本人の戦争観——戦後史のなかの変容』（岩波書店、二〇一九年）。
30——同右、一二〇頁。
31——同右、一二七頁。
32——前掲「社会全体が前向きだった時代を悪戦苦闘して描いた青春映画」三七頁。
33——同右、三九頁。
34——『東京新聞』二〇一一年八月一六日。
35——前掲『THE ART OF From Up On Poppy Hill』三四頁。
36——同右。
37——同右。
38——『スタジオジブリ絵コンテ全集18　コクリコ坂から』（徳間書店、二〇一一年）三一三〜三一四頁。
39——三浦しをん「過去からの光が未来を照らす」（前掲『スタジオジブリ絵コンテ全集18　コクリコ坂から』「月報」）四頁。
40——前掲『THE ART OF From Up On Poppy Hill』一五頁。
41——前掲『スタジオジブリ絵コンテ全集18　コクリコ坂から』三一六〜三一七頁。
42——同右、三一七〜三一八頁。

43——今泉容子『映画の文法——日本映画のショット分析』（彩流社、二〇〇四年）六五頁。

44——前掲『スタジオジブリ絵コンテ全集18　コクリコ坂から』三一九〜三二二頁。

45——小熊英二『〈民主〉と〈愛国〉——戦後日本のナショナリズムと公共性』（新曜社、二〇〇二年）、五一二〜五一三頁。

46——同右、五一三頁。

コラム⑤　「スタジオジブリ」論の現在を知る三冊　◉平野泉

二〇二〇年前後に出版された「スタジオジブリ」論から三冊を紹介する。これらの著書は映画分析、労働論、文学研究など、著者たちが持つ学術的な蓄積によって新しい切り口でアニメーションを分析しているといえよう。

ステファヌ・ルルー『シネアスト宮崎駿――奇異なもののポエジー』（岡村民夫訳、みすず書房、二〇二〇年）は、映画演出家として宮崎駿をとらえ、フレーミングの階梯の変化、カメラの移動、画面の奥行きの作用、モンタージュや音声の作業などの画面設計を中心に分析している。二〇〇七年に提出された高畑勲と宮崎駿の演出についての博士論文から、宮崎駿論を抜き出したものが本書にあたる（なお、高畑勲論も『シネアスト高畑勲――アニメの現代性（モデルニテ）』（岡村民夫訳、みすず書房、二〇二一年）として邦訳が刊行された）。本書では宮崎のフィルモグラフィを、アクションコメディの時期、「驚異的なもの」のうちに「自然なもの」をはらんだ冒険映画の時期、「奇異なもののポエジー」の時期の、おおまかに三つに分けて論じている。

第三章「驚異における自然なもの」では『パンダコパンダ』（一九七二年）から『千と千尋の神隠し』（二〇〇一年）までの作品を扱っている。宮崎駿作品における自然の表象については多くの先行研究でも論じられているが、本書のユニークさは背景や動物をどのようにフレーミングしているかという視点でアプローチしていることであるといえる。ディズニー作品や東映動画の初期作品では、動物キャラクターは人間の言葉を話し、時に観客に語りかけるようにふるまうが、宮崎作品の動物は『風の谷のナウシカ』（一九八四年）におけるテトのように、擬人化されておらず、動物自身の生を送っているという。そしてその精神はポール・グリモーや、高畑の『アルプスの少女ハイジ』（一九七四年）や『母をたずねて三千里』（一九七六年）の動物たちと類似していると指摘する。

本書の魅力は緻密な場面分析はもちろんのこと、高畑作品や海外の作品、現代の作品との比較も多く行っており、それによって宮崎の立ち位置や影響関係が明確になっているところにある。

河野真太郎『戦う姫、働く少女』（堀之内出版、二〇一七年）では、第二波フェミニズムの目的であった女性の権利獲得が達成された（ということにされた）ポストフェミニズムの状況下での、ポピュラー・カルチャーにおける女性表象が分析されている。スタジオジブリ作品については第三章「『千と千尋の神隠し』は第三波フェミニズムの夢を見たか?」、第五章「『かぐや姫の物語』、第二の自然、「生きねば」の新自由主義」で大きく扱われている。

第三章では労働を描いた作品として『魔女の宅急便』（一九八九年）と『千と千尋の神隠し』を比較する。『魔女の宅急便』において、キキの成長物語と職業を得て労働する物語は等号で結ばれており、労働がアイデンティティとなる「やりがい搾取」的な状況が描かれている。一方、『千と千尋の神隠し』における労働は、依存労働とされるケア労働や家事労働などが分離されずに一体となっている状態であり、すべての労働が有償化されている状況を描いている。この二作品における労働は我々の労働の世界を相互補完的に表象しているのではないかと著者は指摘する。

第五章では、自然と人間（技術）を描いた作品として、高畑勲の『かぐや姫の物語』（二〇一三年）と宮崎駿の漫画版『風の谷のナウシカ』（一九八二〜九四年）、『もののけ姫』（一九九七年）を比較する。『かぐや姫の物語』のかぐや姫にとっての自然とは育った里のことであり、そこでは自由に生きることが可能で、貧困ですら「生きている手応え」として扱われる新自由主義的なものとして描かれる。『風の谷のナウシカ』と『もののけ姫』における自然とは、人間の技術によって手を加えられたものであり、そこではすべてが自然であり、すべてが技術であるともいえる自然と技術の二項対立の脱構築が起こっている。高畑と宮崎の作品は自由市場の競争を生きることを推奨する価値観を共有しているが、高畑の『かぐや姫の物語』と『おもひでぽろぽろ』（一九九一年）では自然を生きること、すなわち自由市場での生がアイロニカルな距離をとって表象されている点に、宮崎作品との対話的な関係を見出している。

スーザン・ネイピア『ミヤザキワールド――宮崎駿の闇と光』（仲達志訳、早川書房、二〇一九年）は、宮崎の伝記のように書かれ、宮崎の生い立ち、制作時の時代背景を詳しく説明することで「ミヤザキワールド」を明らかにしようとする。本書の特徴は宮崎の戦争体験に焦点を当てていることで、この時宮崎が置かれていた複雑な状況がのちの作品に影響を与えているとしている。著者は『崖の上のポニョ』（二〇〇八年）における、人魚のポニョが魔法を捨てて人間として生きていく結末を、ファンタジーの終焉を意味するものととらえ、現実と向き合うことが「ミヤザキワールド」の新たな方向性ではないかと考える。そして実際に次回作の『風立ちぬ』（二〇一三年）は現実を舞台にした非ファンタジー作品であったが、物語は現実の戦争に直面する前に時間を止めてしまい、本来そうあるべきだった歴史の姿を描く新しいタイプのファンタジーを生み出すことになったと評している。

　宮崎は戦争を憎みながら、零戦（ゼロせん）や戦車といった軍事兵器を称賛するアンビバレントな態度を見せるが、著者は鈴木敏夫の発言を引き、このような矛盾を抱えているのは宮崎一人ではなく、多くの日本人が同じように感じていると指摘する。

　宮崎駿の半生を追った本書は宮崎の矛盾と葛藤の記録でもある。そしてこの葛藤こそが宮崎の作品を複雑なものにしているのかもしれない。

第6章

高畑勲『アルプスの少女ハイジ』

ドイツ語版アニメーションとの比較研究

◉西口拓子

はじめに

アニメーション作品『アルプスの少女ハイジ』（一九七四年）の原作は、スイスの作家ヨハンナ・シュピリ（Johanna Spyri 一八二七～一九〇一年）がドイツ語で書いたものである。もともと『ハイジの修業時代と遍歴時代』（一八八〇年）と『ハイジは習ったことを使うことができる』（一八八一年）のタイトルで順に発表されたが、今日では一冊にまとめて刊行されることも多い。[*1]スイスアルプスとドイツの大都市フランクフルトにおけるハイジの生活を生き生きと描いた作品である。

テレビアニメ版『アルプスの少女ハイジ』は、一九七四年一月六日から一二月二九日まで毎週日曜日の夜にフジテレビ系列で放映され、全五二話であった。企画は瑞鷹エンタープライズ（現在は瑞鷹株式会社）、演出を高畑勲、場面設定・画面構成を宮崎駿、キャラクターデザイン・作画監督を小田部羊一が担当した。本作の成功は、後にスタジオジブリの創設に関わる宮崎駿と高畑勲のふたりの名を世に知らしめ、後のアニメーション作品やプロデューサーに影響を与えた。[*2]なにより、家庭用ビデオ録画再生機が普及していなかった時代に、毎週日曜の夕方に視聴者をテレビの前に釘付けにした。[*3]もっともその成功は日本にとどまらず、スペインではこの作品は、視聴者の熱い要望を受け、放映時間が平日から土曜の午後のゴールデンタイムに変更されたほどだという。[*4]ドイツ語の吹き替え版（以降、「ドイツ語版」と略記する）は、ドイツのテレビ局ＺＤＦとオーストリアのＯＲＦ

局により制作され、ドイツでは一九七七年九月一八日から翌年九月一四日にかけてＺＤＦ局で放映された。再放送も一九八一年四月四日に開始された。ハイジの故郷スイスの放送局からは放映されていないものの、ＺＤＦ局はスイスでも受信が可能である。

演出の高畑勲が述べるように、アニメーション版には原作と異なるところもある。[*5] これは既に先行研究でも言及されてきた。本稿では、アニメーション版の全五二話のドイツ語版と日本語版を比較し、その結果にもとづく考察を加えた。比較により、日独のどちらの視聴者も同じ絵を目にしているものの、登場人物の発話は常に同じとは限らないことがわかった。

原作とアニメーション版の相違については、ドイツでも研究者のイェンス・ティーレ（Jens Thiele）が早くも一九八一年に論文で言及している。「このアニメーションシリーズは、比較的原作に忠実である。出来事の継起順序などは原作から離れていない。原作と異ならざるを得なかったのは、基本的にはその長さのためである。というのもアニメーションは五二話もの長編であるため、二三章にすぎない原作を引き延ばす必要が生じたのである」。[*6] 一年という放送期間に合わせて、日本で新たに創られたエピソードには、[*7]「吹雪の日に」（第一一話）や「がんばれペーター」（第三九話）などがある。セントバーナード犬のヨーゼフも原作には登場しないキャラクターである。[*8] さらに小鳥のピッチーやヤギのユキにまつわるエピソードも創作されたが、こちらはドイツ語版アニメでは別の名前に変えられた。[*9] ユキは、原作のヤギのユキピョン（松永訳）から着想を得ている可能性がある。なぜなら一九二〇（大正九）年の野上弥生子訳[*10]など多くの翻訳で原作の「ピョン」に相当する部分は省略されて、「雪」と訳されてきたからだ。しかしながらユキにまつわるエピソードは、ほとんどが日本で新たに創作されたものである。乳がほとんど出ないユキを飼い主が売り払おうとし、それを阻止するためにハイジとペーターが乳の出を良くする薬草を探す、などの場面は原作にはない。[*11]

こうして創作しながらも高畑は、シュピリの原作を尊重し、物語世界を壊さないように努めたという。「子どもにとって少し難しすぎることも省略してしまわなかった」例として、高畑は、ハイジを学校へ通わせるべきだという牧師に対して、祖父が激しく反論する場面をあげている（第一七話）。その他にも、子ども向きのものにするために「程度を下げたりしたくはなかった」ため、工夫を凝らしたという。[*12]

本稿ではまず、シュピリの原作から日本語のアニメ版が制作された際の大きな変更に着目する。登場人物の描かれ方と、「宗教」と「グリム童話」という観点からそれを論じていく。日本のアニメ化の際の変更点が、ドイツ語版のアニメでさらに変えられている場合は、それについても言及する。

さらに、日独のアニメ版の比較をすることで浮かび上がる特徴に関して、日本の視聴者への配慮と、登場人物の発話という観点から論じる。日独のアニメ版の差異に着目することで、高畑の制作における意図や特徴も照らし出されるだろう。

一　ペーターの人物像

原作をアニメ化する際に最も変えられたのは、ハイジの友達で山羊飼いのペーターの人物像である。クララがアルプスに到着すると、ハイジが一日中クララの世話にかかりきりとなり、原作のペーターはなおざりにされていると感じ、嫉妬心からクララの車椅子を蹴飛ばして山の下に落として壊してしまう。アニメ版には存在しないこの場面を、シュピリは次のように描いている。「ペーターはそれを見て、喜びをおさえられなくなり、両足をそろえて跳び上がらずにはいられませんでした。そして、大きな笑い声をあげ、はしゃいで足を踏みならし、ぴょんぴょんと輪を描いて跳びはねました。それから、また同じ場所に戻って山を見下ろしました。あらためて笑い声をあげ、空中に跳び上がり、敵を倒したペーターは満足のあまり、すっかり我を忘れていました。これから起こるいことを、思い浮かべていたからです。よそ者は動く手段がなくなって、家に帰らなければならないだろう。ハイジはまた一人になり、自分と一緒に牧草地に来るだろう。夕方も朝も、自分が来たときにハイジは相手をしてくれるだろう。そうすれば、またすべてが以前と同じになる」(三六四頁)。このように、非常に利己的で嫉妬深い少年として描かれているのである。同様の嫉妬心を、原作のペーターは医者に対してもあらわにする。クララが訪問しても問題がないかを確認するために、医者はフランクフルトからアルプスへやってくるのだが、ハイジが心をこめて世話するのを見て嫉妬するのである。

これに対してアニメのペーターは、「まったく逆に、クララを快く迎え、何かにつけてハイジと力を合わせて助けてあげる」[*13]。ペーターは、誰に頼まれるまでもなくクララを牧場に背負って連れていく。さらに木で背負子(しょいこ)も作り、クララを牧場に連れていきやすいように工夫している(第四六話)。だからこそ、クララが一人で立てるようになると、「クララが立った」と叫びながら心からの喜びを表現するのだ(第五一話)。

ペーターの性格を変えたことに関しては、高畑自身が言及している。「原作ではユーモラスに巧みに描かれているし、温情も注がれている。しかしそれは、都会人が田舎のヤギ飼いを見下ろした目から生まれるユーモアであり温情であると私には感じられた」[*14]。原作でのペーターに関しては、先行研究にも指摘がある。「原作では再三、ヨハンナ・シュピリは、ヤギ飼いペーターの頭脳に限界があること、一方で(幾分)年下のハイジのほうが元気があり聡明なことを、強調して描いている」[*15]。アニメでは明らかに「ペーターは、原作よりずっと感じよく描かれて」[*16]おり、時には生きる知恵も披露する。ハイジにとって頼りがいのある兄のような存在として描かれているのである。ペーターの人物像の変容に関しては、後ほどさらに言及する。

二　クララの祖母、ロッテンマイヤー女史、医者

「とくにクララのおばあさまには、新たに作った要素がいろいろと盛り込まれている」とスイスの研究者ジャン＝ミシェル・ヴィスメール(Jean-Michel Wissmer)は指摘する。[*17] 離れて暮らすクララの祖母がフランクフルトのゼーゼマン家に到着する際には、アニメでは熊の着ぐるみをかぶっている。

それも自らサーカスから借りてきたというのだ。クララとハイジを驚かせようと、熊のような唸り声をあげることまでもする（第二七話）。ハイジとクララの遊び相手となり、水を入れたグラスを叩いて音楽を奏でたり、新鮮な空気の森へ連れ出したりする。ハイジと階段で一緒に遊び、召使いたちともダンスを踊る。[*18] 上流階級の婦人のこうした自由奔放なふるまいは、アニメ化の際に創作されたエピソードである。

アニメ版第二八話の「森へ行こう」では、クララの祖母はハイジを喜ばせようと、珍しい品物を集めて置いてある部屋を見せる。ところが壁にかかっている一枚の絵画の前でハイジは泣き崩れてしまう。絵には、夕焼けの中の山と羊飼いが描かれており、アルプスでの美しい生活を思い出し望郷の念にかられたのである。こうした部屋がゼーゼマン家にあるかどうかは、原作では言及されていない。ただし原作でも、クララの祖母は同じようにハイジに絵を見せている。ただしそれは本の中の挿絵である。その絵をシュピリは次のように描写している。「美しい緑の牧場で、いろいろな動物が草を食べたり、緑の茂みから葉を食いちぎったりしています。真ん中には羊飼いが長い杖にもたれて立ち、楽しげな動物たちを見つめていました。すべては黄金の光のなかにありました。ちょうど背後の地平線に太陽が沈むところだったのです」（一六一頁）。これを見たハイジは涙をこらえることができない。ここは、ハイジがどれほどホームシックに苦しんでいるのかを表す重要な場面である。シュピリがこのように描写した風景と同様の風景画が、アニメでは壁に掛けられている。アレンジをしているが、ここでも原作の重要な象徴的場面を巧みに受け継いでいる。

クララの教育係であるロッテンマイヤー女史もアニメで変容している。ホームシックになったハイジを、アルプスに送り届けた召使いのゼバスティアン（アニメではセバスチャン）は、帰宅後にみなに山の様子を報告する。スイスの山の険しさを聞いて恐れを抱くロッテンマイヤー女史の様子を、原作ではクララがハイジ宛ての手紙で、楽しそうに伝えている。「ゼバスティアンがあなたをふるさとまで送って戻ってきたとき、アルプスの山々の恐ろしさを話して聞かせたの。どんなにものすごい岩山が人を見下ろしているか。歩いていると、いたるところで割れ目や深淵に落ち込む可能性がある。あまりにも道が険しいので、一歩進むごとに、またうしろに転がり落ちるのではないかとこわくなる。あんなところを死の危険なしに登れるのは、ヤギぐらいであって、人間には無理だ」（三二六頁）。原作のハイジは、クララからのこの手紙を読んでとても喜ぶ。そこには、クララがアルプスに来ることが書かれているからだ。しかもロッテンマイヤー女史は、ゼバスティアンの話を聞いて恐れをなして、原作ではアルプスには同行しない。だからクララは楽しげに描写したのである。

ところが、それを高畑らは変更し、アニメではクララに付き添わせて一緒に行かせることにした。そのため、アニメでは、手紙を読んだハイジは落胆しているのである。そうしてアニメのロッテンマイヤー女史は、アルプスでは時おり「思い切りぶざまな姿をさら」している。いくつかのコミカルな場面は彼女の冷酷なイメージをいくぶんやわらげる効果はあった。このように変えたのは、「見ている子どもが怪獣以上に女史を怖がったから」[*19]だという。原作ではロッテンマイヤー女史は「脇役として扱われ、途中で舞台から姿を消す」[*20]のであるが、アニメでは、女史は最終話にも登場し、歩く練習をするクララを鼓舞している（第五二話）。

これとは対照的に、医者はアニメでは影の薄い存在に変えられた。フランクフルトでホームシックのハイジを助け、すぐにアルプスに戻れるように手配をするのは同じである。しかしながら原作では、既に妻を亡くしている医者は、後半で一人娘までも失う。その悲しみを抱えてアルプスを訪れるのである。すると今度はハイジが医者を勇気づける。だからこそ小説の最後で医者は、「ハイジには、わたしの子どもとして、すべての権利を持たせます」（四一九頁）と祖父に約束をするのだ。養女とし、経済的に支援するという意味である。そうして孫の行く末を案ずる祖父を安心させるのである。しかしながらアニメでは、医者の悲しい運命についても、ハイジとの心温まる関係についても語られることはない。その代わりに、クララとハイジの友情がより丁寧に描かれるようになっている。アニメで医者の影が薄くされたことには、次節で着目する宗教も関係していると考えられる。

三　宗教

『ハイジ』に限らず、ヨハンナ・シュピリの作品はキリスト教色が濃いことが知られている。[*21] シュピリ自身が、敬虔な環境に生まれ育ったのである。母方の祖父（Diethelm Schweizer 一七五一～一八二四年）は牧師で、祖母（Anna Schweizer-Gessner 一七五七～一八三六年）がヨハンナを信仰に導いたという。[*22] 母親のメタ・ホイサー（Meta Heusser 一七九七～一八七六年）は、プロテスタントの宗教詩人として知られている。[23]

アニメでは宗教色が薄められていることは、先行研究においても指摘されてきた。[24] ここではさらに日独アニメの全編比較の結果もふまえて、詳しく考察してみたい。

原作では、ハイジは敬虔なクララの祖母に感化され祈ることを覚え、[25] スイスに帰郷した後も神を敬うことを忘れない。クララが訪れてきた時には、祈るようにハイジが促しているほどである。「でもね、クララ、わたしたち、お祈りも忘れちゃいけないわ。親愛なる神さまに、すべてをこうやって美しく整えるときに、わたしたちのことも忘れないでください、ってしっかりお祈りしなくちゃ。私たちも安心して暮らせて、何も恐れる必要がありませんようにって」（三四六頁）。原作では祈りの場面が何度も出てくるが、日本でのアニメ制作の際には受け継がれなかった。

アニメでもクララの祖母は、原作の通りにハイジを勇気づけ、あらゆる面で支えとなる。ヴィスメールが絶妙にたとえているように「この個性的な老婦人はまるでメアリー・ポピンズのよう」で、[26] ふたりの少女と遊んだり面倒もみるが、アニメではキリスト教が絡むことはない。何よりも、ハイジが文字を読めるようになるのは、祖母のおかげである。原作では、字が読めるようになれば本をプレゼントすると言い、モチベーションを高めている。ハイジがもらう本は、原作では宗教的な話を収めたものだが、アニメでは、宗教とは関連のない童話（メルヒェン）の本で、表紙には、ドイツ語で **Kinder und Hausmärchen**（『子どもと家庭のための昔話集』）と書かれている。これは『グリム童話集』のドイツ語オリジナル版のタイトルで、最初の単語の後に付けられるべきハイフンが消えている他は、ドイツ語が正確に写しとられている。

スイスに戻った後、原作ではハイジは、持ち帰った本の一節を祖父に読んで聞かせる。選んだのは、「放蕩息子の帰還」の話で、もとは『新約聖書』の「ルカによる福音書」の話である。この話が祖父の心を動かし、長い間通うことのなかったミサへの参加を決心させる。翌朝さっそくハイジを連れて教会に向かう。ミサの後、祖父は牧師に心から詫びを入れる。ハイジを学校に行かせるべきだという親切な助言に対して、先にも述べたように激しく反論していたからである（高畑が、子どもには難しいかもしれないが省略しなかった場面である）。「わたしが以前、アルムであなたに言った言葉を忘れていただきたくて、ここに来たのです。せっかくのご厚意から出た忠告に対して、わたしが反抗的だったことを、どうぞ恨まないでください。すべて、牧師さんがおっしゃったとおりでした。わたしが間違っていたのです。でも、いまは牧師さんの勧めに従って、冬のあいだ、デルフリ[*27]に引っ越したいと思います。きびしい季節を山の上で過ごすのは子どもにもよくありませんし、大変すぎますからね」（二四〇頁）。

こうして詫びた後に外に出ると、村の住人も祖父をすぐに暖かく迎え入れる。「うれしいです！うれしいです、おじさん、あなたがまたわたしたちのところに来てくれて」や、「ずっと前から、まただひお話したいものだと思っていたんですよ、おじさん！」（二四一頁）といった言葉がかけられる。あたかも「デルフリ中で一番の人気者で、誰もがおじさんがいないのを悲しく思っていたかのよう」（二四一～二四二頁）に、祖父は皆から受け入れられるのだ。長いこと軋轢のあった村の社会にあっけなく受け入れられる展開には、読者としては軽い驚きを隠せないところだが、シュピリは、教会に行くという祖父の行為を、村人との和解の象徴として描きたかったと考えられる。この場面で描かれたのは「ハイジがもたらした回心」[*28]だが、アニメには受け継がれなかった。高畑が描いたのは、先にも述べたように、ハイジが学校に行くべきかをめぐって牧師と激しく議論する場面のみであった。フランクフルトでハイジがもらった本が童話の本に変えられたため、祖父に宗教的な話を読み聞かせることもできなくなったという背景もある。アニメでは、宗教的な要素は薄められており、祖父がキリスト教の信仰を取り戻すことも、牧師に詫びることもなく、村の社会にドラマチックに再び受け入れられる様子も描かれていない。

原作にみられた宗教的な面は、批判にさらされもする。「シュピリの考えでは、家族が崩壊した罪はハイジの祖父ひとりに帰せられることになる。罪と罰は、神を信仰しないことに起因することとなり、貧窮は、自堕落な生活によって導かれたことにされてしまう」[*29]というように。いわば、貧困が「個人の責任」とされ、「社会的な不公平」が見過ごされてしまうというのだ。[*30]救済を求めて熱心に神に祈ることは、今日では共感を得るのは難しいだろう。[*31]こうして批判的にみられる要素は、アニメでは宗教性が薄められるのに伴い、弱められている。[*32]

さて、先にも述べたように、やさしいフランクフルトの医者は、アニメでは後半には登場しない。原作では、ハイジと医者をつないでいるのが讃美歌なのである。ハイジは、ペーターの祖母が喜ぶため、繰り返し読んでそらで覚えていた讃美歌を、医者のためにも暗唱する。それは医者の母親がむかし暗唱してくれた讃美歌であった。この感動的な場面にも象徴的に讃美歌が出てくるのだが、この場面はアニメ版ではカットされたのである。

冒頭でみたペーターの人物像の変容にもキリスト教が絡んでいるようだ。ペーターが嫉妬心からクララの車椅子を壊す場面が、アニメ版ではなくなっている。原作では、ペーターは自身が犯した罪のせいで怯えて暮らしている。それをみてとったクララの祖母が諭す。「悪いことをして、誰にもばれていないと思う人は、いつも間違っているのよ。神さまはちゃんとごらんになっているし、すべてを聞いておられます」(四〇一頁)。「神さまは、誰かがわるいことをしようとしても、それをすばやく御手のなかに引き取って、痛めつけられるはずだった人のために、よいことに変えてくださるの」(四〇二頁)。そうして、車椅子がないためにクララは一所懸命に歩こうと努力した、そのように神がはからったのだと言い聞かせるのである。クララの祖母はさらに、原作では「ヤギ飼いペーターは、生きているあいだ、毎週十ラッペンを受け取る」(四〇五頁)ことまで約束し、遺言にも書いてくれる。この施しの場面は、アニメ版では、キリスト教的な訓諭とともに削除された。ペーターの人物像が変えられたのは、キリスト教的な要素を薄めるという配慮とも関わっていると考えられる。

とはいえ、詳しく考察すれば、日本のアニメから宗教的な側面が完全に取り除かれたわけではないことがわかる。

原作では、ハイジの帰郷後すぐに、祖父はデルフリ（村）までハイジが預けた荷物を取りに行く。ハイジはペーターの家まで一緒に行き、そこで祖父の帰りを待つ。家の中では、目の見えないペーターの祖母のために朗読をしようと、埃をかぶった本を手に取る。積もった埃は、ペーターも母親も字が読めないことを象徴している。その本が祈禱書であることは、祖母の言葉から読者にはわかっている。フランクフルトに行く前のことだが、祖母が次のように言ったのをハイジは覚えていたのである。「あそこの台の上に古いお祈りの本があるんだけどね。きれいな詩ものってるんだよ。もう長いこと聞いてないし、わたしももう覚えていない。だから、ペーターが読み書きを勉強して、いい詩を読んでくれるんじゃないかと楽しみにしてたんだ。でもペーターは字が覚えられない。あの子にはむずかしすぎるんだよ」（七〇～七一頁）。

アニメにも似た場面がある。ただし祖父は、村に行くのではなく、ペーターの家の修繕をするためにわざわざハイジと一緒にやって来るやさしさをみせるのである。戸外では金槌の音が鳴り響き、家の中ではハイジが朗読をする。

黄金色の太陽は喜びと楽しみに満ち、ままならぬ私たちは
その輝きに、よみがえりのめぐわしい光を受ける
今こそ私たちは立ち上がって、心ほがらかに晴れやかに、顔をあげて空を眺める
神の救いとみ恵みは、私たちの心の耐え難い痛みをいやし

私たちを、この世でまた、とこしえに安らわせたもう
十字架も苦しみも、ここで終わりを告げ、荒れ狂う海も、立ち騒ぐ風もおさまって
あこがれの日の光が　ここに輝く
満ちあふれた喜びと、清らかな静けさ、空の園生で、私の待つはそれ
その地へと、私の思いはこがれる

（日本語版・第三七話）

これは、プロテスタントの有名な讃美歌で、パウル・ゲルハルト（**Paul Gerhardt** 一六〇七～一六七六年）によるものである。[*33] ゲルハルトは「ドイツの最高の賛美歌の作者」とも「世界で最も優れた賛美歌作者」であるとも言われる。[*34] 原作では、ハイジは歌の八節を読み上げる（二二六～二二九頁）。そのうちの五節を日本のアニメが受け継いだわけである。[*35] ペーターの祖母は、非常に喜び、ハイジの朗読によって、歌詞を思い出したようで、次第に声を合わせていく。祖母は感動のあまり涙を流す。ここは敬虔さが溢れた美しい場面で、視聴者の心も動かす。

一方でドイツ語版アニメでは、この祈禱書も別の本に変えられた。ハイジの朗読は次のように始まる。「ある農夫には息子がいました。息子はとても荒っぽく、言うことを聞かないので、父親は、どうすれば息子の思い上がりを押さえることができるかと、一度相談に行きました。そして、まずは教会の塔のところに藁で作った人形を立てかけて、息子を夜に塔に行かせました。時計のねじを巻いてくるように言いつけたのです」（ドイツ語版・第三七話）。

これは「お化けの台所」という童話で、オットー・ズーターマイスター（Otto Sutermeister 一八三二〜一九〇二年）が編纂した『スイスの子どもと家庭のための童話集』（一八六九年）に収められたスイスの北部アールガウ州の童話である。[*36] ズーターマイスターの童話では父親の職業は「寺男」（Sigrist）だが、ドイツ語版のアニメでは「農夫」（Bauer）に変えている他は、そのまま朗読に使われている。童話に差し替えられたことにより、日本語版アニメには残されていたキリスト教的な要素がドイツ語版では消し去られたことになる。ゲルハルトの歌を採用しなかった理由は、それがプロテスタントの有名な讃美歌であるため、カトリック教徒や別の宗教の信者への配慮からと推測される。しかしながら、代わりになぜこのような不可思議な童話が、このような感動的な場面に選ばれたのかの理由は不明である。[*37]

感動させる要素が全くみあたらないこの童話を聞いて、ドイツ語版でも祖母が涙を流すのは不自然きわまりない。そのため、ドイツ語版のハイジは、次のように聞かずにはいられない。「この童話はめでたしめでたしで終わるのに、なんで泣くの？」同じ疑問を、視聴者の誰しもが抱くであろう。祖母は「私にもわからないよ。ただ涙が出てくるんだよ」と答えているが、こうした変更によって、敬虔な人物から、単なる涙もろいおばあさんに変えられてしまったのである。

同様の変更が、第四六話でも行われている。ハイジとクララは、ある日ペーターの祖母を訪ねる。今度は、朗読が上手なクララが読むことになる。

神はお計らいくださっています。もの皆すべてが救いをもたらすようにと
この世の波が荒れ騒いでも思いなさい。みずからの内なる安らかさを
私の目が暗く翳ってきたら、心の中を照らしてください。ふるさとへ帰っていくような楽しい
気持ちであの世に行けるよう

（日本語版・第四六話）

このクララの訪問は、アニメ制作時に創作されたエピソードだが、日本語で朗読されるテクストは、シュピリの原作ではハイジが朗読する（三三〇頁、三〇四頁）ものを転用している。前半はダニエル・ヘルンシュミット[*38]（Daniel Herrnschmidt 一六七五～一七二三年）、後半はカール・ヨハン・フィリップ・シュピッタ[*39]（Karl Johann Philipp Spitta 一八〇一～一八五九年）の賛美歌である。日本語版のクララはゆっくりと落ち着いた美しい声で朗読をしている。讃美歌が祖母を感動させ、ふたたび涙を誘う。祖母の敬虔さ、喜び、感謝の念に感化されて、クララも涙を流す。ところがドイツ語版においてて朗読されるのは、次のテクストである。

気持のいい小さな町に入っていくと
赤い夕陽が通りを染め
開いた窓から　今しも
あふれ咲く花々の上を

漂い流れる金色の鐘の音に[*40]
霧のなかに世界はやすらい
森も牧場もまだ夢を見ている
このヴェールが落ちれば　やがて
空はどこまでも青く
秋の力にみちたおだやかな世界が
あたたかい金色につつまれて流れゆくだろう[*41]

（ドイツ語版・第四六話）

ドイツ語版の祖母は、これがメーリケ（Eduard Mörike 一八〇四～一八七五年）の有名な詩――「徒歩旅行のおりに」と「九月の朝」――であると、タイトルを言い当てる。昔、詩をたくさん暗唱したのですぐにわかったというのだ。ドイツ語版のクララは、かなりの早口で読みあげる。祖母が褒めたために、クララは嬉し涙を流す。視聴者は、クララが突如として涙もろくなったことに違和感を抱かずにはいられないのだが、ハイジも同様のようである。というのは、日本語版にはなかったハイジの心の声が、ここでもナレーションとして語られるからだ。「私があなただったら、嬉しかったら泣くんじゃなくて、笑うけれど」。ドイツ語版の視聴者の多くも、おそらくハイジと全く同じ感想を抱くのではないか。

こうした比較考察を踏まえれば、（日本語版を見ず）ドイツ語版のみを見た研究者が、「（宗教色を薄めたことにより）宗教性のみならず、話の精神的な広がりも失われた[*42]」とアニメを批判することが理解できるのである。クララの感情の動きは、確かにドイツ語版では、親友のハイジでさえ理解できないほど不自然になっている。しかしながら、この批判は日本語版には当てはまらない。日本語版アニメではクララの感情が詳しく描き出され、目の見えない祖母が讃美歌を読んでもらい心から喜ぶ姿を目にして、自分が他人に喜びをもたらしたことがクララの心を動かすのである。これまでのように助けられてばかりの人間でなく、誰かに喜びをもたらす存在でありたいと、おそらく生まれて初めて感じたのである。[*43]それが「歩く」ことへのモチベーションともなるため、クララの人生にとっては重要な出来事なのである。

本節で考察した例が示すように、日本のアニメでは、シュピリの原作からいくつかの賛美歌が利用されることにより、キリスト教的な要素が保持されていたにもかかわらず、ドイツ語版では、それが削除されることで、物語の本質にかかわる大切な部分までもが変えられてしまったのである。

四　「グリム童話」

シュピリの原作には一切出てくることのないグリム童話が、アニメでは、時おり言及される。第二五話では、泣くハイジを慰め、気持ちをそらせるために、クララはそらで覚えている童話を語り始める。ハイジがアルプスでの素敵な生活やヤギの話をしていたため、(グリム童話の)「狼と七匹の子ヤギ」を選ぶ。子ヤギたちは狼に呑み込まれてしまうが、母ヤギが狼の腹を切り開き、助け出す。「そうして狼はもう二度と目を覚ましませんでした。おしまい」とクララは話を締めくくっている。ところがドイツ語版では、クララは「終わりは忘れちゃったわ」と言っている。この変更の理由として考えられるのは、ドイツではこの話は非常によく知られており、日本語版のような勝手に作り変えた終わり方には視聴者が違和感を抱くからではないか。グリム童話では、母ヤギは寝ている狼の腹を切って子ヤギたちを救い出した後、石を詰めて腹を縫い合わせる。すると狼は目を覚まして、喉の渇きをいやすために井戸に行き、中に落ちて死ぬのである。[*44]

もう一つの例として第三一話を見てみよう。日本語版のハイジが朗読するテクストは、グリム童話の「いばら姫」である。クララの祖母からもらった『グリム童話集』を読み上げているようだ。第三一話では、画面に本の見開き頁が映し出される。左頁には、亀の子文字で書かれたドイツ語らしきテクストが、右頁には、フルページの挿絵がみえる。挿絵には、王家の者らしき身なりの女性が描かれ、その左側には泉があり、中に蛙がいる。ドイツ語版のクララは、この挿絵を目にするやいなや、「お姫様と蛙ね」と口にする。この絵は、ドイツの視聴者にはどうみてもグリム童話の第一話「蛙の王様　または鉄のハインリヒ」(以下「蛙の王様」と略す)の挿絵に見えるだろう。「蛙の王様」で頻繁に描かれる場面の定番の構図そのものなのだ。「蛙の王様」の王女も、「いばら姫」の王妃も、泉で蛙と話をするところが共通する。「蛙の王様」では、蛙は泉の中に落ちた玉を取ってきてくれる。

「いばら姫」では、王妃に「あなたの望みはかなえられますよ。一年たたないうちに、あなたは女の子を産むでしょう[*45]」との予言をする。「いばら姫」のこの場面は、描かれることも少ないため、「蛙の王様」の挿絵が参考にされた可能性がある。[*46]

こうして、第三一話のように日独のアニメで異なるグリム童話を話題とするケースもあるが、話の筋に直接関係する内容ではないため、双方を比較しつつ視聴しなければ気づかないだろう。ここはドイツ語版を見る者が違和感を覚えないように、巧みに変更されている箇所である。

五　日本の視聴者への配慮

本稿ではこれまで、原作から日本でアニメが制作される際に大きく変えられたところを中心に考察を行ってきた。それがさらにドイツ語版で変えられた場合には、それについても言及してきた。以降は、日本語版とドイツ語版のアニメの比較によって見いだされた差異を考察する。先にも述べたように、『アルプスの少女ハイジ』のドイツ語版アニメは、映像は日本で制作されたものをそのまま利用しているが、吹き替えが直訳とはなっていない。日独のせりふの差異自体も興味深いのだが、ドイツ語版で削除された言葉から、逆説的に日本における視聴者のためになされた工夫が浮き彫りになることがある。ドイツ語版では不要とされたものが、日本の視聴者への配慮だったと考えられるのである。本節でいくつかの例を紹介したい。

物語の冒頭に、叔母のデーテがハイジをデルフリに連れていく場面がある。それはふたりの故郷でもある。アニメでは、村に近づいた時に、ちょうど鐘の音が聞こえる。日本語版では、デーテは「村の教会の鐘よ」（日本語版・第一話）とハイジにわざわざ教えるかのように言っている。この言葉が、ドイツ語版では削除されているのである。どの町に住んでいても教会の鐘は鳴るため、ハイジに説明するのは不自然だからだろう。デーテのこのせりふは、幼いハイジに向けた言葉の形をとりながら、実際には日本の視聴者のための説明であろう。全編を比較するとこうした例がいくつかみられた。ここであげた例においては、高畑らは、一九七〇年代当時の幼い視聴者がキリスト教文化になじみがないことを配慮したのだろう。

ハイジとデーテがドイツのフランクフルトに到着した時、日本語では次のナレーションが入る。「ここがドイツの大都会フランクフルト・アム・マインです。フランクフルトは、アルプスから流れ出したライン川の下流にあって、支流のマイン川に沿った大きな町です。ヨーロッパ全体のほぼ中央に位置し、交通や商業、金融の中心地として古くから大いに栄えてきました」（日本語版・第一九話）。この説明もドイツ語版では削除されている。今日では国際空港のおかげもありフランクフルトの名も知られているが、当時はこのような説明が役立ったことだろう。

さらには、日本の視聴者には耳慣れない動物の名前が、巧妙に避けられている。たとえば「マーモット」を、ペーターとハイジには「かわいいやつ」や「すごーくかわいいの」という愛称で呼ばせている。「アイベックス」は同様に「おおつののだんな」や「大きな角のだんな」である。[*47] ドイツ語版のアニメでは、この愛称が利用されることはなくMurmeltierとSteinbockという普通名詞の動物名が用いられている。

六　発話

日本語版のハイジは、ときおり絶句している。驚いた時に「えっ」などの短い言葉を発して、口を開いたまま立ち尽くしてしまうのである。ドイツ語版のハイジはどうであろうか。

一例として第五話をみてみよう。ペーターとハイジは、霧につつまれた山で道に迷う。ペーターが「さっきの丸木橋に出るはずだったんだ」と言うと、ハイジは日本語では「えっ」「じゃあどっちに行くの？　こっち？」と言った後、しばらく絶句してしまう。次に言葉を発するまでに時間を要するのだ。一方、ドイツ語版のハイジは、間髪をいれずに次のように言う。「でもいつもはよく知ってるじゃない。どうやったらまた家に帰れるの？」。ドイツ語版のハイジはこの言葉を、開いた口を動かすことなく言う。日本語版と絵は同じで、絶句しているところだからで、表情も不安そうである。

同様のことは第二五話でも確認できる。フランクフルトで、ハイジはペーターの祖母に渡すために白パンを密かに溜めこむ。ところがロッテンマイヤー女史に見つけられ、それは召使いのチネッテに捨てられてしまう。そのうえクララまで「あのパンは固くて食べられない」と現実的な指摘をする。すると、ハイジは「がーん」という表情をし、その場に立ち尽くしてしまう。白パンが固くなり食べられなくなるとは考えもしなかったためだろう。ハイジが普段食べていた黒パンほど、保存がきかないことを知り呆然とするのだ。しかしながら、ドイツ語版のハイジは、ぼんやりと立ち尽くしたままではいない。「でも、あれは全部きれいなパンだったのよ。全部テーブルから取ったものだから」（ドイツ語版・第二五話）と、やはり口を動かすことなく言うのだが、それは日本版ではここでも絶句しているためである。

第一六話では、村の子どもたちが、ハイジの祖父を変人だと言って冷やかすと、ハイジは日本語版では、「ねえ、変人ってなあに？　ねえ、教えてよ」と無邪気に聞き返している。ドイツ語版のハイジは、それを黙って見過ごすわけもなく、間髪をいれず「取り消しなさいよ。今言ったことを取り消しなさいよ！」と言い返しているのである。

第三四話では、ホームシックになったハイジがアルプスに帰る。同行したセバスチャンとハイジを、村のパン屋がデルフリまで馬車に乗せていってくれる。[*48] パン屋も、先に述べた子どもたちと同様で、祖父のことを「また一段と変わりもんに輪をかけたようでな」（日本語版・第三四話）と評する。変わり者と聞いて驚くセバスチャンの手前もあり、日本語版のハイジはやさしく言い返す。「おじいさんはいい人よ。とってもいい人よ。ねえ、おじさん？」。無垢で愛らしいハイジには、パン屋も「あ、ああ、まあな」としか言うことができない。この場面は、ドイツ語版ではかなり雰囲気が異なる。

パン屋：あの人は前から変わっていたけど、最近では我慢ならないくらいになった。
ハイジ：そんなのうそよ。おじいさんは変わってなんかいないわ。とても親切よ。
パン屋：親切だって？　それは初耳だな。
ハイジ：ひどいわ。

（ドイツ語版・第三四話）

無垢な少女のハイジは、ドイツ語版ではこのように口の達者な少女になっているのである。[*49] 日本語版ではハイジの賢さにはほとんど焦点があてられることがなく、純真さ、無垢さが強調されているが、ドイツ語版ではハイジの賢さが前面に出されている。シュピリが描いたハイジも「みなから賢いと思われている」[*50] のだが、原作のハイジの性格に近づける形での変更といえよう。

ドイツ語版では、ハイジの祖父も同じままではいない。日本語版よりも発話量が多いのである。第三八話は、ハイジが祖父と山を下りる日を描いている。冬の間は、山の上の小屋ではなくデルフリに住むからである。途上でハイジは、ペーターの祖母のところに寄ってあいさつを言おうとする。日本語版では祖父は、「急いで行ってきなさい」と言うだけなのだが、ドイツ語では「よろしく伝えておくれ」という言葉を言うのを忘れず、社交性をみせるのである。

先にも述べたように、ペーターの人物像はアニメ版では異なっている。原作ではクララの車椅子を壊すのだが、それはクララが歩くきっかけとなっており、小説では重要な意味を持つ。アニメのペーターは心優しくクララを迎え、車椅子を壊したりはしないため[*51]、別のきっかけが生み出された。ひとつは、近寄ってくる牛に驚いて思わずクララが立ち上がる、という場面が創作された。その後、クララは、一人で歩けるように努力をするものの、思ったほど早くはできるようにならない。そこでクララは練習をする気を失ってしまう。それをみたハイジは怒り、日本語では次のように言い放つ。「クララのバカ。何よいくじなし、一人で立てないのを脚のせいにして。脚はちゃんと治ってるわ。クララの甘えん坊！　怖がり！　いくじなし！　どうしてできないのよ？　そんな事じゃ一生立てないわ！　それでもいいの？　クララのいくじなし！　あたし、もう知らない！　クララなんかもう知らない！」（日本語版・第五〇話）。

これを直訳すると、非常に強い言葉になるためだろう、ドイツ語版では表現が異なっている。「ぐだぐだぼやくのは、もうやめてちょうだい。もううんざりだわ。いっつも「できない」って言ってばっかりで、ほんとうに歩きたいと思っていないでしょう。いつも脚が支えてくれないって、言ってばかりで。クララの脚はなんともないわ。わかる？　まだ歩きたいなんて全く思っちゃいないんだわ」（ドイツ語版・第五〇話）。ドイツ語版のハイジは、怒っているとはいえ筋の通る説明をしようとしている。一方の日本語版では、ハイジの気持ちが前面に出ており、強い言葉が挑発としてうまく機能する。というのも、ハイジが怒って立ち去ったために、クララは追いかけようとして、思いがけず一人で立つことができたからである。

日本語版できつい言葉を放つのは、変わり者の祖父でもなく、厳格なロッテンマイヤー女史でもない。素直で無垢なハイジである。アニメでは、二人の少女の間の友情が、原作よりも時間をかけて描写されていることもあり、強い言葉が二人の関係を脅かすこともない。それどころか、クララが立てるようになるきっかけとなっている。[*52] この場面は、日本では名場面として多くの人の印象に残るものともなっている。

ドイツ語版のハイジは、日本語版と比べて発話量が非常に多い。それも、全体をコミカルにしてしまうような言葉が付け加えられているのである。ハイジが初めてペーターと一緒に牧場に行く第三話の例をみてみよう。ハイジは家に帰ると、牧場がどんなに素敵なところであったかを祖父に話して聞かせる。すると祖父はこう応じる。「ハイジ、どんなに美しいかはわかっているよ。だから私はここに住んでいるんだ。私は村に下りようとは思わない。いくらお金をもらったとしても。ここ山の上では私は自由だ。お前が話してくれた鷹のように、自由なのだ」（ドイツ語版・第三話）。ハイジは祖父の家に住み始めてすぐに、祖父と村の住人との折り合いが悪いことを察する。それでも、祖父もアルプスでの生活も好きになるのである。ハイジはこう答えている。「あのね。今日から私はずっとここにいるわ。決して遠くに行ったりしない。おじいさんみたいに生きたいの。いつかはおじいさんみたいになるわ」（ドイツ語版・第三話）。ここまでは、日本のアニメがほぼ忠実に翻訳されている。ところが、ドイツ語版では、次の言葉が続く。「でもね、おじいさんの長いお髭、それだけはいらないわ」（ドイツ語版・第三話）。この発言は、村人との問題に触れたことで、緊迫してしまった雰囲気をやわらげようとしたものであろう。日本語版では祖父の毅然たる孤高さを描いた場面なのだが、ハイジのひとことによって、ドイツ語版はあまりにもコミカルな場面になってしまった。

ハイジの描かれ方の違いをもうひとつの例で確認しておこう。ペーターの祖母が遊びに来るように招待してくれたことをハイジはとても喜ぶ。これまで誰からも招待されたことがなかったためである。ハイジはドイツ語版では次のように気持ちを吐露する。「もしかしたら、手作りのケーキが出るかも」(ドイツ語版・第九話)。ドイツ語圏の子どもがいかにも口にしそうなせりふではあるが、この言葉も日本語版にはないものであった。ここでもハイジの無垢さではなく実利的な期待が描かれ、性格が変えられている。

ハイジはドイツ語では明らかに発話量が増えている。追加された箇所には共通点がある。コミカルだということである。このドイツ語版のユーモアが、コミカルさを前面に押し出してしまい、それによって物語は明るく楽しいものとはなっているが、ドイツ語版のハイジは、日本語版とは異なるキャラクターとなっている。

おわりに

「高畑監督は、いかにも日本人らしい完璧主義でもって、細かいところまで非常によくできた、金銀細工のような芸術作品を仕上げている」[*53]。この高い評価には首肯せざるを得ない。日独版の比較考察からは、さらに高畑が登場人物の発話の順序やタイミングについても熟慮をしていたことがわかった。それがドイツ語版では活かされていないために、相違点から日本での細かい配慮があぶりだされたのである。ひとつの例は、ペーターの家の物置小屋で、ハイジが大きな鈴とそりを見つける場面にある。日本語版ではハイジは「あっそうだ。いいことがあるわ」（日本語版・第一六話）と言うだけである。それがどんなアイデアであるのかはすぐには明かされず、少しずつ映像によって提示されるため、視聴者は次の場面が待ち遠しく、画面から目を離すことができない。ドイツ語版では、その配慮はもはや見る影もない。ハイジは、最初から「この鈴をそりに掛けるのはどう？」と、アイデアを映像で示す前に、言葉で伝えてしまっているのである。日本語版のアニメにあったワクワク感は、ドイツ語版では失われている。こうした相違は、日独のアニメの比較考察によっていくつも見つかる。音楽も異なっており、時として、それも場面の雰囲気を全く異なるものにしている。

最後に強調しておきたいのは、『アルプスの少女ハイジ』のドイツ語吹き替え版は、日本語版と同じ作品ではないということである。それを踏まえた上で研究・考察も行わなければならない。ティーレは、ドイツ語版の第三四話の分析を詳細に行っているが、その中にはドイツ語版のみにしか当てはまらないものもある。音楽と、ペーターの祖母とハイジの会話に対する指摘がそうである。[*54]その他、「制作のコストを抑える必要性から、発話の際に口が動かず止まっていることもあり、動きがリアリティに欠けている」[*55]などの指摘にも注意が必要である。そもそも、日本語の発話の際には、顔の動きが西洋語よりも少ないことを、高畑も指摘している。[*56]日本で制作されたアニメの登場人物の口の動きが西洋では不足気味に感じられることはありうる。逆に、「セサミストリート」の身振りも含めた動きが日本語の吹き替え版では「身振りがおしゃべりすぎて煩わしく感じられる」[*57]わけである。それに加えて、本稿で指摘した点がある。日本語版でハイジが絶句して立ち尽くしている場面で、ドイツ語を吹き込んだ声優は、動いていない口に合わせて、多くのせりふを読み上げなくてはならなかったのである。こうしたことを考えあわせると、ドイツ語圏で『アルプスの少女ハイジ』の評価が日本での評価と比べて芳しくないことに対しても、[*58]注意が必要であることがわかる。

高畑は、アニメにおいてハイジの成長、それからクララとの友情を丁寧に描いた。画面と言葉のタイミングにも細心の注意を払っている。一方で、ドイツ語版の吹き替えではそうした配慮が受け継がれていないことが多い。原作に近づける変更もみられるが、全体的には発話量が増やされ、とりわけコミカルな言葉が、日本のアニメとは異なる作品に変容させてしまったのである。

*――本稿は、チューリヒ大学・国立博物館での国際シンポジウム International Symposium "Heidi from Japan: Anime, Narratives, and Swiss Receptions" での二〇一九年八月三〇日の招待講演 Differenzen zwischen der literarischen Vorlage von Johanna Spyri und dem Anime Heidi をまとめ直したものである。近刊の *Heidi in Japan: Cross-cultural Studies of a Swiss Phenomenon*, Edited by Hans Thomsen and Alfred Messerli, Cologne: Wienand Verlag に掲載予定の論文を日本語に翻訳し、日本の読者向けに加筆修正を行った。

1――本稿では、シュピリの原作からの引用は松永美穂訳『アルプスの少女ハイジ』（角川文庫、二〇二一年）に拠る。これも一巻にまとめた版で、以下では頁数のみ明記する。

2――米村みゆき編『ジブリの森へ――高畑勲・宮崎駿を読む〔増補版〕』（森話社、二〇〇八年）「序章」他。

3――『アルプスの少女ハイジ』の裏番組は『宇宙戦艦ヤマト』で、当初は懸念もあったが、結果的には大健闘だったという。具体的な数字は明示されていないが、「『ハイジ』の視聴率は揺るがず、『ヤマト』は予定の話数の前に打ち切りとな」ったという（ちばかおり『ハイジが生まれた日』岩波書店、二〇一七年、一三七頁）。

4――Walter Leimgruber, "Heidi – Wesen und Wandel eines medialen Erfolges", In: *Heidi. Karrieren einer Figur*, Hr. v. Ernst Halter, Zürich: Offizin, 2001, pp.167–185, p.172.

5――高畑勲「TVシリーズ『アルプスの少女ハイジ』の背景とその制作をめぐって」（ちばかおり『アルプスの少女ハイジの世界』求龍堂、二〇〇八年）九〇～九七頁。

6――Jens Thiele, *Trickfilm-Serien im Fernsehen*, Oldenburg: Isensee, 1981, p.33.

7――当時のアニメーションは作品のダイジェスト化に向かっていたのに対して、高畑は細部を描くことに意義を感じていたという（前掲『ジブリの森へ〔増補版〕』三二頁）。

8――「シュピーリにはまことに申し訳ないが、『ハイジ』には、セントバーナード犬が出てくるものだと思っている人は多い」（前掲「TVシリーズ『アルプスの少女ハイジ』の背景とその制作をめぐって」九七頁）。

9――小鳥のピッチーはPiep、ヤギのユキはSchnuckiとなっている。

10――野上弥生子『世界少年文学名作集　第八巻　ハイヂ』（家庭読物刊行会、一九二〇年）。

11――原作にも特別な薬草は登場する。祖父が、ヤギの「スワン」に香りの強い草を食べさせるように、ペーターに頼んでいる。クララのためによい乳が出るようにという配慮からである（三五二頁）。祖父自身が岩山に登り草を摘む場面もある（三五八頁）。

12——前掲「TVシリーズ『アルプスの少女ハイジ』の背景とその制作をめぐって」九五頁。

13——ジャン＝ミシェル・ヴィスメール『ハイジ神話——世界を征服した「アルプスの少女」』（川島隆訳、晃洋書房、二〇一五年）一六二頁。

14——前掲「TVシリーズ『アルプスの少女ハイジ』の背景とその制作をめぐって」九五頁。ヴィスメールの指摘も参照。「つまりペーターは、一九世紀末の人々が抱いていたネガティブなスイス人イメージに合致するところがあるのだ」（『ハイジ神話』七九頁）。

15——Heidy M. Müller, “Pädagogik in Johanna Spyris Heidi-Büchern”, In: *Schweizer Monatshefte* 69（1989）, Heft 11, pp. 921–932, p. 925.

16——前掲『ハイジ神話』一六一頁。

17——同右。

18——同右参照。

19——前掲「TVシリーズ『アルプスの少女ハイジ』の背景とその制作をめぐって」九六頁。

20——Klaus Doderer, “Johanna Spyris “Heidi” – Fragwürdige Tugendwelt in verklärter Wirklichkeit”, In: *Klassische Kinder- und Jugendbücher*, Hr. v. Klaus Doderer, Weinheim: Beltz, 1969, p.121–134, p.124.

21——Bettina Hurrelmann, “Mignons erlöste Schwester. Johanna Spyris Heidi”, In: *Klassiker der Kinder- und Jugendliteratur*, Hr. v. B. Hurrelmann, Frankfurt a. M.: Fischer, 1995, pp.191–215. Gerhard Härle, “Die Alm als pädagogische Provinz”, In: *Erfolgreiche Kinder- und Jugendbücher*, Hr. v. B. Rank, Baltmannsweiler: Schneider-Verl, Hohengehren, 1999, pp. 59–86.

22——Regine Schindler, “Die Autorin und ihre Figur”, In: *Heidi. Karrieren einer Figur*, Hr. v. Ernst Halter. Zürich:

Offizin, 2001, pp. 47–63, p. 57.

23——Hurrelmann p.192.

24——Thiele p.35. 森田安一『『ハイジ』の生まれた世界』（教文館、二〇一七年）四~七頁。山田はるつ「ヨハンナ・シュピーリ作『ハイジ』の研究（Ⅱ）」（『東京音楽大学研究紀要』二一、一九九七年）九一~一〇六頁。森田安一『「ハイジ」が見たヨーロッパ』（河出書房新社、二〇一九年）。森田は九章で、原作との相違点もふまえつつ、ドイツ語版アニメ第三七話を日本語版と比較している。

25——原作では、クララの祖母は「キリスト教の敬虔な信仰を伝授することを」重視している（Müller p. 927）。たとえば、祖母は、ハイジに次のように教えている。「もし誰にも言えない悩みを抱えているのだったら、天の神さまにお話しして、助けてくださるようにお願いしなさい。神さまは、わたしたちのあらゆる苦しみを軽くしてくださるのよ。それはわかるわね？ 毎晩、天の神さまにお祈りして、お恵みに感謝したり、悪いものから守ってくださるようにお願いしているでしょう？」（一六五頁）ペーターの祖母も、ハイジに祈ることを教えている（Schindler p. 58 参照）。

26——前掲『ハイジ神話』一六一頁。

27——日本語版のアニメでは「デルフリ村」と、固有名詞のように使われているが、デルフリは、ドイツ語の「村」に縮小辞がつけられた言葉で、「小さな村」という意味である。

28——Hurrelmann p. 207.

29——Doderer p.125.

30——Ibid., p.126.

31——Schindler p. 57 参照。

32——二〇世紀以降の『ハイジ』のアダプテーションでは、宗教色は薄められている。放送劇（Leimgruber p.

182）や、ペーター・シュタムの絵本（*Heidi*, Nach Johanna Spyri, Erzählt v. Peter Stamm. München: Nagel & Kimche, 2008）の例がある。これに関しては以下も参照。松永美穂『一〇〇分de名著 シュピリ『アルプスの少女ハイジ』』（NHK出版、二〇一九年）一二二頁。日本で出版されている『ハイジ』も「ほとんどが簡約版で、完訳は数少ないが、そのページ数が少なければ少ないほど、省略される、もしくは薄められるのが宗教的な部分である」（前掲「ヨハンナ・シュピーリ作『ハイジ』の研究（Ⅱ）」九八頁）。その他、前掲『「ハイジ」が見たヨーロッパ』一六〇〜一七七頁参照。

33——*Paul Gerhardt's geistliche Lieder getreu nach den besten Ausgaben abgedruckt*, Hr. v. Fr. v. Schmidt, Leipzig [1882?], pp. 300–301.

34——ゲルハルトの生涯に関しては、大塚野百合『受難と復活の賛美歌ものがたり』（教文館、二〇一七年）第三章を参照。引用は七四頁。ゲルハルトらの賛美歌については以下も参照。前掲『『ハイジ』の生まれた世界』四〜七頁。前掲『一〇〇分de名著 シュピリ『アルプスの少女ハイジ』』七三〜七五頁。

35——同じ歌は、シュピリの『ふしぎな城』でも、朝に母親と子どもたちが歌っている（『ふしぎな城』山下肇訳、白水社、一九六〇年、六〇頁）。

36——Otto Sutermeister, *Kinder- und Hausmärchen aus der Schweiz*, Aarau 1869, p.11. 森田はこれを日本語で引用している（前掲『「ハイジ」が見たヨーロッパ』一七三頁）。

37——タイトルから「スイスの」を除いたKinder- und Hausmärchenという部分は、アニメでハイジがクララの祖母からもらう本と一致する。しかしながら、ペーターの家で埃をかぶっている本が、同じタイトルである必然性はない。

38——*Christliches Hausbuch in Morgen- und Abendgebeten*, Stuttgart: Verlag der J. B. Meßler'schen Buchhandlung, 1840, vol.1, p. 531.

39――*Psalter und Harfe*, Von Carl Johann Philipp Spitta, Leipzig: Friese, 1834, p. 63.

40――『メーリケ詩集（改訂版）』（森孝明訳、二〇〇〇年、三修社）九三頁。

41――同右、八六頁。

42――Hurrelmann p. 201.

43――原作のクララも似た感情を抱き、「誰かを喜ばせることをしてみたい」（三七〇頁）と願う。ただし相手はヤギのユキピョンである。Müller p. 927 も参照。

44――野村泫訳『完訳グリム童話集』（ちくま文庫、二〇〇五年）第一巻、七八～七九頁参照。

45――野村泫訳『完訳グリム童話集』（ちくま文庫、二〇〇五年）第三巻、二七頁。

46――日本では、グリム童話の挿絵に、しばしば西洋の挿絵が手本として用いられたのだが、その際に、別の話の挿絵が利用されることもあった（西口拓子『挿絵でよみとくグリム童話』早稲田大学出版部、二〇二二年、九二～九三頁他参照）。

47――二〇一九年の『高畑勲展』の東京会場に展示されていた高畑によるハイジ関連の創作メモには鉛筆で「アイベックス」と「マーモット」との書き込みがあった。この動物の認知度に合わせて、あだ名を考え出したとみられる。本来の名前を全く使わなかったわけではなく、「大きな角のだんなだ！」と言うハイジに、祖父は「そうだ、アイベックスだ」とその名を教える形では言及をしている（日本語版・第九話）。アルプスを訪れたクララが「あれねマーモット」と言う場面もある（日本語版・第四五話）。これは終盤であり、放送が進むにつれて、アルプスの動物の名前も日本の視聴者に知られるようになっていたことだろう。

『ハイジ』の原作には、マーモットは登場しないが、アニメの制作と同時期に刊行されたドイツの児童文学『大どろぼうホッツェンプロッツ三たびあらわる』（オトフリート・プロイスラー作、中村浩三訳、偕成社、初版は一九七五年）には、「マーモット」という言葉が使われている。ただし「ヨーロッパのアルプスと北アメリカ西部の山地にすむリスににた動物で、長期間冬眠する」という訳者注が付けられている（一七四頁）。

48——原作では、「ゼバスティアンは、ほんとうなら自分がハイジをアルムまで連れていくべきだとわかっていながら」（二二〇頁）アルプスが恐ろしい場所だと思っているため、デルフリまで一緒には行かず、パン屋にまかせて自分はフランクフルトに帰ってしまう。

49——Leimgruber p. 172.

50——Ibid., p. 177.

51——アニメでも車椅子は壊れている。ただし「車椅子は、意志のぐらついたクララが自分ではずみで壊してしまうことに変更した」（前掲「TVシリーズ『アルプスの少女ハイジ』の背景とその制作をめぐって」九六頁）。

52——前掲「TVシリーズ『アルプスの少女ハイジ』の背景とその制作をめぐって」九五頁参照。

53——前掲『ハイジ神話』一六一頁。

54——Thiele 1981.

55——Leimgruber p. 172.

56——高畑勲『アニメーション、折りにふれて』（岩波現代文庫、二〇一九年）七三頁。

57——「律動の伸縮があり、その度合いが発話者によって大幅に違うだけでなく、顔や体がそれにつれて動くことの多い西洋語と異なり、日本語は均等な音節が連続し、身体的な動きを誘発することの少ない言語なのである」（前掲『アニメーション、折りにふれて』六九頁）。

58——たとえば Hurrelmann の批判（Hurrelmann p. 201）など。

コラム⑥ 舞台化されたスタジオジブリ作品

◉須川亜紀子

　スタジオジブリ作品は、二〇二二年七月現在、四作品が舞台化されている。二〇一一〜一四年ミュージカル『おもひでぽろぽろ』（劇団わらび座）、二〇一三年『Princess Mononoke 〜もののけ姫〜』（ホール・ホグ・シアター〔Whole Hog Theatre〕）、二〇一九年『新作歌舞伎　風の谷のナウシカ』、そして二〇二二年二〜七月のロングラン上演となった、舞台『千と千尋の神隠し』（演出・ジョン・ケアード〔John Caird〕）の全四タイトルだ。そして二〇二二年秋には、英国のロイヤル・シェイクスピア・カンパニー（Royal Shakespeare Company）による舞台『となりのトトロ』（演出・フェリム・マクダーモット〔Phelim McDermott〕）が上演予定となっている。

　ミュージカル『おもひでぽろぽろ』を上演したわらび座は、秋田県仙北市で活動する劇団で、劇団創立六〇周年記念作品として、高畑勲監督の映画『おもひでぽろぽろ』をミュージカル化した。[*1] 演出は、数々の受賞歴のある栗山民也である（脚本・作詞は斎藤雅文、作曲は甲斐正人）。このミュージカルは、東京、秋田、大阪、仙台で二〇一四年まで上演され、会場毎に数人のキャストが交替する手法を取った。主人公のタエコを演じたのは、元宝塚歌劇団トップスターの朝海ひかる（東京公演と全国ファイナル公演）、劇団わらび座の碓井涼子（秋田公演と二〇一二年の全国公演）、舞台女優宮菜穂子（二〇一三年の全国公演）であった。スタジオジブリとしては、本ミュージカルが初の舞台化作品である。

　宮崎駿が上演を許可した最初の作品は、二〇一三年四月に日本でも上演された、英国の劇団ホール・ホグ・シアターによる舞台『Princess Mononoke 〜もののけ姫〜』である。ホール・ホグ・シアターは、二〇一二年に英国の大学生演劇祭での受賞を契機に結成された。新進気鋭のアーチストたちが、人形や映像を駆使して演出することで有名な劇団である。二〇一三年から東京に基盤を置き、新海誠監督作品『言の葉の庭』も舞台化を予定していたが、新型コロナウィルス感染拡大により、上演延期となっている[*2]（二〇二二年七月現在）。舞台『Princess Mononoke』は、ロンドンのニュー・ディオラマ・シアターと渋谷のアイア・シアター・トーキョーで上演された[*3]。ロンドンでは、開演九ヶ月前のチケット発売日にわずか四時間半で売り切れるという盛況ぶりで、この売り切れはニュー・ディオラマ・シアター設立以来最短記録だったという。日本では、アイア・シアター・トーキョー上演に加え、千穐楽はニコニコ生放送でも配信された。

演出はホール・ホグ・シアターの創設者アレクサンドラ・ルター（Alexandra Rutter）で、ダンスなど一部セリフのない表現による演出があるが、それは本人曰く、「日本の文楽の影響」だという[*4]。主演のサン役には、アジア系アメリカ人メイ・マック（Mei Mac）、アシタカ役は、ミュージシャンでもあるマクシミリアン・トロイ・テイラー（Maximilian Troy Tyler）がキャストされた。特に興味深い点は、いたるところに廃材を使っている舞台装置である。タタリ神は、破棄されたビデオテープで再現。キノコはペットボトルで、乙事主さまは、リサイクル素材で作られている。環境問題にセンシティブな英国ならではの『もののけ姫』解釈といえるだろう。英国には化粧品の動物実験に反対する会社ボディショップや、歴史的建造物保護を目的とするボランティア団体ナショナル・トラストがある文化背景から見ても、それはうなずける。

二〇一九年新橋演舞場で上演された新作歌舞伎『風の谷のナウシカ』は、スタジオジブリ作品初の歌舞伎演目である。マンガやアニメを歌舞伎化する前例としては、アニメでも大人気の尾田栄一郎のマンガ『ONE PIECE』（一九九七年〜）を翻案した二〇一五年のスーパー歌舞伎Ⅱ『ワンピース』（ルフィー役・

市川猿之助）や、こちらもアニメで全世界的に人気のある岸本斉史のマンガ『NARUTO-ナルト-』（一九九九～二〇一四年）を翻案した二〇一八年の新作歌舞伎『NARUTO-ナルト-』（うずまきナルト役・坂東巳之助、うちはサスケ役・中村隼人）があるが、少年マンガ以外のマンガ原作が歌舞伎化されるのは本作が初である。

映画『風の谷のナウシカ』（一九八四年）の原作は、監督の宮崎駿自身が描いた全七巻におよぶマンガ（一九八二～一九九四年）だが、映画はその一部を約二時間の尺に収まるように構成されたものだった。しかし新作歌舞伎『風の谷のナウシカ』は、同じマンガを原作としているものの、映画では描かれなかった全物語を前・後編で構成し、休憩含め朝一一時から夜八時四〇分までの長丁場で描いている。音楽は映画で使われた久石譲のサウンドトラックをベースに和楽器で奏でられる。

新作歌舞伎『風の谷のナウシカ』は、主演ナウシカ役に尾上菊之助、クシャナ役に中村七之助、ユパ役に尾上松也という豪華キャストで上演された。「マンガの再現でもなく歌舞伎化でもないコラボをめざした」という尾上菊之助の言葉通り、ほどよい融合のある演出がなされている。たとえば、衣装は基本的には着物がベースであるが、西洋の衣装に寄せたところも多い。ナウシカ、クシャナたちは草履ではなくブーツに似た履物を履いており、ユパは帽子を被っている。しかしセリフの言い回し、発声法は歌舞伎のそれであり、歌舞伎の様式美である「見得（みえ）」や手の甲を反り返す所作なども健在である。音楽は、久石譲の曲をベースにしたものが流れるため、映画を視聴した人にとってはフィクションの世界が目の前に現れるという、いわば「二・五次元」的な幻視のできる場面もあるが、歌舞伎のツケ（木の板をツケ木で打つ効果音）も使われる。歌舞伎の十八番であるゴンドラによる空中浮遊は、ナウシカがメーヴェで飛ぶ場面で使われており、一階席下手側の観客はメーヴェに乗るナウシカを下から見上げることができる。王蟲（オーム）や巨神兵は、舞台セットとして登場するが、光やスモッグなどで巨大生物のおどろおどろしさが表現されている。人情モノや仇討ちモノなどを得意とする歌舞伎が、類似したテーマをもつ『風の谷のナウシカ』を解釈したゆえの、正に〝歌舞伎とアニメの世界のコラボ〟舞台であった。

　東宝創立九〇周年記念作品として上演された、**舞台『千と千尋の神隠し』**は、二〇二二年二〜七月に東京、大阪、福岡、札幌、名古屋をまわる約半年間のロングラン上演であった。演出のジョン・ケアードは英国ロイヤル・シェイクスピア・カンパニーの名誉アソシエイト・ディレクターで、ミュージカル『レ・ミゼラブル』の演出を手掛けるなど、有能な演出家である。ダブルキャスト方式で行われ、千尋役に人気女優の橋本環奈と上白石萌音、ハク役には、二・五次元舞台でも大活躍中の三浦宏規と醍醐虎汰朗がキャストされた。興味深いのは、湯婆婆／銭婆役に、映画『千と千尋の神隠し』（二〇〇一年）で同じ役を演じた夏木マリ、ダブルキャストに声優・俳優として大活躍の朴璐美を配役しているところである。本稿では二〇二二年七月四日の大千穐楽公演（千尋・橋本、ハク・三浦、湯婆婆／銭婆・夏木）に注目したい。

　映画のサウンドトラックである久石譲の曲をベースにしたアレンジ曲が流れ、衣装、かつらなどでアニメのキャラクターに似せた千尋と両親の登場で、幕が開くとすぐに映画の世界観に引き込まれる。冒頭の自動車のシーンは、観客に背を向けた千尋の父（大澄賢也）と母（妃海風）と後部座席に横たわる千尋の動きのみで表現される。セットは存在せず、代わりにスクリーンに映し出された映像で、観客は彼らが見ている車窓の様子を追体験できるようになっている（映像制作はスタジオジブリ）。油屋の場面で登場する青蛙や龍の姿になったハク、ネズミ（変身させられた坊）など、非人間キャラクターはパペットで表現され、操作する黒衣（くろこ）は、黄土色の油屋従業員服（作務衣のような衣装）を着ており、「黒衣は観客には見えないことになっている」という暗黙の了解がなされている。[*5] そのお約束事は、文楽や歌舞伎のそれと似ている。

　映画の世界観を壊さずに再現しようとした工夫は多くうかがえるが、この舞台ではセットや映像を極力使わない、身体の表現美が実に洗練されている。例えば、千尋が花畑をかき分けて進むシーンでは、花を持った数名の黒衣（衣装は黒）が、千尋を取り囲むように動いて、かき分け進むシーンが描かれる。中でも注目すべきは、カオナシ（辻本知彦）が巨大化し、大きな口が油屋の従業員たちを次々と飲み込むシーンである。赤い唇に大きな歯並びが特徴的なカオナシの口を、四人の黒衣（衣装は黒）が支えて操作し、青蛙などの従業員たちを飲み込む演技は、タイミングが合わなければ、一つの生命体として捉えられなくなるリスクが伴う。しかし、それを抜群のチームワークで絶妙にこなしている。まるで、本当に大きなカオナシの口が彼らを食べているように見えるのだ。他にも、龍の姿で銭婆のところに千尋を迎えに来たハクが、千尋を乗せて空を翔けるシーンから、千尋がハクの名前（コハク川）を思い出し、ハクが人間の姿に戻って千尋と空中を漂う一連のシーンでは、数名の黒衣が千尋とハクを両手で支えて上部に掲げるという、体力とバランス勝負の、正に力の入った演技がなされた。特に三浦（ハク）は、クラシックバレエで鍛えた体幹バランスを生かした、足を上部に上げ続ける迫真の演技が圧倒的である。

　もう一つ特筆すべきは、湯婆婆／銭婆役の夏木である。前述した通り、映画『千と千尋の神隠し』でアテレコをした夏木本人が、アニメキャラクター湯婆婆／銭婆に似せた特殊メイクに、大きなかつらをつけ、大柄に見えるよう胸と腰が膨らんだドレスを纏って登場した。声はまさに映画と同じであるため、千尋が初めて湯婆婆に会うシーンでは、アニメの世界に入り込んだような二・五次元的空間が創出されていた。

　大千穐楽のカーテンコールで、キャストが口々にこの舞台の演出は「最初は無理だと思った」と口にしていることからわかるように、アニメの世界を表現するために、映像に極力頼らず身体を使って表現する困難さがあったことは想像に難くない。舞台演出の映像技術が発展を遂げ、プロジェクションマッピング[*6]や半透明スクリーンに映像を映し出すことも可能な中、あえてそれを使用せずにヒトの身体を駆使した演出による舞台『千と千尋の神隠し』は、千尋の労働と生きる力という映画が描くテーマに適った、アニメと舞台の幸せなマッチングだと言えるだろう。

宮崎駿は、ケアードに上演を許可した際に、一つの条件を出した。それは「自分が観に行かないこと」だったという。[*7]『となりのトトロ』の舞台化においては、英国のロイヤル・シェイクスピア・カンパニーが打診した際、この舞台化を最初に提案したのが久石譲であり、実際に舞台のマネジメントを久石が行うということで許可をしたという。翻案作品については、オリジナル作品とは別物として口を出さない宮崎であるが、舞台化の許可を、日本の劇団や制作会社ではなく、英国の劇団にしか出さないのは、単なる偶然なのだろうか。

1——劇団わらび座「ミュージカルおもひでぽろぽろ」(https://www.warabi.jp/education/plays_omoide.html 二〇二二年七月四日閲覧)。

2——Whole Hog Theatre "OUR STORY" (https://www.wholehogtheatre.com/our-story.html 二〇二二年七月四日閲覧)。

3——渋谷のアイア・シアター・トーキョーは、二〇一八年に閉館した。

4——シネマ・カフェ「ついに舞台版「もののけ姫」の日本公演が開幕! 宮崎駿に「ぜひ率直な感想を伺いたい」」(https://www.cinemacafe.net/article/2013/04/29/16774.html 二〇二二年七月四日閲覧)。

5——衣装担当の中原幸子は、黒衣の「色味はセットと同化するようにして」いると言う(舞台『千と千尋の神隠し』プログラム、五八頁)。

6——プロジェクションマッピングとは、プロジェクターを使用して映像を投影し、対象となる人やモノの上に映像を重ねる演出・技術のこと。

7——二〇二二年七月四日御園座(名古屋)での大千穐楽カーテンコールの際の、ケアードのコメントより。

第7章 高畑勲と「大衆と共にある芸術」

『太陽の王子 ホルスの大冒険』と『母をたずねて三千里』の音楽

◉井上征剛

はじめに

高畑勲の、音楽に関する知識の多さと認識の深さは、よく知られている。それは、たとえば、クラシック音楽をテーマとするかなりマニアックな内容のエッセイを書いていた、あるいは『母をたずねて三千里』のギターを演奏するシーンで指のコード進行が正しいかどうかチェックしていた、といったエピソードによって伝えられ得るものではあるだろう。しかし、もう一歩踏みこんで、彼のアニメーション作品の中で音楽がどのように用いられているかを、個々の作品が内包する意図、またその作品において音楽が持ち得る意味と結びつけて考察するならば、彼の音楽への認識が、彼自身の映像作家としての、もしくは芸術家としてのあり方と直結するということも見えてくるのではないか。

このような意識を出発点に、この論考では、高畑作品の中でも、とくに付随音楽が高畑の意図と密接に結びついている例として、映画『太陽の王子 ホルスの大冒険』(一九六八年)と、テレビシリーズ『母をたずねて三千里』(一九七六年)を取り上げる。『太陽の王子 ホルスの大冒険』については、一九五〇年代から一九六〇年代にかけて、多くの音楽家たちによって共有され、実践が試みられていた「大衆と共にある音楽」という考え方が、この映画とどのような接点を持っていたのかを、作中での歌の扱いに注目しつつ探ってゆく。『母をたずねて三千里』については、「芸術家」としての成功を夢見るテレビシリーズオリジナルの登場人物の描き方や、作中で提示される「大衆と共にある芸術」のとらえ方を、この作品の根本にある社会への意識とのつながりを視野に入れて、考察していく。

一　東映動画の長編アニメーション映画の音楽

『太陽の王子 ホルスの大冒険』（以下『ホルス』と略記する）は、父を亡くしてひとり旅に出た少年ホルスを主人公とするアニメーション映画である。彼はたどり着いた村の人々と共に、人間を脅かす悪魔グルンワルドと戦おうとするが、同じ頃彼の前に現れた謎めいた少女ヒルダによって、村の団結は乱されていく。悪魔が村を襲おうとする中で、ホルスやヒルダの考えや行動の変化が、また悪魔に対抗するための村人たちの団結の行方などが描かれていく。

この作品における音楽の位置づけを考えるにあたっては、ふたつの音楽史的背景について把握しておく必要がある。

第一は、日本のクラシック作曲家と映画の間に密接な関係があったことである。欧米では映画音楽の作曲家たちが芸術音楽の作曲家としては低い評価を受ける傾向があったのに対し、日本では、芸術音楽の創作者として高い評価を確立している作曲家たちが意欲的に映画音楽に関わった。[*1] 高畑や宮崎駿などが制作に参加していた東映動画の長編アニメーション映画でも、渡辺浦人（『わんわん忠臣蔵』一九六二年）や伊福部昭（『わんぱく王子の大蛇退治』一九六三年）のような、クラシック音楽で実績のある作曲家たちが音楽を担当していた。『ホルス』の音楽を担当した間宮芳生も、一九五〇年代初めから芸術音楽の作曲で活躍し、日本民謡や邦楽の語法とヨーロッパの新しい作曲技法を結びつけた作曲手法で、早くから高い評価を得ていた。

これらのクラシック作曲家たちが担当した映画音楽の中で、たとえば木下忠司による『白蛇伝』（一九五八年）の音楽について、秋山邦晴はオーケストラの機能を活用した手際の良さや、音楽そのものが古びていない点を評価した上で、「あくまでも伴奏音楽的な性格をもっている」と述べている。[*2]秋山の見方に従うなら、『白蛇伝』の音楽は、それまでの映画音楽の文脈に沿って可能な限り巧妙に音楽を充てていくという性質のものであり、アニメーション映画でなければならないとか、この映画でなければならない、といった要素は薄い。続けて秋山は、アニメーション映画における音楽の新たな局面を開いた作曲家として、『少年ジャックと魔法使い』（一九六七年）や『長靴をはいた猫』（一九六九年）の宇野誠一郎を挙げ、「画面のうごきを生かす音楽のアニメーション」[*3]といった表現で高く評価している。

このような、『白蛇伝』から『長靴をはいた猫』に至る東映動画の長編アニメーション映画の音楽についての秋山の評価をたどっていくと、日本のアニメーション映画の音楽は、一九六〇年代を境に、従来の劇映画の音楽の発想に沿ったものから、アニメーション独自の映画音楽の手法へと転換していった、という考え方が浮上してくる。とすると、『長靴をはいた猫』の前年に公開された『ホルス』もまた、アニメーション映画音楽の転換期にある作品ということになるのだが、秋山のこの映画の音楽についての言及は、今のところとくに見当たらない。『ホルス』における間宮芳生の音楽は、宇野の音楽のように画面の動きと密着したものではないため、秋山の考える「画面の動きを生かす音楽のアニメーション」を成り立たせるものには含まれない、ということかもしれない。しかし、『ホルス』の中で音楽が担う役割は、単なる伴奏や雰囲気づくりをはるかに超えたものであり、その点ではやはり、日本のアニメーション映画音楽のひとつの転換点を示しているのではないか。

二　「大衆と共にある音楽」というテーマ

ただし、『ホルス』における音楽の役割について考えるにあたっては、『ホルス』の音楽に至るまでの、音楽史のもうひとつの背景に触れておく必要がある。それは、音楽と大衆がいかに結びつき得るか（結びつくべきか）というテーマをめぐる、音楽界の人々の考え方と動向の推移である。

日中戦争の開始から第二次世界大戦にかけての時期には、日本のクラシック音楽界は政府や軍部の統制下に置かれつつ、国策を浸透させるツールとして政府や軍部が音楽を利用しようとする動きと結びつく、という状況にあった。[*4] 第二次世界大戦の終結後、それまでの政治体制を少なくとも形の上で否定することで出発した、戦後の日本にあって、クラシック音楽界では、「体制と共にある音楽」から離脱して「新しい音楽」のあり方を築いていくことが、重要な使命となっていた。

第二次世界大戦後の新たな音楽文化の基軸となる考え方としてまず考えられるのは、「(権力者ではなく)大衆と共にある音楽」というものであり、当然、権力ではなく大衆に基軸を置いた音楽運動を発展させることが、この時期の新しいテーマとなった。このことは、音楽が大衆の生活の中に浸透していけばよい、ということを意味するわけではない。先に述べた通り、戦時下では政府・軍部が国策を浸透させる手段として音楽を活用し、音楽家がこれに協力することで、音楽がより広範な大衆に受け入れられていく、という構図があった。[*5] とすると、「大衆と共にある音楽」がそれまでの時代とは異なる新たな位置付けを得るためには、その根本となる理念も問題となったわけである。

「大衆と共にある音楽」を成り立たせるための日本のクラシック音楽家たちの実践として最もよく知られているのは、一九四〇年代末に始まり、一九五〇年代から六〇年代はじめにかけて最盛期を迎えた「うたごえ運動」である。この運動は、戦後の労働運動と音楽活動を連結させ、また左翼政治運動の性格も含みつつ、合唱の指導や発表、また新作発表などを展開したもので、労働者の合唱運動にとどまらず、全国的な広まりをもつ大衆音楽運動として一種の社会現象になった。さらには、日本における合唱音楽が発展する素地を作り、また伝統音楽としての民謡への関心を喚起した役割でも高く評価されている。[*6] 理念の面では、戦争への反省や共産党の主張と結びつく政治性・社会性(封建制と軍国主義の打破や民族自立など)において、[*7] 新しい「大衆と共にある音楽」の可能性を提示していた。

このような「うたごえ運動」が頂点にあった時期に、『ホルス』は制作された。『ホルス』の内容は「うたごえ運動」の理念と一致するところが少なからずあり、作曲を担当した間宮もまた、一般労働者向けの作曲講座を担当し、またこの運動のための「集団創作」に加わるなど、「うたごえ運動」に積極的に参画していた。[*8] このような歴史的経緯や時期的な状況を考えると、『ホルス』の音楽の成り立ちは、戦後日本の音楽をめぐる状況と強いつながりがある、と考えられる。

三　『太陽の王子　ホルスの大冒険』の音楽を間宮芳生が担当した意味

間宮芳生に『ホルス』の音楽の作曲を依頼した理由として、高畑は、彼が「現代音楽の作曲家」であり、「民族音楽」のエキスパートであるということを挙げている（「当時は珍しかったルネサンスや東欧民族音楽風の音楽を前提に、現代音楽の作曲家として尊敬していた間宮芳生さんにぜひにとお願いし、引き受けて頂いた」[*9]）。

間宮の民族音楽についての知見は、ハンガリーの作曲家バルトークの民族音楽研究から刺激を受けて深められたものである。バルトークは、観光地のように洗練され、形骸化したイメージでドイツ・オーストリアなどに受け入れられた「ハンガリー音楽」ではなく、人々の生活に密着した本来の「ハンガリー音楽」のあり方をとらえるために、同世代の作曲家コダーイと共に、録音器具をかついで農村を回り、民族音楽の蒐集・研究に励み、その成果を作曲にも反映させた。間宮はバルトークと同じ問題意識を日本民謡について抱き、日本各地を回って民謡を蒐集・研究している。そして、日本の「ステージ上の民謡」(つまり、コンテストなどで歌われ、鑑賞される民謡)が、大衆の生活から乖離していったことを批判した上で、「生活の中」にある民謡、とりわけ「労働とともに」ある民謡の価値を説いている。

だが、一方、ときには、他のどんな言葉によっても換えることのできないよろこびを与えてくれるような民謡に出くわすことがある。そこにあるのは、本当にまじりけのない音楽の姿、人が音楽に出あうときの胸の躍るようなよろこび、真から美しいナイーヴな旋律。そして、そんなうたはいつも、うたが生活の中で、たとえば労働とともにあり、労働にとって欠くことのできない機能をはたしているときや、民俗信仰が民衆の心の中に生きていたときの、またはそんな息吹を留めているようなうたなのである。機能が生きているとき、言い換えれば、たとえば労働の場での機能を負って、いわば道具としての役目をしているとき、機能を離れて、ときには観賞用になったりしているときよりも、はるかにまじりけのない音楽が息づいているという風に信じられるという、一見逆立ちしたような現象は、実に興味深いことだった。[*10]

『ホルス』の中で、「大衆が歌う」という設定で音楽が演奏される場面は、間宮の「他のどんな言葉によっても換えることのできないよろこびを与えてくれるような民謡」についての主張と一致する。ホルスが大カマスを退治したあと、村に再び訪れた豊漁を祝う場面では、人々の歌は労働と結びつく。結婚式の場面では、歌は結ばれる男女を祝うだけでなく、結婚の後にもたらされる一族の繁栄を予告してもいる。また、結婚式の最中に村がねずみの大群に襲われたすぐ後の場面では、子どもたちの遊び歌は、村の気分を立て直す役割を担っている。このようにこの映画では、「大衆の歌」はいずれも、共同体において有効に機能するものとして扱われる。一方で、歌の場面で何を伝えたいか、また歌っている者の気分はどのようであるか、といったメッセージも明快であり、これは間宮が「音楽にとって一番大切なもの」として挙げている、「精神の明快さと優しさ」[*11]と重なる。ここで見られる生活と音楽との結びつきは、「うたごえ運動」における民謡についての考え方とも重なっている。[*12]短くリズミカルで歌いやすいフレーズが繰り返され、時にかけ声も含まれる村人たちの合唱は、先に挙げた、高畑が間宮に作曲を依頼する前提として考えていた要素のうち、「東欧民族音楽風」に近い［図①］。

このような「大衆の歌」の位置づけは、『ホルス』のスタッフたちがこの作品の設定や物語の構図を築いていく際の考え方と直結するものでもある。この映画に場面設計と原画で参加した宮崎駿は、村の生活の描き方について次のようなメモを残している。

> 大塚さんの話だと、点在する集落にするとの事ですが、絶対反対です。村は、なんというか、大海に浮ぶ舟のようにとらえ描くべきです。舟乗りたちがまとまって力をあわせ　初めて舟はうまく進み　大波をのりこえる事が出来るが、内部がまとまらなければ　たちまち　波にのま

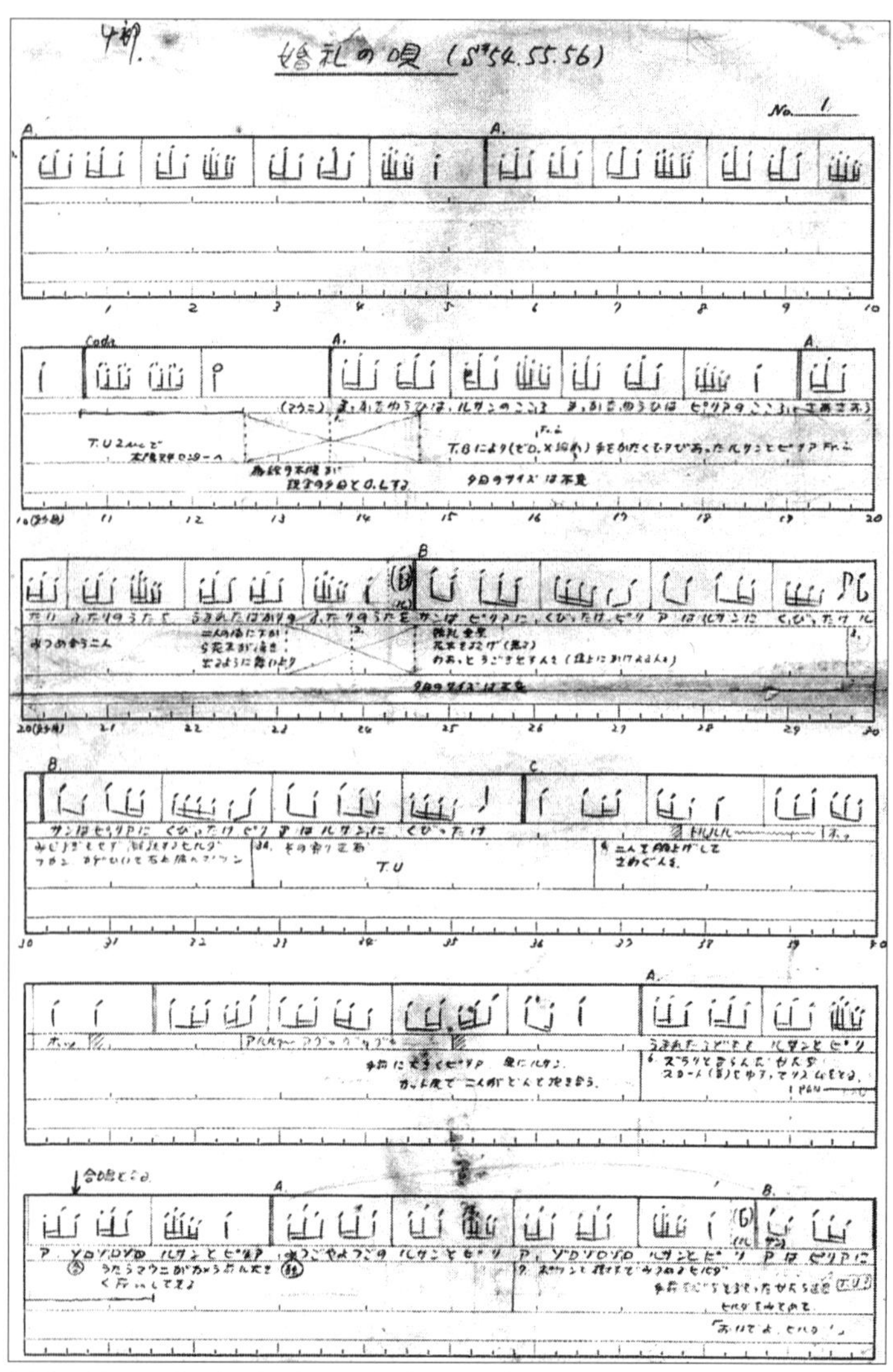

図①　村人の歌の場面のうち、結婚式の歌（「婚礼の唄」）の歌詞とリズムが書かれたシーン構成案。A（台詞の背景で流れている音楽）、B（「ルサンはピリアにくびったけ……」）ではそれぞれ、2小節ごとにほぼ同じリズムが繰り返されている（『高畑勲展』51頁）

れてしまうわけです。[*13]

村の営みは、ここでは「大海に浮ぶ舟」にたとえられており、生活と共にある歌は、「舟乗りたちがまとまって力をあわせ（中略）大波をのりこえる」試みを支えるものとして機能しているわけである。

一方、ヒロインであるヒルダの歌は、「大衆が歌う」歌とは大きく異なるものと位置づけられる。それは単に、彼女の歌は彼女自身によってのみ歌われるものだから、というだけではない。彼女の歌は、個人の複雑な内面や不条理な神話的物語を扱っており、「精神の明快さと優しさ」からはむしろほど遠い。さらに、舞台となっている村においては、「機能性」の逆をいくものでもある（彼女の歌によって、村人たちの労働が阻害される場面がある）。ヒルダの歌は、撥弦楽器を伴奏とする独唱であり、ひとつの節の中でリズムや旋律の動きが複雑に変化し、村人たちの歌と比べるとずっと歌いづらく、一定の技量をもつ歌手によって歌われることを前提として書かれている〔図②〕。高畑が間宮に依頼する際に前提として挙げていた「ルネサンス」風の要素は、ここに反映されていると考えられる。

村人たちの歌とヒルダの歌は、このように対極的な性質をもつものであり、両者は相容れないものとして提示される。「大衆の歌」が、自分たちの生活を守るための団結と行動を促進する役割を担うのに対し、村の外からもたらされたヒルダの歌は、大衆のまとまりを阻害する役割を果たす。

図② 「ヒルダの子守唄」(ここでは「ヒルダのうた(3)」)の冒頭部分の譜面。最初の「むかしむかし かみさまが いいました」は9小節、続く「おやすみ みんな やさしい わたしの こどもたちよ」は12小節と、歌の構造は均等に作られておらず、リズムも村人の歌と比べるとはるかに複雑に作られている(『高畑勲展』51頁)

こうしてみると、「大衆の歌」とヒルダの歌は、あたかも対立しせめぎ合っているかのように思える。実際、ヒルダが「大衆の歌」を拒んでいるように思える箇所もある（たとえば、彼女は村の結婚式の祝宴には参加しない）。しかし、両者は実は対立してはいないのではないか、と思わせる要素も少なくない。村の幼い娘マウニ（彼女は結婚式の歌の主要な歌い手であり、遊びの歌の場面にも加わっている）は常にヒルダを慕っている。ヒルダはグルンワルドに逆らう際、村の人々と行動を共にするのではなく、あくまで自分自身の感情に導かれて、単独で行動する。また、ヒルダが主人公のホルスによって村に導かれてきたということも、留意すべき点だ。ホルスもまた、この映画における「大衆」にとって外来の存在だが、彼は「大衆の歌」の場面で展開される営みに加わり、一方でヒルダの歌にも惹かれているというようにして、この両者を結びつける役割を果たしている。そんなホルスをなかだちにしてヒルダと村人たちが結ばれる結末からは、将来両者の歌が融合していく可能性を想像することも、不可能ではない（クラシック前衛音楽の担い手である間宮が、大衆音楽を研究し、自らの表現手段として取り入れたように）。

『ホルス』の映画音楽は、「大衆の音楽」と個人の営みとしての音楽（より具体的にいうと、芸術音楽）について、単純な二項対立にとどまらない、複雑な様相と可能性を提示している。村人たちの歌とヒルダの歌は、いったんは生活における機能という観点から対立するものとして提示されるが、実際には受け入れ合い、おそらくは融合しさらに発展していくことが可能である。このように考えるなら、『ホルス』の映画音楽は、芸術音楽が「大衆」また「大衆の音楽」とどのような関係を結ぶべきか、どのような関係を結ぶ可能性があるかをテーマとしてきた、第二次世界大戦後の日本のクラシック音楽界の歩みの線上にある試みとして、またその試みのひとつの成果としてとらえることができる。そしてその試みは、映像作品において「大衆」を描くこと、またテレビや映画などで広い層の人々にアプローチすることを意識してきた、いわば「大衆と共にある芸術」の担い手としての、高畑自身の意識の出発点ととらえることもできるのではないか。

四　『母をたずねて三千里』と「大衆と共にある芸術」というテーマ

『ホルス』で扱われた、「大衆の音楽／芸術」というテーマは、後に『母をたずねて三千里』でより明確に提示されることになる。

テレビアニメーションシリーズとしての『母をたずねて三千里』の特色のひとつは、短い原作（デ・アミーチス『クオーレ』の中の一章）を一年五二回にわたる長大な作品にアレンジするにあたって、原作に含まれていない新たなテーマを、制作者の問題意識に基づいて追加したことである。その結果、イタリアからアルゼンチンへ出稼ぎに行ったまま連絡の途絶えた母親を探しに、少年マルコが単身アルゼンチンに渡るという、割に単純で一方向的な物語に、父親が貧困層のための病院整備という社会事業に取り組んでいるなどの、さまざまな背景や脇筋が加えられることとなった。

このようなアレンジの過程で新たに設定されたテーマとして最も目につきやすいのは、社会の抱える問題と、その問題をいかにして認識していくか、というものだ。このテーマは、主人公マルコが旅の中で経験したことや見聞きしたことを踏まえて、社会のあり方や社会の抱える問題について気づき考えていく過程を描くことによって提示される。苦難を経て主人公が成長を遂げるというのは、物語においてひとつの典型的なパターンだが、『母をたずねて三千里』では、社会について問題点を見出し、認識を深めていくということが、「成長」の内実として示されているのである。マルコは物語の序盤では、専ら母親と別れたくない（あるいは、再会したい）という感情に突き動かされており（その感情はシリーズの終わりまで維持されるが）、父親の取り組んでいる社会事業への理解はないか、あるとしても表面的なものにとどまっている。しかし、物語が進む中でさまざまな出来事に出会うその度に、彼は貧困や失業など、自分の身の回りに存在するさまざまな問題について認識し（また、自分がそれらの問題についていかに無理解であったかも認識し）、父親の事業の意義についてもより深く理解していくことになる。

短い原作をテレビシリーズにアレンジするにあたってよく行われる工夫のひとつに、原作に登場しない人物を加え、その人物に重要な役割を与えるというものがある。『母をたずねて三千里』では、人形劇を営むペッピーノと彼の娘たちが新たに登場し、一時期マルコと共にブエノスアイレスからバイアブランカへ旅をするなど、重要な役割を与えられた。

ペッピーノは道端や飲食店などで娘たちと共に大道芸を披露する、いわば「芸人」として日々を送っている。一方で彼は「芸術家」と自負しており（あるいはそうありたいという願望が強く）、「芸術家」として成功する機会を常に狙っている。その結果、彼は大道芸人として日々を送らざるを得ないという現実と、「権力者から評価され社会的な地位を得る芸術家」への野心との間で、しばしば葛藤することになる。ペッピーノ一家と道行きを共にする中で、マルコは彼の葛藤や、人形劇師としての成功や失敗をひとつひとつ目撃し、ときには彼の葛藤に巻き込まれる。このような方法によって、「大衆と共にある芸術」という、この作品のもうひとつのテーマが、視聴者に提示されることとなったのである。

五　ペッピーノの野心と葛藤——バルボーサ大牧場での人形劇上演

ペッピーノの「芸術家」としてのあり方をめぐる葛藤が最もわかりやすく描かれたのが、ブエノスアイレスからバイアブランカへの道行きでのある出来事を描いた、第二七話「フィオリーナの涙」と第二八話「バルボーサ大牧場」である。

ここでは、マルコの母を探す旅からペッピーノがヒントを得て、マルコを主人公とする人形劇を制作し、上演する経緯が描かれる。最初に構想された劇は、マルコが母を探して旅をし、最後に再会してハッピーエンドを迎える、というストーリーによるものだった。ところが、大地主バルボーサの経営する大牧場でこの人形劇を初演するにあたり、バルボーサと観客たちの歓心を買うために、ペッピーノは台本の改変を重ねる。まず、マルコの乗る船が沈没するが彼は神に救われ、さらに母親は「蛮族」に誘拐され、バルボーサと彼の大牧場で働く男たちが救出に乗り出すという、現実ではあり得ない設定が次々と追加される。人形劇の上演はこの新たな設定に従って進み、マルコが母親と再会してハッピーエンドを迎えるのだが、客席がもうひとつ盛り上がりに欠けることに気づいたペッピーノは、「バケツに三杯」観客を泣かせるべく、即興で結末を差し替える。その結果、人形劇ではマルコの母は理不尽な理由で死に、そのまま幕となってしまう。これらの変更により、人形劇の上演は大成功のうちに終わるが、マルコやペッピーノの娘たちは深く傷つき、ペッピーノは長女コンチェッタの求めに応じてこの台本を封印することを決める。

ここでペッピーノが行ったふたつの台本の改変は、それぞれ大きな問題をはらんでいる。ひとつめの改変は、観客を喜ばせるために(いわばエンターテインメント化のために)内容に虚偽と民族差別を加えていることである。ふたつ目の改変は、観客を泣かせるために不合理な悲劇を導入していることである。このふたつ目の改変は、『母をたずねて三千里』の前年に同じ「世界名作劇場」の枠で放送されていた、『フランダースの犬』への批判を含みにしているように思われる。高畑は『フランダースの犬』について、「なにせ、自分は本当にどこも悪くないのに、なぜか周りがひどく辛く当たるという話ですから。それによって視聴者は可哀相になってきて、しかも最後には死んじゃうという(笑)。なんだか知らないけど、安心して涙が流せるっていうのかな」といった具合に苛烈に批判した上で、『母をたずねて三千里』を作るにあたって「そういうことはしたくなかった」と振り返っている[*14]が、不合理な脚色によって客が安心して泣くという構図は、ペッピーノが改変した人形劇にも当てはまるものだ。

このようにペッピーノが大きく改変した人形劇について、観客からは二通りの評価が提示される。「芸術を理解している」ということになっている、イタリア滞在歴のある大地主の息子は、コンチェッタに向けて、「あなた（たち）は本当の芸術家だ」という賛辞を送る。一方、牧場の下働きの女は人形劇の結末について「気に入らない」と言い放ち、女はいつも苦労ばかりしているのだから、（人形劇の）最後くらいは幸せにしてやってほしい、と続ける。ペッピーノは下働きの女の批判を気に留めようとしないが、コンチェッタは彼女に同意する。

バルボーサ大牧場での、人形劇を改変しての上演から下働きの女の批判に至る一連のエピソードには、高畑の考え方がふたつの面で反映されている。まず、「不合理な筋で泣かせる」のは観客／視聴者には受けるだろうが、創作者として不誠実というもので、これは、先に述べた通り、まさに「バケツに三杯」泣かせた作品である『フランダースの犬』に対する批判と関係がある。もうひとつは、芸術は「発言力のあるエリート／権力者」ではなく、「物言わぬ大衆」の（潜在的な）要求に応えるものでなければならない、というものである。「物言わぬ大衆」の代表者として登場する下働きの女の発言は、「普段のつらい生活」から解放するものとしての芸術を求めるものなので、ここでは「物言わぬ大衆の要求に応える」ことは、日々の生活に直結する、いわば「機能する」ものとして芸術をとらえるべきだ、という主張につながってくる。

「芸術家」たらんとするペッピーノはおそらく最後まで、「権力者から評価され社会的な地位を得る芸術家」と、「大衆と共にある人形劇師」との間で揺れ続ける。バルボーサ牧場の一件は、とりあえずペッピーノが改変された結末の人形劇を封印することで決着する。しかし、バイアブランカで建設が計画されている劇場の専属ポストを得られる可能性を提示されると、ペッピーノは再び封印したはずの改変版人形劇を上演しようと考え始める。その後彼がどのような体験をしたかは、マルコがペッピーノ一座と別れてバイアブランカを去ったために定かではないが、最終回で再登場した際の彼の発言からは、どうやらバイアブランカでも成功は得られず、とりあえずブエノスアイレスで「大衆と共に生きる芸術家」の道を選んだらしい、ということが示唆される（が、その決意が継続して守られるかは疑わしい）。「芸術家」であろうとするペッピーノにとっては、「大衆の芸術」は潜在的にではなく、自ら意識的に到達すべきものである。しかし、彼には、「芸術家」として自らが機能するためには、「権力者の芸術」の実践者でなくてはならないのかもしれない、というジレンマがある。というわけで、彼は終始迷い続けるわけである。[*15]

六　「大衆と共にある芸術」のさまざまな姿

このように、芸術家はいかにあるべきか、また芸術家はいかに生きるべきかというテーマは、ペッピーノの揺れ動くさまをマルコの道行きと併せて描くことで明示される。一方で、ペッピーノ一家が登場しない部分でも、「大衆と共にある芸術」というテーマは随所で、さまざまな形で現れる。

たとえば、音楽を演奏する場面を、イタリア編とアルゼンチン編のそれぞれについて見てみよう。イタリア編では、マルコの兄トニオが演奏するギターやそのギターに合わせて歌う場面と、ペッピーノ一家の人形劇の歌が主なところで、あとは子どもたちの遊び歌や、街で流れている音楽があるくらいだ。トニオのギターは趣味の範疇で、人形劇の歌は後にアルゼンチンでも出てくることから、この部分では「芸術のあり方」について、何らかの意味が提示されている、ということにはならないだろう。

アルゼンチン編では、音楽が出てくる場面はその多くが、それぞれに「大衆と共にある芸術」としてある程度の意味を与えられている。ペッピーノ一座の上演以外の主なところでは、バイアブランカへの道中で聴いたガウチョのギター演奏、ロサリオでイタリア移民たちがマルコを励まして歌うイタリアの大衆歌"Bella Ciao"、コルドバで親しくなったインディオの少年パブロがケーナを演奏して歌い、これにマルコが唱和する場面、それにトゥクマンに行く途中で乗った牛車の一行の若者マヌエルのギター演奏が挙げられる。これらは、いずれも生活や人々の感情と密着した機能を与えられた音楽として提示されており、「大衆と共にある芸術」というテーマに関しては、ペッピーノ一家の人形劇とひと続きのものである。

また、イタリア編とアルゼンチン編では、付随音楽の性質も変わっていくことが注目される。イタリア編では、民謡からの引用を思わせる音楽は、背景で歌われたり演奏されたりしているものを除けば用いられていない。一方、アルゼンチン編では民謡（いわゆる「フォルクローレ」風）の音楽が頻用される。しかし、これはアルゼンチンに舞台が移った瞬間からのことではない。マルコがアルゼンチンに到着してからも、付随音楽はしばらくの間はイタリア風のものが中心であり、次第に南米の民族音楽を思わせる要素が加わっていく（第二九話で、老ガウチョのカルロスのギター演奏を聴いたことが、そのきっかけとなる）。つまり、マルコがアルゼンチンの人々と関わり、彼らの生活感覚に触れるようになって初めて、背景にアルゼンチンの音楽が登場するわけである。[*16]

イタリアを出て以来、マルコの旅には常に、「大衆と共にある芸術」というテーマがついて回っている。つまり、苦難の旅の中でのマルコの成長には、彼が社会のあり方だけでなく「大衆と共にある芸術」のあり方についても体感し、認識を深めていくことも含まれている。主人公は長い旅の中で、芸術が大衆と関わるさまざまな場面に遭遇し、芸術が社会において機能する可能性に触れていく。それはセリフなどで明示されるのではなく、主に物語と付随音楽によって、主人公が潜在的に獲得したものとして提示されるのである。このような手法によって、『母をたずねて三千里』では、『ホルス』において扱われていた、大衆と芸術の関わりというテーマが、より現実の社会のあり方の文脈に沿う形で深められ、提示されたわけだ。

七　「大衆と共にある芸術」と社会の接点

『母をたずねて三千里』には、「社会への認識」と「大衆と共にある芸術」というふたつのテーマがそれぞれ提示されるのにとどまらず、結びつけられてもいるという大きな特色がある。

コルドバでインディオの貧しい少年パブロと出会うエピソードでは、マルコはアルゼンチンにおける貧富と（明言されていないが）民族差別の問題について認識する。このエピソードの中に、パブロがケーナを吹き、フォルクローレ風の歌を歌う場面がある。この場面は一定の時間が割かれており、視聴者に与えるインパクトもそれなりに大きいと想像されるが、作品全体における意味も決して小さくない。マルコはパブロのケーナ演奏と歌を聴いたあと、その歌を彼と一緒に歌う。その後、パブロの妹ファナの病気が悪化し、彼女を救うためにトゥクマンへの旅費を提供するエピソードが続くが、この場面では、パブロと一緒に歌った歌が付随音楽として使用される。このように、「大衆の芸術」としての音楽がまず提示され、主人公がこれに唱和し、さらに主人公の行動の背景にその音楽が流れるという経緯をたどることで、一連のできごとの中でのマルコの行動は、彼が貧しい者、差別される者に同情するのではなく、立ち位置を共にしたい、という意識を抱いていることによるものだ、との印象を与える。こうして劇の中で演奏される音楽から付随音楽へと変化していくことで、この音楽は、主人公の内面と重なるものとしての役割を与えられることになるのである。

「大衆の芸術」としての歌が持つ機能についての、高畑の考え方を示す場面としては、もうひとつ、第四〇話の、ロサリオで行き詰まったマルコが、かつて移民船で旅を共にした老人フェデリコと再会するエピソードが挙げられる。フェデリコはマルコをイタリア移民が集まる居酒屋に連れて行き（客の中には、イタリア移民以外の者も含まれている）、居酒屋の客たちはマルコのために旅費を出し合い、祖国イタリアの歌を歌って彼を励ます。

ここで歌われる"Bella Ciao(さらば恋人よ)"は、一九世紀末からイタリアで歌われるようになった大衆歌で、二〇世紀には反ファシズム運動を象徴する歌として歌われるようになり、[*17]現在でも反ファシズム・反権力的な性質をもつ大衆運動の場でしばしば演奏され、あるいは歌われる。当然高畑は、この歌を用いる際に、マルコの旅とその旅を支える人々の営みが、後にヨーロッパなどで展開される反ファシズム運動と濃密に関わる、ということを含みにしているはずである。原作の『クオーレ』が出版されたのが一八八六年であり、ほぼその年代の出来事としてこの物語が設定されているとすれば、およそ五〇年後のイタリア(そしてヨーロッパ)にはファシズムの時代がやってくる。その時期に、マルコや彼に続く世代の人々がどのような行動を取っただろうか、ということについての示唆も、この選曲は与える。

このようにして『母をたずねて三千里』において描かれている、権力を持たない人々同士の結びつき、また芸術と大衆との結びつきは、二〇世紀の反ファシズム運動につながるものとして提示される。そして当然、一九世紀後半のロサリオの人たちから二〇世紀の反ファシズム運動へとつなげられた線は、この作品が放送された二〇世紀後半にまで伸びていくということを、高畑は意識していたと考えられる。大衆が生活を基盤とする芸術をなかだちに結びつくことで、自分たちを圧迫する強大な力に立ち向かうという構図は、かつて『ホルス』で扱われたものでもある。

『ホルス』と『母をたずねて三千里』はともに、高畑の芸術への関心を強く映し出した作品であり、これらふたつの作品は、社会はいかにあるべきか、あるいは社会はこの後どのように改善されていくべきか、またひとりひとりの人間は社会にいかに関わっていくべきか、といったテーマが意識的に強調されている点で共通している。神話的な物語を描く『ホルス』では、バルトークや間宮芳生の民謡論とのつながりが認められるなど、大衆における芸術のあり方について、原則的な考え方への関心が色濃く表れているのに対し、一九世紀の社会が抱える具体的な問題点を描き出しながら物語を進めていった『母をたずねて三千里』では、社会のどのような点が具体的に改善されるべきであり、人々はどのように行動すべきか、また芸術はどのように社会に関わることが可能か、といった個別の事柄を踏まえた上での、社会のあり方や、社会における芸術のあり方についての高畑の考えが提示されている。

このように、芸術と社会の関係を映像作品のテーマとして取り上げる以上は、自身が映像作品の創作者として社会とどのような関係を結び、社会に何を提示できるか、さらには自身の作品が社会においてどのような機能を果たし得るか、という問題に、必然的に直面することになる。そして高畑は、この問題をかなり強く意識していたと思われる。この点について考えるためには、『母をたずねて三千里』以降の作品で、彼が「大衆の芸術」というテーマをどのように扱っていったか、を見ていく必要がある。

八　一九九〇年代以降の作品と「大衆の芸術」をめぐる問題

『母をたずねて三千里』以降も、高畑の作品において、芸術はしばしば副次的なテーマとして扱われている。『ホルス』や『母をたずねて三千里』と同じように、芸術と大衆の関係についての高畑の意識が反映されたものも少なくない。しかし、とくに一九九〇年代以降の作品では、芸術が大衆の中にあって機能するという希望は、もはや信じられていないように思われる。[*18]

『おもひでぽろぽろ』（一九九一年）では、序盤に、主人公を車に乗せた農家の青年（トシオ）が、カーステレオで東欧（ハンガリー）の農民音楽を聴かせる場面がある。ここではある種の、日本の農民から東欧の農民への、音楽を通した共感が語られているが、その「東欧の音楽」はあくまで、商品化された録音を通して伝えられているものであり、登場人物たちの生活と何らかの関係を結んでいるものではない。また、『平成狸合戦ぽんぽこ』（一九九四年）でのいわゆる「百鬼夜行」の場面は、作中のひとつの見せ場であることには間違いないが、この活動が狸たちの居場所を守る役に立たないことはすでに明らかであり、名のある落語家たちが狸として出演していることと同様に、一歩引いた、どこか引用的な感覚を与える。『かぐや姫の物語』で姫が庭に作るミニチュアの里山は、美しいが何の役にも立たないもので、大衆と接点がなく、社会において一切機能しない芸術作品そのものである。

これらの例は、すぐれた芸術が社会において機能し得ないという点で、共通した苦味を感じさせるものとなっている（そしてその苦味は、後の作品ほどより強いように思われる）。狸たちの百鬼夜行やかぐや姫の作る里山は、社会において絶大な人気と信用を確保しながら——あるいは人気と信用を確保したがゆえに——よりよい社会を築く手がかりとなるのではなく、人気の商品として消費されていくジブリ映画の姿と重ねて見ることもできよう。

高畑が、一九九〇年代以降は「芸術にできること」に対して懐疑的な姿勢を深めており、それが作品の中の芸術の描き方に反映された、という推測は可能だろう。一方で、仮に高畑が「機能する芸術の担い手」としての自らの限界を意識していたとしても、そのことは、「機能する芸術」が現在の社会において存在し得ない、ということを意味するわけではない。とくに、共感と商業的成功によって語られやすい、いわゆる「サブカルチャー」の世界において、「この作品で描かれる世界はいかにあるべきか」といった考え方のもとに高畑の初期作品が築かれていったことは、もっと意識されてよいのではないか。さらに、一九九〇年代以降の高畑の作品が、「機能する芸術の担い手」としての自らの限界を意識しているのだとすれば、それは「機能する芸術の担い手」としての自らへの意識、より具体的にいえば自負と挫折を反映しているのではないか。こういった問題は、高畑やジブリ映画だけでなく、二〇世紀以降、政治と経済が芸術に対してはるかに強い優位を確立した時代にテーマとして浮上した、「自分の声が、芸術活動を通しても届かない」という一部の芸術家たちの苦悩とも結びつけて考察することが可能であろう。

1――長木誠司『戦後の音楽――芸術音楽のポリティクスとポエティクス』（作品社、二〇一〇年）三四三～三四四頁。また、以下では、一九四〇年代から一九六〇年代までに作曲家たちが映画音楽にどのように従事したかについて、日本におけるクラシック音楽作曲の流れと照らし合わせつつ説明されている。日本戦後音楽史研究会編『日本戦後音楽史 上 戦後から前衛の時代へ』（平凡社、二〇〇七年）一四八～一五一、二八三～二九三、四一八～四二一頁。

2――秋山邦晴（高崎俊夫・朝倉史明編）『秋山邦晴の日本映画音楽史を形作る人々／アニメーション映画の系譜――マエストロたちはどのように映画の音をつくってきたのか？』（ディスクユニオン、二〇二一年）四五四～四五五頁。

3――同書、四七二頁。このような手法の例として秋山は、二秒・三秒単位で細かく音楽を設計し、その極小単位で音楽が変化する構造を作っていく、というものを挙げている。たとえば、『長靴をはいた猫』で小ネズミや猫のペロたちが、主人公ピエールのために兄たちのところから服を盗み出した帰りの場面の音楽と画面の関係について、秋山は以下のように論じている。「盗みだしたあと、連中はいそいで道路にでて洋服を車にのせて帰る。途中に犬が寝ている。音楽はいさんで帰る途中の足どりとともに軽快なリズムだったのが、しだいにゆっくりとなり、抜き足さし足のテンポになり、犬のところを通りすぎた瞬間に音楽も走り出す。快走調となる。こうした画面のうごきに音楽はピタリとつけられている。というよりも、音楽のうごきの変化が画面の小ネズミたちのアクションのユーモラスなうごきを生き生きとさせるのだ。つまり、リズムの音楽性を画面のなかのうごきの音楽性にまでしてしまっている感じなのだ」（同書、四七三頁）。

4――このような構図は、とくに大衆の音楽活動と結びついていた合唱や吹奏楽などにおいて、色濃くみられた。河西秀哉『うたごえの戦後史』（人文書院、二〇一六年）一五～三九頁。前掲『日本戦後音楽史 上』

七三〜七六頁。

5――第二次世界大戦後の大衆音楽運動は、戦前・戦中の大衆音楽運動を受け継ぐ形で展開された側面もある。前掲、河西『うたごえの戦後史』四六頁。

6――前掲『日本戦後音楽史 上』一九五〜一九六頁。

7――前掲、河西『うたごえの戦後史』八八〜八九頁。

8――前掲、長木『戦後の音楽』一〇〇頁。

9――『高畑勲展――日本のアニメーションに遺したもの』(NHKプロモーション、二〇一九年)五一頁。

10――間宮芳生「日本民謡集について」(間宮芳生〔内田るり子編〕『日本民謡集』全音楽譜出版社、二〇一三年〔第一版一九七五年〕)一二四〜一二五頁。

11――同書、一二六頁。

12――前掲『日本戦後音楽史 上』の以下の記述を参照。「「うたごえ運動」が重んじたのは、生活実感を歌う民謡の共同体的な側面であり、それをプロフェッショナルな歌手ではなく、大衆ないし労働者が自から合唱の中で体感することである」(一九六頁)。

13――前掲『高畑勲展』三二頁。

14――高畑勲『映画を作りながら考えたことⅡ』(徳間書店、一九九九年)三二一〜三二三頁。

15――なお、作中では言及されていないが、彼にはもうひとつ「権力者の芸術」の好みに合わせてアレンジした「大衆の芸術」を、バルトークや間宮による批判の対象であった、「俗悪化」(前掲、間宮「日本民謡集について」一二四頁)した民謡のように実践する、という選択肢もある。

16――この点については、以下で論じている。井上征剛「放送劇としての『母をたずねて三千里』付随音楽」(中丸禎子・加藤敦子・田中琢三・兼岡理恵編『高畑勲をよむ――文学とアニメーションの現在・過去・

未来』三弥井書店、二〇二〇年）二五七～二五八頁。なお、『母をたずねて三千里』の音楽を担当した坂田晃一は、山本直純に作曲を学び、クラシック音楽やポピュラー音楽、またテレビアニメーションを含む放送音楽などで幅広く活躍している作曲家で、「世界名作劇場」では『不思議の島のフローネ』（一九八〇年）や『南の虹のルーシー』（一九八二年）も担当した。

17——以下、"Bella Ciao" についての解説の一例を示す。「イタリアのピエモンテ地方の民謡。後にポー川河畔で稲刈り歌として歌われ、遂には詞が変えられナチスに抵抗するパルチザンの歌となった」（松山祐士編『メロディ・ジョイフル　カンツォーネ名曲全集』ドレミ楽譜出版社、二〇一三年、三二頁）。

18——やや脇筋の議論になるが、宮崎駿が監督を務めたテレビアニメーションシリーズ『未来少年コナン』（一九七八年）は、ところどころ『ホルス』と類似した要素があるものの、「大衆が歌う」場面はない。このシリーズの音楽を担当した作曲家は、これもクラシック音楽と大衆性の接点に関心を抱いている池辺晋一郎であり、主題歌の作詞者である片岡輝も合唱作品の作詞が多く、意識的に「大衆の音楽」を描き得るスタッフではあった。実際、主題歌の歌詞には「歌え　声あわせ／おどれ　かたをくみ」という部分があるが、実際にはこのような場面は、『未来少年コナン』にはない。この頃の宮崎はどちらかというと、走り回ったり爆弾を投げたり打ち上げたり、という方に関心があったようだ。

また、芸術（音楽）が物語のテーマとなっている高畑作品としては、『セロ弾きのゴーシュ』（一九八二年）がある。この作品では、音楽は社会との接点というより、ひとりの人間の生き方を示す性質が強く、『ホルス』や『母をたずねて三千里』での芸術の扱いとは別の角度からの考察が必要と思われる。

コラム⑦　「宮崎駿」を知る三冊　◉平野泉

宮崎駿についての書籍は非常に多く存在しているが、ここでは様々な側面からアーティストとしての「宮崎駿」に迫ろうとする三冊を紹介したい。宮崎のインタビューやエッセイは、アニメーション監督としては比較的多く出版されており、私たちはこれらの本により宮崎本人の発言を容易に参照することができる。たとえば『出発点 1979～1996』（徳間書店、一九九六年）、『風の帰る場所――ナウシカから千尋までの軌跡』（文藝春秋、二〇一三年）などが代表的である。以下に紹介する三冊の著者たちは、このような宮崎の発言を元に、それぞれのアプローチで「宮崎駿」を描き出しているといえるだろう。

切通理作『宮崎駿の〈世界〉』（筑摩書房、二〇〇一年）は、作品が制作された当時の時代背景を中心に、宮崎のインタビューを多く引用することで、日本のアニメーション文化における宮崎駿を描き出した本である。『風の谷のナウシカ』（一九八四年）から『千と千尋の神隠し』（二〇〇一年）までの代表的監督作品に加えて、東映動画時代の作品、『未来少年コナン』（一九七八年）、『ルパン三世 PART2』（一九七七～八〇年）などのテレビアニメについても論じている。『未来少年コナン』については詳細にストーリーを説明し、物語の流れに従って場面の解説を行うスタイルを採用しており、まるで読むオーディオコメンタリーのようである。

著者の切通は特撮作品や映画、ポップカルチャーの批評家として活躍している。そのため同時代の作品や出来事について言及も多く、公開当時の観客がどのように作品を受け入れたかという雰囲気を知る手がかりとなるだろう。この点はリアルタイムで宮崎作品を体験してきた切通ならではの視点が生かされているといえる。

叶精二『宮崎駿全書』（フィルムアート社、二〇〇六年）は、宮崎駿が監督した映画作品に限定し、『ルパン三世　カリオストロの城』（一九七九年）からジブリの森美術館で上映された短編作品までを扱う。本書のまえがきは「「宮崎アニメ」は存在しない」という刺激的な題がつく。まえがきで著者は「宮崎アニメ」の「宮崎」は単なるイメージでしかなく、さらに「アニメ」という言葉は不透明であり、日本のセルアニメーションを指す「アニメ」はアニメーションの一部しか意味していないと指摘し、「宮崎アニメ」を厳密に定義する。本書では制作にかかわったスタッフや制作の経緯、イメージソースなどを細かに記録しまとめ上げることで、宮崎本人の成果に加え、原画や背景、音楽などの各スタッフの成果までを浮かび上がらせようとしているのである。

著者の叶はこれまで宮崎駿・高畑勲作品について数多くの本を執筆しており、本書も「全書」の名にふさわしく膨大な情報量を誇る。加えて、ほとんどの記述は資料によって裏付けられており、単なるマニア向けのファンブックにはなっていない。ポール・グリモーの『やぶにらみの暴君』（一九五二年）や照葉樹林文化論などの宮崎に影響を与えた作品や思想についても詳しく紹介されており、宮崎駿を知るのみならず、作品を鑑賞・理解するうえでも役立つだろう。また、主な批評や国外における翻訳版についても記録されており、研究のためのハンドブックとしても十分な情報が掲載されている。

野村幸一郎『新版　宮崎駿の地平――ナウシカからもののけ姫へ』（新典社、二〇一八年）では、日本文学の研究者である野村が、文学研究の知見を活かし、宮崎の発言を元に宮崎が依拠した思想・文献を丹念に調査することで、その思想から宮崎駿作品の主題を読み解こうとするものである。アニミズムや中尾佐助が提唱した照葉樹林文化論など、宮崎が参考にした思想としてよく知られたもののほか、小説家堀田善衛の作品の影響なども重要視する。

本書の第一章「「広場の孤独」という生存様式」では、堀田の文学は政治的イデオロギーから距離を保ち自分自身を保持し続ける点、正義やイデオロギーに対して距離を保つ「わたし」の内部をニヒリズムではなく、「広場の孤独」という積極性を持った生存様式としてとらえる点において、宮崎駿に「生の指針」を与えているとする。野村は『風の谷のナウシカ』において、人間と自然という対立的関係の一方に与することなく、どちらからも他者であろうとするナウシカの生存様式に「広場の孤独」を見出す。加えて、『紅の豚』（一九九二年）のマルコ、『ハウルの動く城』（二〇〇四年）のハウルにも共同体の外部へと自らの位置を移動し続ける主体の在り方がみられるとし、そこに宮崎の理想が表れていると評する。

第二章「照葉樹林文化とアニミズム」では、人間による自然破壊と自然の再生が描かれる『もののけ姫』（一九九七年）での人間と自然の関係性の捉え方において、司馬遼太郎の影響があると指摘する。

第三章「〈自立〉という問題系」では、『千と千尋の神隠し』、『崖の上のポニョ』（二〇〇八年）において、アニミズムの感性が人間と文明の救済になっているとし、このことが宮崎の到達点であると結論付けている。本書を通して論じられているのは、宮崎駿が人間や歴史をどのように見てきたかという視点の変遷であるといえる。

これらの三冊は同じ宮崎の発言を引用しながらも、著者それぞれの得意分野や知見を用いていることで、異なった「宮崎駿」論になっていると評価できる。自分なりの「宮崎駿」を見つけるうえで、これらの本は良きパートナーとなるだろう。

第8章

動物／人間の境界線の攪乱

高畑勲の動物アニメーション映画

◉米村みゆき

はじめに

なぜここで「動物」を問題にするのか、という問いから始めてみたい。

現在、人間／動物の境界線は、恣意的なものにすぎないという自然科学の知見が発達し、両者を分割する境界線は、時代や社会によって移動しつつも、生物学的な理由ではなく、むしろ、政治的な理由で引かれていたことがわかりつつある。その境界線およびそれがもたらしたものについて考えるとき、私たちは、過去そして未来についてさまざまな問いを抱くことになる。たとえば、人間は、どのような要因によって、動物を「動物」として見做してきたのか、人間が持つ性質の中で「動物」的なものと位置づけられているのは何であり、なぜそのように認識されてきたのか、あるいは、人間と動物の中間性とされてきたものは何であり、そこに私たちはどのような感情を抱くのか。そして、このような境界線はどのように作動するのか。この境界線を引くことで、ある一部の人間は自分たちの側ではない人間を「動物」として想像してきたこと、まさにそのことによって様々な差別や迫害、暴力が引き起こされてきたことも明らかになっている。たとえば、クッツェー『動物のいのち』[*1]は、屠殺場で解体される動物について私たちが心を閉ざす事例を喩えに出しながら、トレブリンカ強制収容所の周りで人々も、そこで何が行われているのか薄々気づきながら意図的に無知であろうとしたと述べる。そして、人間は動物に対して心を閉ざすのではなく、動物の立場に共感することの大切さを説く。[*2]クッツェーは、いわば様々な権力や支配の基盤には、人間による「動物」への支配が関わっており、動物の解放は人間の解放であるという視座に立つ。人間／動物の境界線について問うことは、人間と動物のあいだのみならず、人種、民族、階級、ジェンダー、文化、環境、植民地主義などに関わる問題を喚起させてゆくことになる。

興味深いことに、アニメーション映画の監督である高畑勲は、動物と人間のあいだの区分について問いかけるアニメーション映画を制作している。たとえば、一九八二年公開の『セロ弾きのゴーシュ』では、主人公のゴーシュは、セロの練習中に夜な夜な訪ねてくる動物たちを当初は蔑むが、次第に動物たちの発言を受け入れることによって成長してゆく。また、一九九四年公開の『平成狸合戦ぽんぽこ』では、多摩ニュータウンの開発によって棲み処を追われた狸たちが人間に闘いを挑むが、敗北してゆく狸たちの姿は人間に重ねられている。『平成狸合戦ぽんぽこ』を観たカナダのアニメーション作家フレデリック・バック（一九二四〜二〇一三年）は、狸と人間が交じり合う表現をみて、そこにカナダの先住民の問題を重ねた。[*3]なぜなら、ここに人間／動物の区分が呼び起こす論点があったためである。バックの意見を受けて高畑勲はクイーンシャーロット島に赴き、カナダの先住民族であるハイダ族の住む地を訪ねる。このことは高畑自身もまた人間／動物の境界線がもたらすもの——私たちの歴史の中で、どのような人たちが私たちの側の「人間」ではない、とされてきたのか——という問題意識を共有していたからだろう。だからこそ、『平成狸合戦ぽんぽこ』の主題が狸と人間の「共生」であることは示唆深いのだ。そこには「動物」との共生——多様な者同士が相互に関わりながら生活してゆくことについての問いが底流している。

本稿は、このような関心から、動物を扱った高畑勲の代表的なアニメーション映画を取り上げる。高畑勲は、アニメーション映画で、動物と人間との関わりをどのように描いたのか。あるいは高畑の描く動物は、アニメーションという媒体を通すことで、どのような表現となったのか。

ここでは、アニメーションが寓話化された「動物」を描くのに有効性を発揮する媒体であることにも言及すべきだろう。アニメーションは実写映画とは異なり、動物が人間の言葉を話しても自然化されるメディアとして発達してきた。すなわち、アニメーションは、人間と動物の境界線を不明瞭にし、ときに攪乱しうるメディアなのだ。アニメーションのこの特質は、人間／動物の境界線を再検討する際に役立つ。そのため本稿では、アニメーションという媒体と動物の関係性についての議論にも目を向ける。本稿の手順は、以下の通りである。続く二節では、「動物アニメーション」の特徴と理論的な枠組みを確認するために、評論家のおかだえみこと研究者のポール・ウェルズの議論をとりあげ、その実践例として『映画カメラマンの復讐』と『動物農場』を分析する。三節では、動物アニメーション映画として、『セロ弾きのゴーシュ』に着目する。高畑勲は「映像化したい賢治」という文章を残しているように、宮沢賢治の童話の愛読者である。[*4] この点に鑑み、宮沢賢治の童話における動物の諸相を考察し、映画『セロ弾きのゴーシュ』の動物について再考する。四節では、『平成狸合戦ぽんぽこ』における動物のキャラクターには、高畑によるどのようなチャレンジがあったのかを追究する。そのため、同年に公開された動物アニメーション映画『ライオン・キング』

と比較し、二作品における差異を照らし出すことによって、高畑による動物アニメーションにおける実践について考察する。

一 「動物アニメーション」とは何か——おかだえみことポール・ウェルズの論点

動物アニメーションとは何だろうか。

実写を含むさまざまな映像表現の中で、アニメーションが効果を発揮するジャンルとして「動物アニメーション」があげられるだろう。視聴者にたいして、動物の生態を伝えたいのであれば、ドキュメンタリー映像を用いるのがよい。しかし、動物が人間の言葉で話したり、考えたり、あるいは動物の設定を借りて人間の世界を象徴的に表現したり、風刺をするような作品については、動物のキャラクターを登場させるアニメーション作品が相応しいのではないか。高畑勲が監督したアニメーション映画『セロ弾きのゴーシュ』については、映画監督たちによる対談があるのだが[*5]、そこでは『男はつらいよ』の寅さんシリーズで知られる映画監督の山田洋次が、実写映画では「動物が口をきくなんてとてもできないことですからね」と発言している。この発言は、動物寓話とアニメーション作品がいかに相性が良いのかを証している。映画評論家の佐藤忠男もまた、山田の発言に応じるかたちで、アニメーション作品においてはどんな奇想天外なことが起こっても驚かないのだと補足する。[*6] これらの発言はCG技術が発達する以前のことであり、実写とアニメーションに表現技術の差がなくなりつつある現在では状況が異なる。しかし、アニメーションの歴史の中では、アニメーションは実写の技術を超えた表現の拡張であると考えられていた時期があり、そこでの議論は「動物アニメーション」の位置づけについて有益な示唆をもたらしてくれる。

この節では、動物アニメーションの特徴と理論について際立つ議論を展開している二人の論を紹介したい。アニメーション評論家のおかだえみこはスタジオ・ゼロの鈴木伸一との共著『僕らの実戦アニメ塾』で、鈴木のイラストとともに記事の体裁で文章を記すのだが、一九八一年の早い段階で「動物アニメ」について探究しており注目される。[*7] 一方、アニメーション研究者のポール・ウェルズ（Paul Wells）は二〇〇九年に *The Animated Bestiary: Animals, Cartoons, and Culture*（『アニメーションの動物寓話――動物、漫画、文化』）を発表している。[*8] 両者のあいだには発表時期に二〇年近くのひらきがあり読者層も異なるのだが、どちらも動物アニメーションについて有益な視点を提供するため、以下マッピングしてゆきたい。

まず、アニメーション評論家のおかだえみこの議論について確認する。おかだは、アニメーションならではの主題として動物をとりあげている。おかだは、シートンの『動物記』を例にあげ、動物の生態の観察や取材であるため、記録映画として制作が可能な作品であるという。シートン『動物記』の動物は、人間のように考えたり、話をすることがないため記録映画の対象となるのである。それに対して、動物を用いて人間世界を風刺したり、象徴的に表したり、動物の心理が擬人化されている小説などは、アニメーションという媒体が最適だという。

では、実写ではなく「漫画」という表現形式であれば、どうだろうか。動物を人間のように二足歩行のキャラクターで表現する漫画は珍しくない。しかしおかだは、人間の心理を掘り下げて描くケースでは、漫画よりもアニメーション（動画）の方が強みを発揮するという。ここでおかだはアニメーションの美点として、動物の動きの素晴らしさもあげている。おかだが事例として取り上げるのは、ウォルト・ディズニーによるアニメーション映画『バンビ』[*9]（一九四二年）、イギリスで公開されたマーティン・ローゼン監督による『ウォーターシップダウンのうさぎたち』[*10]（一九七八年）である。『バンビ』は、王である大鹿を父親にもつ仔鹿のバンビが、森の王として成長する過程を描いた作品である。同作では、鹿や兎の観察をもとにした動きが実現された上で、動物たちは人間のように対話をする。一方、『ウォーターシップダウンのうさぎたち』は、人間による開発で棲み処を奪われた野うさぎが安住の地を求める話である。アニメーションに描かれる野うさぎの習性は生態系のうさぎに近いが、高い知性を併せ持つ。すなわち、動物アニメーションが強みを発揮するポイントは二点指摘できるだろう。一つは、生態的な動物の観察を通した習性や動きがベースにされていること、もう一つは、人間の心理を掘り下げて描くケースであることだ。

おかだは、動物のキャラクターに複雑で深刻な演技が求められる作品もアニメーションが相応しいという。その典型としておかだがあげるのはイギリス初の長編アニメーションであるジョン・ハラス&ジョイ・バチュラーによる『動物農場』（一九五四年）である。この映画の原作者は、全体主義国家によって監視された社会を描くディストピア小説『1984年』で有名なイギリスの作家ジジョージ・オーウェルである。農場で飼われている動物たちが、人間の農場主に反抗して暴動を起こし新農場を経営するも、リーダーの豚が独裁者となり破滅するという話である。この筋書きでわかるように、動物を通して人間社会を風刺した政治的寓意の物語である。おかだは、このようなシリアスな内容の話は実写の劇映画が相応しいが、この当時、動物に複雑で深刻な演技をさせる技術がなかったため、[*11]アニメーションという媒体が用いられたという。以上の点を踏まえて、おかだは動物アニメーションの特徴を以下のように要約する。

①動物が主役である。

②動物が絵として自然な姿である（二本足で立たず、洋服を着たりはしない）。

その一方で、

③心理的には擬人化されており、人間の台詞があり、複雑な演技や表情などが見受けられる。

④劇映画の内容を持つ。

それでは、おかだがあげるこの特徴に追加したり、さらに掘り下げることができる点はないだろうか。注意されるのは、映画『動物農場』において、制作当時は複雑で深刻な演技を動物にさせる技術が不在であったという点である。CG技術が進展した現在では、実際の豚や馬に演技をさせたり表情を添加する映像表現が可能である。とすれば、（絵による）動物アニメーションにおいては、比較的単純なキャラクターの画が用いられることによって寓話的なニュアンスをもたらし、逆にいわゆる「不気味の谷」[*12]と呼ばれる、実物に近い表象が実物と異なる動きをする際の奇怪さを緩和することができるだろう。

次にアニメーション研究者であるポール・ウェルズを取り上げてゆきたい。ウェルズはアニメーション研究においては発展途上の論点と断りつつも、アニメーションにおける動物の表象について理論的、哲学的に考察した。ウェルズは、アニメーションによる動物寓話において、動物性がどのように構築されたのかを概略しつつ、アニメーションにおける動物のキャラクターが、人間と動物のあいだのみならず、性別、人種、民族、世代、アイデンティティ等に関する問題を喚起すると述べる。ここでウェルズがアニメーションに着目する理由は、アニメーションというメディアが、人間と動物の境界を容易に曖昧にすることができるからである。言い換えるなら、ウェルズは、アニメーション・メディアに顕著にみえる特徴として、動物寓話におけるアンビバレンス性（同一の対象に相反する感情を同時に抱いたり、示したりすること）に着目するのである。

本書で着目されるのは、ウェルズが「ベスティアル・アンビバレンス」と呼ぶ四つの分析レベルを示していることである［図①］。

①「純粋な「動物」」（Pure "Animal"）
②「願望的人間」（Aspirational Human）
③「批判的人間」（Critical Human）
④「ハイブリッド「ヒューマニマル」」（Hybrid "Humanimal"）

この分析レベルは、動物のキャラクターがアニメーション作品の中で、どのように機能している

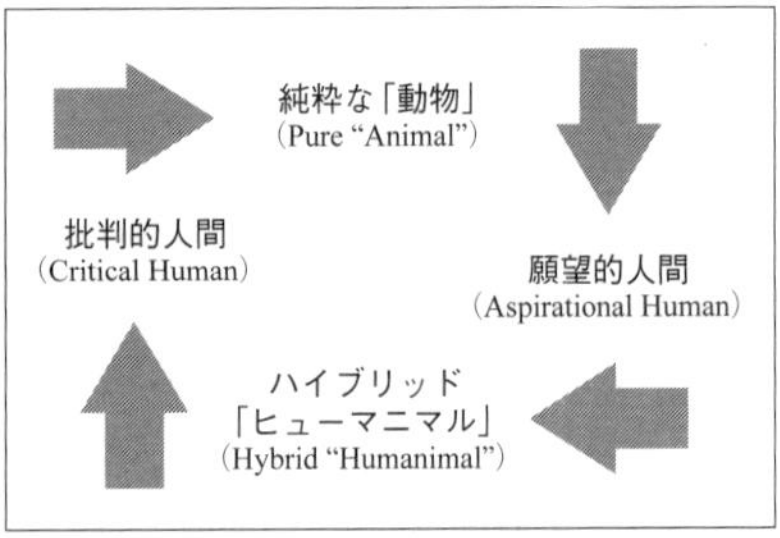

純粋な「動物」
（Pure "Animal"）

批判的人間
（Critical Human）

願望的人間
（Aspirational Human）

ハイブリッド
「ヒューマニマル」
（Hybrid "Humanimal"）

図①　ポール・ウェルズによる「ベスティアル・アンビバレンス」の分析モデル
（Paul Wells, *The Animated Bestiary: Animals, Cartoons, and Culture*, p.51）

のかを考察する一助になるのではなかろうか。以下、具体的な事例を示しつつ、述べてゆきたい。

①の「純粋な「動物」」レベルでは、アニメーション作品内で見受けられる動物の表現が、私たちが既に知っている動物の習性や行動による表現に沿うものである。そこでは動物学者や生物学者たちによる観察等が参照される。たとえば、ディズニー映画『ジャングル・ブック』（一九六七年）における虎のシア・カーンを取り上げると、「純粋な「動物」」のレベルでのシア・カーンは、鹿に忍び寄ったり、餌とテリトリー（縄張り）を求めて熊と戦う。②の「願望的人間」のレベルでは、虎は人間にとって好ましい性質や英雄的モチーフを示すためのツールとして用いられる。シア・カーンの場合であれば、その交渉能力や威厳をもって振る舞う能力などである。③の「批判的人間」は、人間を批判するために動物のキャラクターが使われるレベルである。ここではシア・カーンは自然の秩序を壊そうとする人間に対して、憤りを見せていたり、狼の群れの中で育てられた少年モーグリ[*13]が、野生と人間の心のあいだで揺れるとき、攻撃的にふるまう姿に見ることができる。④の「ハイブリッド「ヒューマニマル」」のレベルは、人間と動物のインターフェースの特徴を示すものである。一つの概念が同時に人間と動物の両者の世界の定義や説明をし、比喩的かつ象徴的なレベ

ルで機能する。シア・カーンの事例でいえば、虎が動物界で行使する権力が英国の貴族のメタファーとして並置されることに示される。

ウェルズは、これらの①から④の性質が、それぞれの作品の中で静的で固定されたままではなく、流動することを強調する。アニメーション作品における動物のキャラクターは、様々にメタフォリカルな意味を持つため、一個の動物のキャラクターが帯びる①〜④の性質の濃淡を考察する必要があろう。

次に、この四つのレベルの考察を深めるために、ロシアのアニメーション作家ラディスラフ・スタレビッチ『映画カメラマンの復讐』[*14]（一九一二年）とジョン・ハラス＆ジョイ・バチュラー『動物農場』の二作品を取り上げ、補足してゆきたい。どちらもウェルズのレベルについて説明するのに妥当な映像作品であり、ウェルズ自身、同書で取り上げている作品である。

『映画カメラマンの復讐』のスタレビッチは、アニメーション史上初の人形アニメーションを制作したことで知られている。カウナスの自然史博物館に勤めているときに、クワガタ虫を使って映画を撮影しようと考えたが、上手くいかず、エミール・コールの『マッチ棒のアニメーション映画』（一九〇八年）を観て、昆虫のアニメーションの制作を思いつく。『映画カメラマンの復讐』は、一〇分ほどの短編映画であり、実際の昆虫（剝製）をワイヤーで操作可能にして撮影したストップアニメーションである。カブト虫の夫婦のダブル不義不貞をバッタのカメラマンが暴き出すという内容がコミカルに表現されている。この内容からわかるように、同作のカブト虫には、不義不貞、痴情のもつれなどの、人間の否定的側面すなわち、③の「批判的人間」のレベルが見受けられる。いわば人間を批判するために動物のキャラクターが使われているのである。他方で、①の「純粋な「動物」」レベルが見受けられる。これは、作家のスタレビッチが博物館で昆虫の生態を撮影しようとしていた経歴に由来し、その当時は、精巧な人形（昆虫）の動きは、本物の昆虫を調教したのではないかと考えた人もいたという。また、④の「ハイブリッド「ヒューマニマル」」のレベルとしては、昆虫が二本足歩行をしており、人間の動きでありながら同時に昆虫の動きも体現している。不義不貞する人間世界の俗物性を描きつつ、人間の性欲を「動物」的な性質と見做す動物世界の象徴的意味も併置されていよう。そして、これらの四つのレベルは、明瞭に区別されるのではなく、混在していることが注目される。

　授業でこのアニメーション作品を見せると、本物の昆虫と見紛うほどのカブト虫が二足歩行をしている姿にグロテスクな印象を抱く学生が少なくない。この作品では、人間に対する風刺が剥製の形（昆虫）がもたらす「昆虫性」を用いることによって表現されているのだが、昆虫たちが二足歩行をする姿にたいする学生の反応は、④の「ハイブリッド「ヒューマニマル」」が視聴者に不気味さや嫌悪感をもたらすことを証している。それは、私たちの、未知なるもの、分類不可能なものへの恐怖の表象として作用している。あるいは、①の「純粋な「動物」」レベルの他者性が利用されるかたちで、②の「批判的人間」、すなわち人間の矮小さ、俗物としてのイメージを増加させていると言えるだろう。

次にジョン・ハラス&ジョイ・バチュラー『動物農場』を取り上げよう。前述のように、同作は農場主に虐げられてきた動物たちが革命を起こし、人間を追放したのちに自ら農場経営に乗り出す話である。人間の農場主に搾取されていた動物たちが、革命によって動物のみの理想の共和国を築こうとするのだが、同作中で理想化される豚のスノーボールには、②の「願望的人間」のレベルが見受けられよう。しかし、豚のナポレオンが次第に独裁者と化し、農場経営は恐怖政治へと変貌していく。ここでは、③の「批判的人間」のレベルが見える。また、農場経営の文脈を参照すれば、同作中では、家畜化された動物たちには階層差があることがわかる。また、同作のストーリーを象徴レベルで検討すれば、実際のロシア帝政の風刺となっていることが明らかである。[*15] 動物の世界と人間の世界の両者が比喩的かつ象徴的なレベルで機能しており、④「ハイブリッド「ヒューマニマル」」のレベルが浮上する。

さらに注目したいのは、『動物農場』では、動物主義の原理を七つの戒律にして経営が行われているが、動物ゆえに戒律内容のごまかしや詭弁に気づかないという場面がいたるところで仕掛けられていることである。人間であれば理解できる身勝手な言い分や〝言葉の綾〟に動物は気づけないのだ。この映画では、このような①「純粋な「動物」」レベルが目をひくように制作されていることが注意される。たとえば、文字を読めない山羊にとっては、与えられた書物（紙）は食料に過ぎず、ただそれをむさぼり食うばかり。いわば、『動物農場』では、動物を擬人化する一方で、馬、ロバ、羊などの動物の固有性、犬であれば吠える、馬であれば疾走するなどの動物生態の特徴も部分的なかたちで生かされ、かつそれらが人間とは異なる「他者性」として表現されている。この「純粋な「動物」」レベルは、それが結果として動物たちそれぞれに、様々な惨禍を生み出してゆくことも描かれる。観客の私たちは、動物のキャラクターたちに「動物だから」、と軽蔑や憐れみの情を抱いてしまう。すなわち、『動物農場』では①の「純粋な「動物」」レベルは他者性として構築され、作品内で効果的に作用している。

では、高畑勲のアニメーションにおける動物は、どのように描かれているのだろうか。高畑勲が強い影響を受けている宮沢賢治の童話との関わりからみてゆきたい。

二　宮沢賢治の童話と高畑勲『セロ弾きのゴーシュ』における動物の役割

この節では、高畑勲が監督した「動物アニメーション」映画として、アニメーション映画『セロ弾きのゴーシュ』をとりあげてゆきたい。[*16] なぜなら、高畑勲は、原作である宮沢賢治の同作童話を動物に注目して読み解いているからである。翻って考えれば、映画『セロ弾きのゴーシュ』とは、高畑が宮沢賢治の描く動物についてどのように解釈したかという答えにもなっている。ここでは、原作である宮沢賢治の童話と動物について検討をした上で、高畑が『セロ弾きのゴーシュ』の動物をどのように捉えたのかを探ってゆく。

アニメーション映画『セロ弾きのゴーシュ』の制作から三〇年以上の年月が過ぎた二〇一五年四

月、高畑は同映画のオーディオ・コメンタリーを収録している。[*17] その中で、宮沢賢治作「雪渡り」に登場する動物について、興味深い発言をしている。

「狐がいつ二本足になったのか、気になるんだよ」

高畑がこのように述べたのはなぜなのだろうか。「雪渡り」は、雪の草原の中を歩く四郎とかん子の兄と妹が、子狐の紺三郎に出会い、狐の幻燈会に招待される話である。ここでは、この童話の中で狐の紺三郎がどのように呼ばれているかに注意してみよう。なぜなら、紺三郎の呼称が揺れ動いているからである。紺三郎は、四郎とかん子の前に初めて姿を表すときには、

キシリキシリ雪をふんで白い狐の子が出て来ました。（傍線引用者、以下同じ）

と呼ばれている。紺三郎は、この時点では、「狐の子」＝動物なのだ。しかしその後、狐の紺三郎が兄妹に向かって口を開くときには、紺三郎は、次のように人間のような仕草を見せる。

するとと狐がまだまるで小さいくせに銀の針のようなおひげをピンと一つひねって云いました。

高畑勲は、このとき紺三郎は動物の狐から擬人化される、つまり四つ足の動物から二足歩行の「紺三郎」になったと発言している。狐の表象を視覚化して思考しているからだ。童話「雪渡り」の本文に戻り、その後の紺三郎の登場場面を確認してゆくと、兄妹と紺三郎が暫くやりとりをしたあと、「狐の子」は突然「子狐紺三郎」に変わっている。

「狐こんこん狐の子、狐の団子は兎のくそ。」
するとj子狐紺三郎が笑って云いました。

そしてその後、再び兄妹と紺三郎が交流したのち、紺三郎の呼称から「子狐」が省かれ、「紺三郎」のみとなる。その後、狐／紺三郎の呼び名がどのようになっているのか童話の本文を辿ってみると、作品最後まで狐は「紺三郎」のままで呼ばれている。

「雪渡り」の語りは、人間である四郎とかん子の兄妹に寄り添って叙述されているため、地の文における呼称の観点から分析する限りでは、「雪渡り」という童話は狐の紺三郎が、人間にとって近しい存在になっていったことが描かれているのだろう。紺三郎は、人間にとって動物／人間の境界線の上で、「狐の子」→「子狐紺三郎」→「紺三郎」と、「動物」から「人間」に近しい存在に移動してゆき、人間に近づいたままで作品は閉じるのだ。宮沢賢治は、人間にとって見慣れない、親和性のないものが次第に親しみのある存在として、人間たちに——登場人物のみならず、私たち読者に——受け止められてゆくプロセスを丁寧に描いていることがわかる。

日本児童文学の領域で動物を登場人物として描いた作家を考えてゆくとき、宮沢賢治は疑いなく、その代表的な作家だ。『風の又三郎』や『銀河鉄道の夜』など、宮沢賢治の童話の多くは未発表の草稿として残されているが、やはり生前未発表作品である短編「ツェねずみ」の草稿を見ると、その表紙には「動物寓話集中」という書き込みがある。宮沢賢治の中でも「動物寓話」を書くことが意識されていたことは確かである。[*18] その一方で気づかされるのは、動物の観点から宮沢賢治の童話を検討すると、当時の日本において（人間／動物の分節化という点で）興味深い言説となっていることだ。しかし、これまでこの点に注意が払われることはほとんどなかったようだ。[*19] 人間／動物の分節化の論点はもっと強調されてよいのではないだろうか。

宮沢賢治の描く動物は、人間／動物の境界線が不明瞭であるといい、違和感を表明したのは、批評家の柄谷行人であった。柄谷は次のように発言していた。

それは別にして、宮澤賢治の童話は、非常に欺瞞的なものだと思う。たとえば、動物が出てきても、イソップみたいな寓話はいいんですよ。動物はたんに擬人化されているわけだから。今でもタカ派とかハト派とか言いますが、実際の鷹や鳩となんの関係もないことは誰でもわかっています。ところが、宮澤賢治の場合には、そこに変なかたちで自然科学が入ってきます。たんに動物を擬人化しているぶんにはいいんですが、本当の動物界が出てくる。たとえば食物連鎖の世界みたいな認識が出てくる。そうすると、動物を擬人化することが、逆に、人間世界を動物世界化することになるのです。[*20]

柄谷行人の発言が、図らずも摘出していたのは、宮沢賢治の童話における動物は、人間／動物の境界が曖昧であるという様相ではないだろうか。さらに、柄谷の発言は、動物と人間が明瞭に区別されない表現に、いら立ちや居心地の悪い思いを抱いてしまう人がいることも露呈させている。

そこで着目したいのは、高畑勲が、宮沢賢治の童話を映像化したいと発言していたことである。「いつか映像化したい賢治」である。[*21] そこで、高畑が映像化してみたい宮沢賢治の作品として取り上げるのは、「鹿踊りのはじまり」「水仙月の四日」「どんぐりと山猫」「なめとこ山の熊」「雪渡り」「狼森と笊森、盗森」「北守将軍と三人兄弟の医者」である。前述の「雪渡り」が、人間と狐の交流が功を奏したことを主題とするように――それゆえに作品の最後まで、狐の紺三郎は地の文で「紺三郎」（≠「狐」）と語られたように――これらのいずれの作品も、人間と動物（人間以外のもの）との交流が（象徴レベルも含めて）描かれている点は興味深い。[*22]

たとえば、童話集『注文の多い料理店』に所収された「鹿踊りのはじまり」（一九二四年）。これは、湯治で山の中に逗留した農夫の嘉十と鹿の交流の話である。嘉十が野原に置き忘れた手拭いを取りに行くと、鹿たちが嘉十の手拭いを取り囲こむ姿に遭遇する。嘉十がススキの陰に隠れて鹿たちの様子をみていると、突然、鹿たちのことばが人間のことばとなって嘉十の耳に聞こえてくる。嘉十は鹿たちの歌と踊りに感動し、我を忘れて飛び出すと、鹿たちは驚いて一目散に逃げていってしまう。

一方、「なめとこ山の熊」（推定一九二七年頃）は、熊捕りの名人の淵沢小十郎と熊の交流を描く話である。[*23] 小十郎が殺した熊の肝や毛皮は町では安く買いたたかれてしまうため、この童話では資本主義経済の搾取や猟師が熊を殺す宿業の問題に焦点があてられ読解されてきた。しかし、人間／動物の境界線の観点からこの童話を検討すると、人間／動物の区分の曖昧化や攪乱が生じていることに気づく。小十郎は、「鹿踊りのはじまり」の主人公と同じく、いつの間にか熊のことばを理解する。さらには、殺そうとした熊の方から人間（小十郎）に語りかけるのである。「もう二年ばかり待って呉れ、おれも死ぬのはもうかまはないやうなもんだけれども少しし残した仕事もあるしたゞ二年だけ待ってくれ」と。熊と小十郎とのあいだに深い関係性が育まれているのは、小十郎がいわゆるマタギという狩猟民[*24]である設定と関わっているのだろう。人間の側が、動物が知覚する世界に近づいていること、その狩猟とは動物の感情と一体となることで可能だった。改めて「なめとこ山の熊」の語りを検討すると、熊の立場に立ち、熊の台詞を想像しようとする水準が見出される。「間ちがってゐるかも知れないけれども私はさう思ふのだ」と。そして、このように動物の立場について考える視点が、「セロ弾きのゴーシュ」（推定一九三一～一九三三年頃）にも見出せる。

「セロ弾きのゴーシュ」は次のような話である。町の活動写真館でセロを弾くゴーシュは、下手でいつも楽長から叱られていた。しかし毎夜訪れる動物との交流を通して上達し、ついには演奏会のアンコールで観客から賞賛を浴びる。この童話は「鹿踊りのはじまり」や「なめとこ山の熊」と異なり、動物が人間の言葉を話す前提の童話である。高畑は「賢治には、どうしてもそんなふうに、動物たちが人間的にふるまっているとしか思えなかった。それを描くために、やむを得ず擬人化みたいなことをしてしまうし、場合によっては着物も着せてしまう[*25]」という。

これまで確認してきた宮沢賢治の動物童話と比較して童話「セロ弾きのゴーシュ」で注目されるのは、人間と動物の関係性において露骨な「階層差」が設定されていることである。言い換えるならゴーシュに「人間至上主義」が描出されているのである。以下、訪れる動物とゴーシュの会話を確認しよう。

最初にゴーシュの家を訪れるのは三毛猫である。三毛猫は、ゴーシュの畑にあったトマトを持ってやってきたため、ゴーシュが応酬する場面である。

「誰がきさまにトマトなど持ってこいと云った。第一おれがきさまらのもってきたものなど食うか。それからそのトマトだっておれの畑のやつだ。何だ。赤くもならないやつをむしって。いままでもトマトの茎をかじったりけちらしたりしたのはおまえだろう。行ってしまえ。ねこめ。」

するると猫は肩をまるくして眼をすぼめてはいましたが口のあたりでにやにやわらって云いました。

「先生、そうお怒りになっちゃ、おからだにさわります。それよりシューマンのトロメライをひいてごらんなさい。きいてあげますから。」

「生意気なことを云うな。ねこのくせに。」

セロ弾きはしゃくにさわってこのねこのやつどうしてくれようとしばらく考えました。

「いやご遠慮はありません。どうぞ。わたしはどうも先生の音楽をきかないとねむられないんです。」

「生意気だ。生意気だ。生意気だ。」


ゴーシュは、自分を対等に扱おうとする猫の振る舞いに怒りを表しているのである。

次の夜はかっこうが訪れる。


「鳥まで来るなんて。何の用だ。」ゴーシュが云いました。

「音楽を教わりたいのです。」

かっこう鳥はすまして云いました。

ゴーシュは笑って
「音楽だと。おまえの歌は、かっこう、かっこうというだけじゃあないか。」

（中略）

「どうかもういっぺん弾いてください。あなたのはいいようだけれどもすこしちがうんです。」
「何だと、おれがきさまに教わってるんではないんだぞ。帰らんか。」

ゴーシュは、かっこうが自分にむかって音楽の指南をすることに怒りを覚えている。「かっこう、かっこう」というだけの鳥が人間の音楽を理解するはずはない、という前提があるからである。しかし、ゴーシュの頭の中にふと次のような考えが頭に浮かぶ。

ゴーシュははじめはむしゃくしゃしていましたがいつまでもつづけて弾いているうちにふっと何だかこれは鳥の方がほんとうのドレミファにはまっているかなという気がしてきました。どうも弾けば弾くほどかっこうの方がいいような気がするのでした。

しかし、ゴーシュは「動物」を相手にしている自分のふるまいに気づき、我に返る。

「えいこんなばかなことしていたらおれは鳥になってしまうんじゃないか。」とゴーシュはいきなりぴたりとセロをやめました。

（中略）

「なぜやめたんですか。ぼくらならどんな意気地ないやつでものどから血が出るまでは叫ぶんですよ。」と云いました。

「何を生意気な。こんなばかなまねをいつまでしていられるか。もう出て行け。見ろ。夜があけるんじゃないか。」ゴーシュは窓を指さしました。

東のそらがぼうっと銀いろになってそこをまっ黒な雲が北の方へどんどん走っています。

「ではお日さまの出るまでどうぞ。もう一ぺん。ちょっとですから。」

かっこうはまた頭を下げました。

「黙れっ。いい気になって。このばか鳥め。出て行かんとむしって朝飯に食ってしまうぞ。」ゴーシュはどんと床をふみました。


動物たちに向けたゴーシュの罵りはいささか過剰ではないだろうか。またなぜこの童話は、主人公ゴーシュが動物と同じ立場（ポジション）になってしまうことへの嫌悪が描かれているのだろうか。先に見た「雪渡り」においては、動物と人間のあいだの温かな交流が主題となっていた。狐の幻燈会に招待された四郎とかん子は、狐の差し出した団子を食す。それを見た狐たちが人間に信用されたと感激することで童話は大団円を迎える。「雪渡り」の主題と比較して「セロ弾きのゴーシュ」では、ゴーシュが動物を見下し、罵倒を繰り返す描写は違和感をもたらす。これは、この童話の重要な主題が、人間と動物の階層差が払拭されることにあるからではないだろうか。参考までに「セロ弾きのゴーシュ」の草稿を確認すると、前述のかっこうの場面では、「ばかなおれは鳥の楽隊じゃないんだぞ」というゴーシュの台詞があり、ゴーシュは自分の音楽が鳥のレベルと同一視されていることに怒りを覚えている。いわばゴーシュと動物たちの「階層差」は「セロ弾きのゴーシュ」では、あえて露骨に設定されたと考えられる。「セロ弾きのゴーシュ」は「雪渡り」が発表されてから一〇年ほど後に執筆された作品である。「雪渡り」における動物と人間の交流という主題から人間／動物の階層差を解消するという主題に変化し、人間／動物の境界線の問題について進展している様子が見受けられる。

動物たちの来訪のあと、ゴーシュは演奏会を迎え、大成功を収める。興味深いのは、その後の――事実上、この童話の最後の記述であるが――ゴーシュの台詞である。

> その晩遅くゴーシュは自分のうちへ帰って来ました。
> そしてまた水をがぶがぶ呑みました。それから窓をあけていつかかっこうの飛んで行ったと思った遠くのそらをながめながら
> 「ああかっこう。あのときはすまなかったなあ。おれは怒ったんじゃなかったんだ。」と云いました。

末尾が示すのは、かっこうへの労わりのことばである。ここでは、ゴーシュが、それまで見下していた動物の側を推し量ることが可能になったという解釈が可能である。参考までに、草稿では、

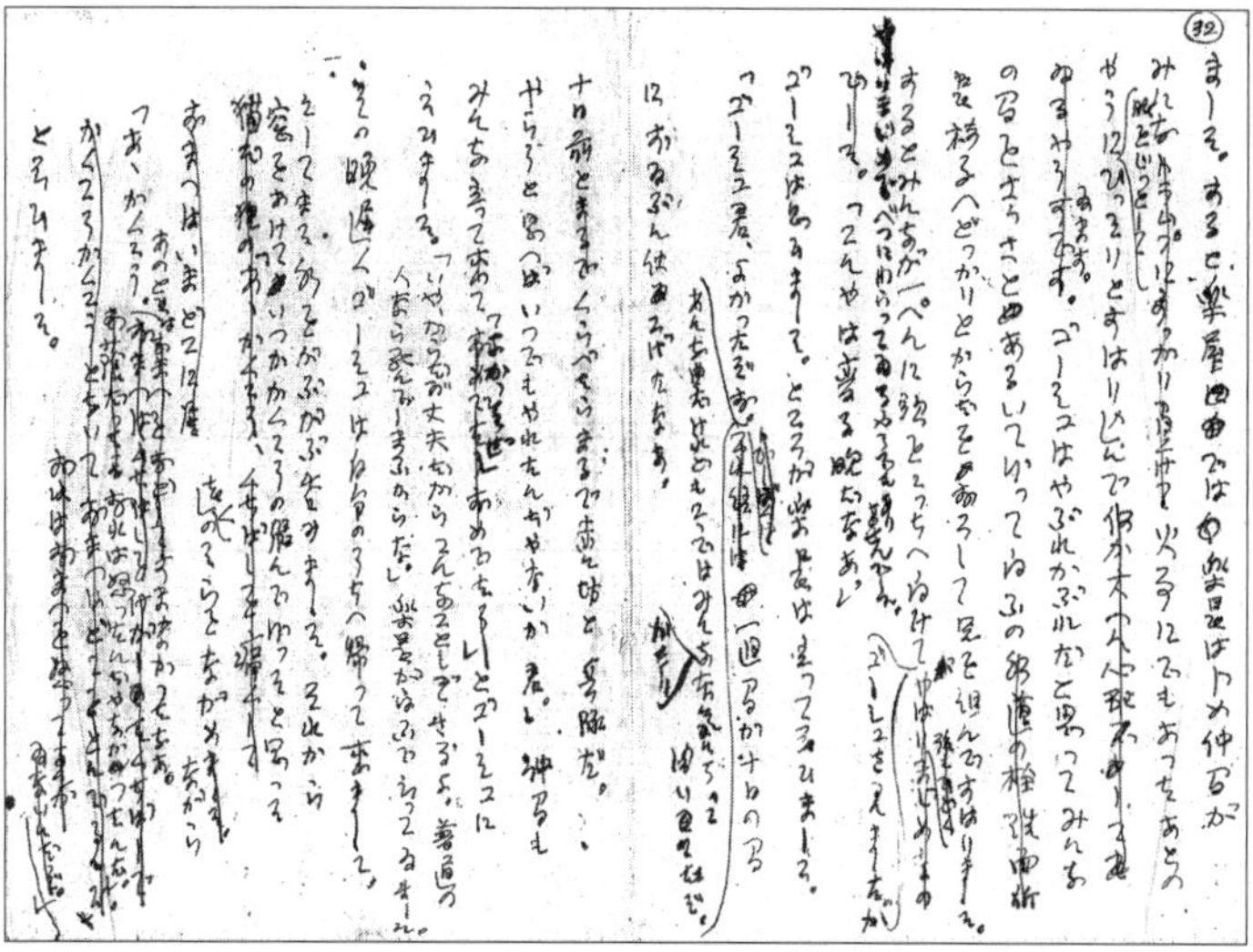

図②　宮沢賢治「セロ弾きのゴーシュ」草稿（宮沢賢治記念館所蔵）

ゴーシュはかっこうのみならず猫や狸など、この童話に登場する動物たちに申し訳なかったと感じる台詞を書こうとしていた形跡が確認される［図②］。

草稿からは、ゴーシュが動物たちに攻撃的で、さらには作品末尾では登場する動物のほとんどに労わる気持ちを抱くようになっていたことがわかるが、人間／動物の階層差の観点から見るとき、童話「セロ弾きのゴーシュ」では、人間の持つ動物への階層意識が払拭され、動物の受け入れが可能になったという論点が見えてくる。興味深いことに、高畑勲は、『セロ弾きのゴーシュ』の制作を通してこの論点を意識するようになったと考えられる。なぜなら、高畑は「私たちは「セロ弾きのゴーシュ」をただ芸術家に固有の物語と考えたり、そこで語られているテーマを芸術論だけに限定するのは間違いだと思います」と述べた上で、「ゴーシュは迷惑がり怒りながらも動物たちを受け入れ、次第に心がほぐれていきます」「そして青年の心にいつしか真の自発性と他者への愛が生まれ」と述べているからだ。[*26]

ここで高畑が言及する「他者」とは、動物たちのことだろう。そして、後に高畑は次のように述べている。

擬人化というのは動物の姿を借りて人間を表現することだけど、賢治の多くの作品では、狐はちゃんと狐、鹿は鹿。にもかかわらず、それは魂を持った、喜びと悲しみも知っている存在であることがわかる。（中略）

『セロ弾きのゴーシュ』では、その時は意識していなかったけれど、普通の猫がいて、それが立ち上がる。これは映画にする前からそのように思っていた。なぜそう思ったか。おそらく賢治を映像化するとはどういうことかを考えていたからだと思います。

単純な例にすぎませんが、賢治の作品は、そういうことに満ち満ちているのです。[*27]

高畑は、宮沢賢治の童話に登場する動物が、生態的な動物ながら魂を持つ存在であると述べている。つまり高畑は、アニメーション評論家のおかだえみこが指摘する「動物アニメーション」の特色――生態的な動物と人間の心理を描く――を宮沢賢治の童話の中に見出している。前述の「鹿踊りのはじまり」についても、高畑は、宮沢賢治が、鹿は鹿のままで、人間と同様な感情を持ち、考える存在なのだと認識していたのだと述べている。[*28] 高畑は、アニメーション映画『セロ弾きのゴーシュ』の制作を通して、人間／動物の階層差の払拭、動物の心を推し量る立場へと向かう。それは高畑が「動物と人間が対等という我々の深層の中に生き続けている気持ちを（中略）同時に支配者となってしまった人間の責任をきちんと取っていく必要があるんじゃないでしょうか」[*29] と述べていることからもわかる。そしてこの後、高畑は、宮沢賢治へのオマージュを捧げた[*30] という映画『平成狸合戦ぽんぽこ』を制作してゆく。

三　高畑勲『平成狸合戦ぽんぽこ』――『ライオン・キング』と人間／動物の境界線

『平成狸合戦ぽんぽこ』は、なぜ「狸」を主人公にしたのだろうか。

高畑は、その理由の一つとして、狸は昔話等で面白い話が伝承されているため、アニメーションでつくっておくべきと考えたと述べている。[*31] しかし、そうであるならば、狐を主人公にしてもよいはずだ。じつは、前節でとりあげた映画『セロ弾きのゴーシュ』における演出の経験が、『平成狸合戦ぽんぽこ』で狸を取り上げることと深く関連すると考えられる。なぜなら、『セロ弾きのゴーシュ』に登場する動物のキャラクターは、猫、かっこう、ねずみ、狸がいるのだが、高畑は、次のように狸に注目しているのだ。

私が動物園ではじめてタヌキを見たのは大人になってからでした。でもこれはほんとうのタヌキではない、と思ってしまったのです。たしかに目のふちにクマドリがある点ではタヌキ的ではあったけれど、冬毛の抜けおちたあとだったのでしょう、薄汚れて鼻面が長くほっそりとした顔は、勝手に思い込んでいたイメージとはあまりにも違いすぎました。[*32]

高畑は、実物の狸を見たとき「ほんとうのタヌキではない」と思ったという。そして、日本では、狸や狐については、人々がほかの動物よりも親しみを持って見ようとする気持ち――つまり人間の姿に近づけようとする気持ちがあり、[*33]その結果、狸のイメージの中には動物に共通する外形的立体的特徴（鼻面の長さ高さなど）があまり見られないのだと推測している。そして、映画『セロ弾きのゴーシュ』において狸のキャラクターに人気が集まったのは、それが上述の「人間化」の典型だったためだと言う。[*34]

じつは、映画『平成狸合戦ぽんぽこ』では、高畑がこの狸のキャラクターの使用を深化させている点が興味深いのである。この節では、『平成狸合戦ぽんぽこ』における動物のキャラクターの造型に、高畑によるどのようなチャレンジがあったのか追究してゆきたい。そのため、ここではまず、同時代における動物アニメーション映画の比較として『ライオン・キング』を取り上げ、二作品における差異を照らし出すことによって高畑の動物のキャラクターの特徴を明瞭化したい。

『平成狸合戦ぽんぽこ』が公開された年は、有名な動物アニメーション映画が公開された年でもあった。前述の、ディズニーによる『ライオン・キング』である。ディズニーは一九九〇年に入ってから、「ディズニー・ルネッサンス」と形容される商業的成功作を生み出しており、『ライオン・キング』は一九九一年の『美女と野獣』、一九九二年の『アラジン』に引き続くものとして位置づけられている。同作は一九九四年公開当時には歴代年間興行収入第一位を記録しており、[*35]二〇一九年にリメイク作品、その後ミュージカル演劇として繰り返し上演されていることから、現在から遡及的に見れば、大衆に広く受け入れられる要素があったことがわかる。その意味でも、『平成狸合戦ぽんぽこ』とは好対照であるのかもしれない。

まずは、高畑による『ライオン・キング』への言及をみてゆきたい。高畑は、動物映画として同作を批判する。その理由はこういうものだ。昔であれば、動物の生態については詳細がわからなかったため、作品の中で擬人化したり、動物の住む社会を自在に変更することができた。しかし、現代の観客は、動物の生態についてドキュメンタリーなどを通して理解している。にもかかわらず、『ライオン・キング』は動物を人間の都合や判断に合わせて擬人化し、生態とはまるで異なる動物を描いて見せている、と。[*36]

では、具体的にはどのような箇所だろうか。まずは、『ライオン・キング』のストーリーから確認しよう。舞台はアフリカのジャングル、プライド・ランドの王者の息子である主人公シンバが誕生する。彼の父親のムファサは動物から尊敬されており、息子のシンバにいずれジャングルの王として君臨する運命だと教える。しかし、王の座を狙うムファサの弟（シンバの叔父）のスカーの偽計により、王のムファサは不慮の死に至る。幼いシンバは父親の死が自分のせいだと思い込み、罪の意識に苛まれたまま故郷を離れる。シンバは遠い地に赴き、イボイノシシやミーアキャットなどの仲間たちと暢気な日々を送りながら成長するが、ある日幼馴染のガールフレンドと再会し、邪悪なスカーによって統治されたプライド・ランドが荒廃してしまったことを聞く。シンバは自分に与えられた使命に気づき、スカーと決闘し勝利をおさめ、プライド・ランドの王として君臨する。

この作品には、父親との死別、叔父の裏切り、幼馴染とのラブストーリーといった要素が確認される。叔父の裏切りにより父王を殺され、王位に就いた叔父に復讐を遂げようとする筋書きは、観客にウイリアム・シェイクスピアの悲劇『ハムレット』が下敷きであることを容易に想起させる。自然界を舞台に展開する「古臭い物語」[*37]＝観客がどこかで見聞きしたことのある枠組みの物語なのだ。[*38]

ミーアキャットのティモン役の声優を務めた俳優ネイサン・レインは、主人公シンバ役の俳優マシュー・ブロデリックとの対談において、同作の商業的成功を次のように評している。「シチュー作りと同じ。皆がいろいろ投げ込んだら絶品に仕上がった」。作詞家のティム・ライスも、この映画の成功は「共同作業の賜物」という。[*39]それは、同作が多くの人たちにとって心地の良い物語であること、言い換えれば大衆の嗜好に叶う要素が盛り込まれていることを示す。すなわち同作は多くの観客にとって「見たいもの」を見ることが可能な作品となっているのだろう。それは何か。ストーリー部分で探ってみるとき、ある時間の経過が目に留まる。プライド・ランドから追放された幼かったシンバはいつの間にかタテガミを持つライオンになっているのだ。これは、シンバが、幼い日に父親を死に追いやった自分は王にふさわしくない、というコンプレックスを抱えた時間が長かったことを示していよう。しかし、池の水面に映し出された自分の姿の中に父親を見出し、自らの使命に気づく。

このように、同作は、〝コンプレックスからの脱却〟が主要なモチーフとなっていることがわかる。[*40]ここには思春期の青年におけるモラトリアム——古典的な煩悶の物語が重ねられている。擬人化とは、人間の感情を人間でない存在（非人間）の感情に投影することである。このことを裏返しに言えば、動物のふるまいを人間自身の感覚、情動として翻訳しているのである。シンバはこの意味で擬人化されている。

現在の私たちは、様々な媒体を通じて動物の生態を知っている。動物が人間と同様には思考していないことを知っている。したがって、ここでは実際の動物の生態が閑却されることで、青年の人間の物語が展開されている。もちろん、擬人化そのものが悪ということではなく、問われるべきはその使用法だろう。たとえば擬人化の妥当性を提示することや、擬人化を包含的、複合的に表現することで動物へのリスペクトを担保することも可能だろう。しかし『ライオン・キング』は、青年の煩悶の物語を中心化することで動物の生態へのリスペクトが感じられない、と高畑は考えているようだ。

動物の生態へのリスペクトが見えにくい点は、シンバのそばにいるイボイノシシとミーアキャットにおいても指摘できよう。このような動物のキャラクターは、主人公の相棒として主人公を茶化したり励ましたり、時に説教する狂言回し的な存在である。アニメーション作品で頻出し、多くはコメディ効果を担う。[*41] 元々はシリアスな話として構想されていた『ライオン・キング』も、シンバの父親の死の後にユーモアの要素が必要となり、その役割を担うためこれらコメディ効果のある動物のキャラクターが採用された。[*42] イボイノシシとミーアキャットのキャラクターは、ユーモアの要素が優先され、実際の動物の生態は閑却されている。前述のポール・ウェルズは、このような「ディズニー化された」動物について、誤解を招くような過度の単純化であると述べ、批判する。[*43]

高畑は、『ライオン・キング』が人間の意識が優れているという立場を示しており、人間至上主義という既存のイデオロギーを強化することに繋がるのだと批判しているのであろう。では、高畑が監督した『平成狸合戦ぽんぽこ』では、動物はどのように描かれているのだろうか。

実際の動物への生態に敬意を払いつつ動物アニメーション映画を制作すること――高畑がどのような手法を用いたのか探ってゆきたい。このような問いを持ちつつ、『平成狸合戦ぽんぽこ』で描かれた動物のキャラクターを考えるとき、狸のキャラクターのパターンが四通りである意味が改めて認識されるのではないだろうか。この節では、狸のキャラクターの分類とその効果を考えるが、『セロ弾きのゴーシュ』の制作で見出された「狸」というキャラクター性が利用されていることも確認してゆきたい。

『平成狸合戦ぽんぽこ』の狸たちは、四種類の姿で登場している。Ⓐ生物学的な狸（本狸）、Ⓑ二足歩行の狸（タヌキ）、Ⓒ杉浦狸、Ⓓぽんぽこ狸である［図③］。これは、一匹の狸のキャラクターが一つの形に定型せず、この四つのパターン（四態）に随時入れ替わることを意味している。たとえば山奥を駆け巡っているときはⒶの生物学的な狸であるが、人間の言葉を発するときはⒷの二足歩行の狸に入れ替わる。典型的なシーンは、狸たちの族長会議における正吉の「変化」である。正吉は理路整然と自分の考えを喋ると、他の狸から「まるで人間みたいなやつだな」という言葉を投げかけられる。そのとき正吉は二足歩行の狸から本狸（生物学的な狸）の姿に早変わりして「いいえ、ぼくは根っからのタヌキです」と答える[*44]［図④］。二足歩行で造形された狸については、洋服や顔の

図③　狸のキャラクターの4つのパターン
Ⓐ生物学的な狸（本狸）
Ⓑ二足歩行の狸（タヌキ）
Ⓒ杉浦狸　Ⓓぽんぽこ狸
（Ⓐ：高畑勲・大塚伸治・百瀬義行『スタジオジブリ絵コンテ全集9 平成狸合戦ぽんぽこ』徳間書店、2001年、15頁）

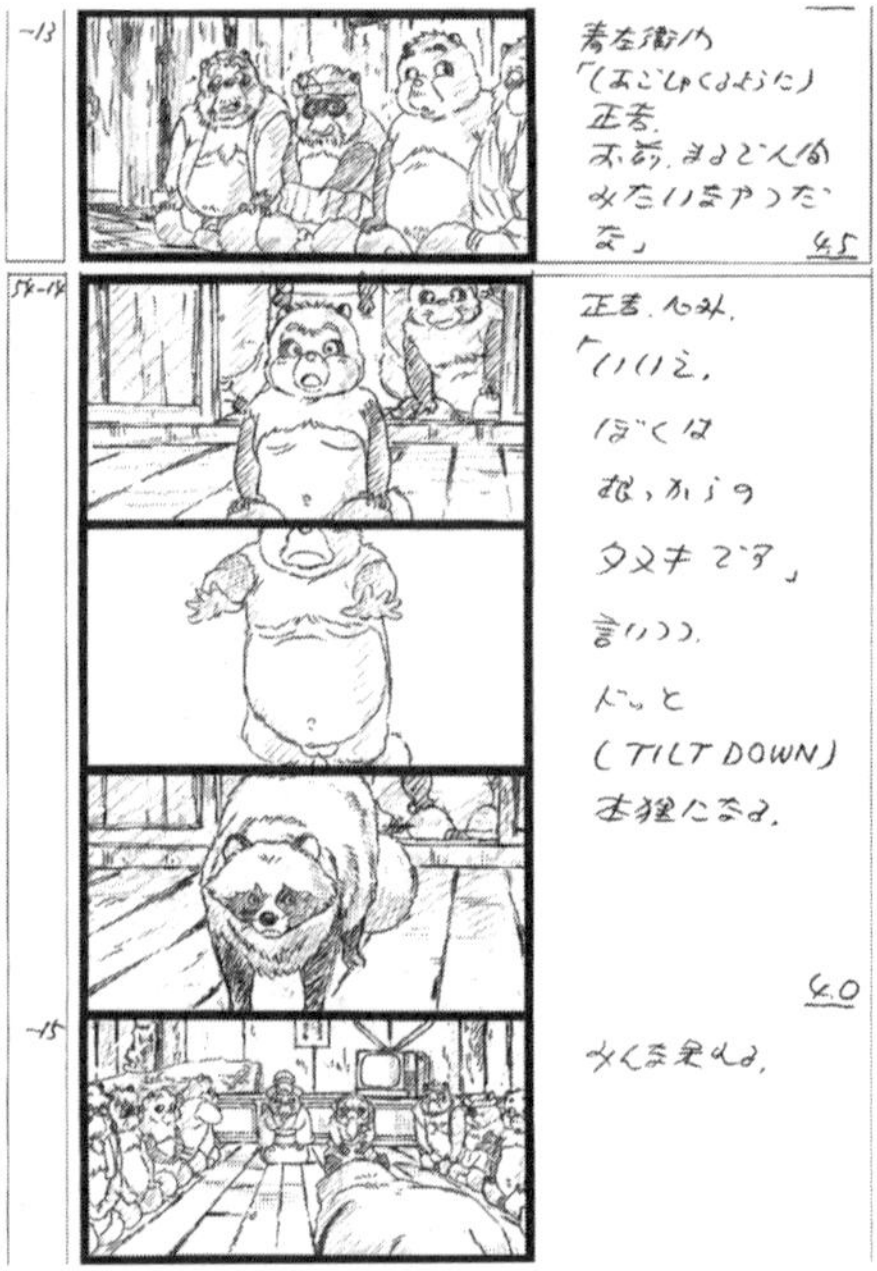

図④　Ⓑ（タヌキ）からⒶ（本狸）への変化（『スタジオジブリ絵コンテ全集9 平成狸合戦ぽんぽこ』375・376頁）

造形によって個性が表現されており、観客はそのキャラクターを容易に同定することができる。たとえば、正吉と共に「双子の星大作戦」をするおキヨは優しい顔つきでオレンジ色の袖なし羽織を着用し、四国へ使者として旅立つ玉三郎は、凛とした整った容姿で首にマフラーを巻いている。

Ⓒの杉浦狸は、杉浦茂の漫画の狸をふまえた名称である。『平成狸合戦ぽんぽこ』の企画の段階では、宮崎駿と鈴木敏夫プロデューサーの愛読書であった杉浦茂の漫画『八百八狸』[*45]の物語が検討されたからである。[*46]狸が打ち負かされたと感じたときにこの姿をとるが、これは『八百八狸』から借りてきた設定であることがわかる〔図⑤〕。『八百八狸』からの影響あるいは共有する部分について補足すれば、冒頭の「あたいは」「たべものを盗んだりしてるいけないたぬちゃんです」[*47]の台詞や、狸たちが修業する場面、刑部たぬきの登場などが指摘できよう。Ⓒの杉浦狸とⒹのぽんぽこ狸は、ともに単純な線を中心に描かれた

キャラクターであり、Ⓓは宴会のシーンなどで皆が大喜びして浮かれた時などに描かれるもので、Ⓒをさらに単純化したものである。

この四態のうち、注意を払いたいのはⒶの生物学的な本狸とⒷの二足歩行の狸である。Ⓐの生物学的姿の狸を表現するために、高畑は、狸について骨格から生態まで調べつくしており、通常のアニメーション映画では考えられないほどの徹底的なアプローチをしたことがわかる。それはフラッシュ・ショットの場面で突き上げられた狸の死骸や、狸が餌を奪いあい威嚇する姿などに表現されている。これは動物の生態学に基づいており、ドキュメンタリー的な効果が期待されるものとなっている。

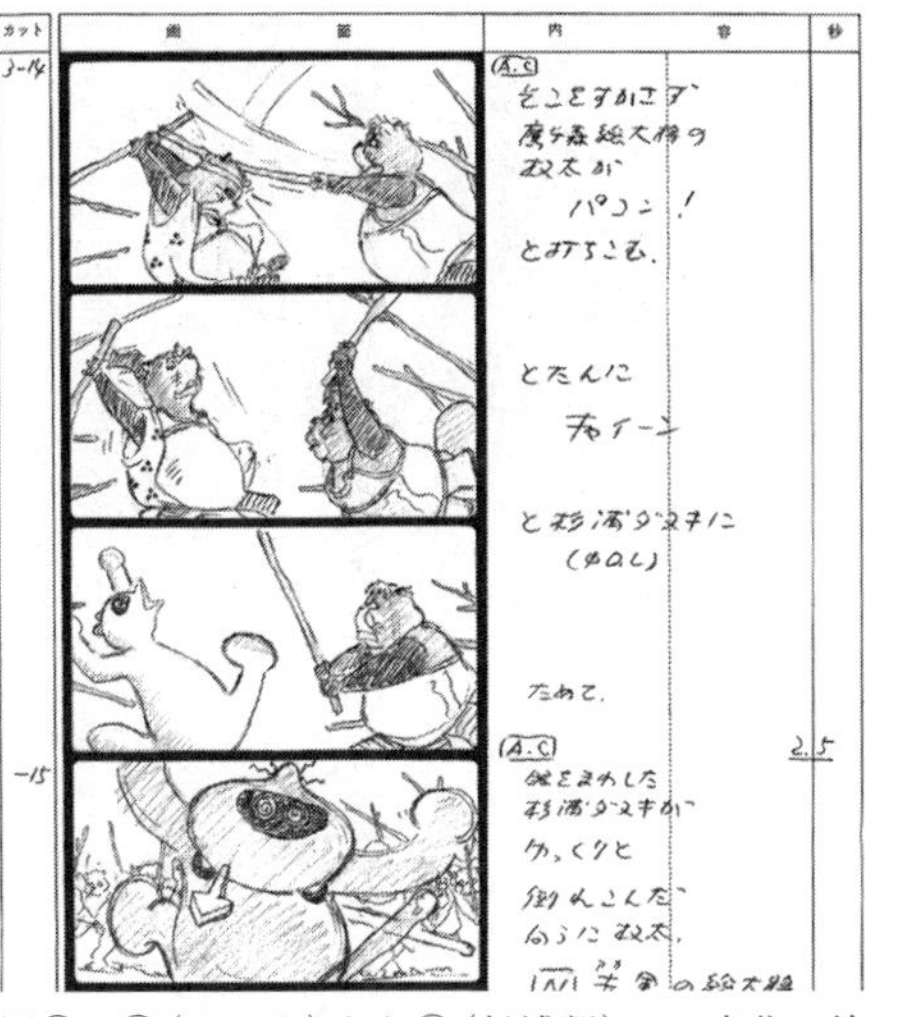

図⑤　Ⓑ（タヌキ）からⒸ（杉浦狸）への変化。絵コンテには「とたんに／キャイーン／と杉浦狸に」という書き込みがある（『スタジオジブリ絵コンテ全集9 平成狸合戦ぽんぽこ』20頁）

Ⓑの二足歩行の狸は、直立二足歩行の人間的な姿の狸であるが、動物の寓話化の問題と関連して掘り下げてゆきたい。まずは、狸の二足歩行について着目してみよう。前述のジョン・ハラス＆ジョイ・バチュラー『動物農場』では、動物主義の七つの戒律の中には「二本足歩行の禁止」が含まれる。これは、動物が人間化

することを禁じる設定である。一方、高畑は『平成狸合戦ぽんぽこ』で、狸は人間が知らないところでは、二足歩行をしているという設定をとる。それにもかかわらず『平成狸合戦ぽんぽこ』が「動物アニメーション」であるのは、「狸だったら、これくらいのことはしているかもしれない」という想像力の範疇で狸を人間に近づけているところにある。この点は、じつは狸のキャラクター化の問題と関わっている。そのため、この狸のキャラクターが生物学的な狸と、著しくかけ離れた図柄になっている点を改めて検討しよう。

Ⓑの二足歩行の狸は、日本で生まれ育った人にとっては「狸」だと認識できるものになっていることが重要だろう。さらには、この狸のキャラクターが、信楽焼の狸に似せてあることに注意を払いたい。『平成狸合戦ぽんぽこ』の映画パンフレットには狸自身の「化け学」三態のうちの一つとして「信楽ぶり」についての説明がある。この「信楽ぶり」は、直立二本足歩行で両手も自由に使用することに本質があるという。狸たちが、人間に近い「信楽ぶり」の姿を受け入れ、この姿で日常を過ごすことが流行しはじめた等と説明するのだ。*48

ここである受容の事例を紹介したい。勤務先の大学で『平成狸合戦ぽんぽこ』についての講義をするときに行う「狸のイメージアンケート」である。例年、受講者の学生たちに、自分にとっての狸のイメージの源泉を質問している。「かちかち山」「ぶんぶく茶釜」の昔話（絵本）や、**Ponta** カードのキャラクターなどがあげられるが、なかでも信楽焼の狸をあげる学生が多いのだ。この受容を参考にすれば、『平成狸合戦ぽんぽこ』における二足歩行の狸のキャラクターは、日本における狸のイメージを踏まえていることがわかる。そして、さらに重要なことは、『平成狸合戦ぽんぽこ』では、日本における狸のイメージを観客に意識させるように演出している点である。たとえば同作では、人間による多摩丘陵の開発を止めるために、狸たちは「化け学」の復興に取り組むが、化け学を指南するおろくが、最初に変化してみせるのは「茶釜」である〔図⑥〕。そして、作品の後半部分で、狸たちが自身の存在をアピールしようとテレビ局に取材を申し込み、カメラの前に飛び出したときの和尚狸の姿態に注目しよう。（リアルな）信楽焼の狸の姿で登場しているのだ。ここでは、信楽焼の狸の姿態が、人間に「狸」と理解してもらえる姿態として表現されていることがわかる。信楽焼の狸が同映画で戦略的に用いられていることは、日本の狸のイメージには固有性があることを端的に示すものだ。

図⑥　茶釜に変化するおろく

高畑は、「本狸」という生物学的な狸のキャラクターを通じて動物の生態を描くことで動物への敬意を払う一方で、「タヌキ（信楽ぶり）」で日本固有の狸のイメージを取り入れた。また、企画で関わった宮崎駿およびプロデューサーの鈴木敏夫にとっての狸＝杉浦狸が、狸の四態の中に含まれているのも、杉浦茂の愛読者にとっての「狸」のイメージが踏まえられているためだろう。同一キャラクターが随時姿態を入れ替えることで、動物への敬意を払うこと——いわば人間至上主義に陥らないという課題を乗り越えることを、（動物寓話としてのアニメーション映画において実現したのだ。おかだえみこの「動物アニメ」の概念である「動物の生態＋人間の心理の掘り下げ」に対して「日本における狸のイメージ」を用い、それを観客に意識させようとしたところに高畑勲のチャレンジがある。

それでは、この狸のキャラクターは、人間／動物の境界線をどのように引いているのだろうか。狸たちは自らの生存の場を略奪されないように、あらん限りの知恵と力を出し合って抵抗運動を展開していった。そこでは人間VS狸の闘い、土地開発と自然保護の二項対立の図式が極めて明瞭に示される。その図式が見え透いて表現されるため、観客の多くは、この物語は人間と狸の戦いであると断定し、「動物」は結局のところ敗北するだろうと予測する。そして、その安心感を拠り所として、気楽な態度でスクリーンを眺めてしまう。あるいは観客が狸に同情を寄せたとしても、それは人間が、弱者＝動物へ哀れみの眼差しを向け得る立場にいるという優越意識の表れに過ぎない。しかし、スクリーンで展開される物語を追ってゆくとき、自らの足元が地殻変動を起こし、揺さぶられる体感を得ることになる。なぜなら、狸の示す処世術を見届けるとき、人間の生き方との連続性が立ち現われてくるからだ。

住み慣れた地域を追われた狸たちは、結局のところ人間に変化することになる。ある狸は都会でサラリーマンとして働く人間に化け、満員電車に揺られる。そのカットが映し出される場面を見て共感を抱いた観客は少なくないだろう。夕刻、プラットフォームへの階段をダッシュで駆けのぼるが、無情にも電車のドアが目前で閉まる。間に合わず、しょんぼりしながら、キヨスクでドリンク剤を飲む［図⑦］。電車が多摩センター駅に滑り込むとき、背景には大ニュータウン。そして次のような語りが届けられる。「多くは激しいストレスに耐えられず、体を壊して山へ帰りたがっています。まったく、こんな暮らしによく人間は我慢できるなと感心してしまいます」。ここで、動物の立場から人間世界を見る視点にくっきりと入れ替わっているのだ。人間社会からドロップ・アウトした狸たちが、新宿の神社境内をねぐらに、歓楽街の残飯をあさって暮らす姿もその一つである。都市の拡大とともに農村から都会へ移り、適応能力の限りを尽くして住みにくい街に生きている人々と、同作の狸たちは二重写しになっている。そして、敗北した狸たちが様々な生の方途を選択してゆく姿も人間世界の寓話となっている。人間との闘いを貫くため決死隊となり玉砕する狸たち、現実を受け入れられず踊り念仏に興ずる集団となり、多摩川を下る船に乗って死出の旅に出る狸たち。現実との闘争を続けた狸は無残な死骸を晒し、現実を甘受した狸は生き延びる。狸のままの姿であれ人間に変化したキャラクターであれ、ここに人間社会の現実が凝縮されていることは紛れもない。『平成狸合戦ぽんぽこ』は様々な矛盾に目をそむけず、美辞麗句にまとめあげず、現実を厳しく突き付ける。小説家の池澤夏樹は、抵抗しようとするも力及ばす、なし崩し的に生き延びる狸たちを「人間の自画像」と呼んだ。[*49]

図⑦　プラットフォームでドリンク剤を飲むサラリーマン狸

その一方で、生息地を追われながら、人間に変化できないぽん吉などの一群の狸は、開発にも交通事故にもめげず「どっこい生きている」。これらの狸たちには、人間の逞しさが仮託されているのだろうか。敗北した狸たちがポール・ウェルズのいう「批判的人間」(Critical Human)のレベルであるなら、(人間に変化した狸も含めて)「どっこい生きている」狸たちは、人間の肯定面が託されているのかもしれない。「願望的人間」(Aspirational Human)という理想的な人間のレベルには遠くとも。

しかし、この作品は、結局のところ、狸たちの奮闘が実を結ばないことも明示する。作品の終結部では、狸たちが人前に姿をさらしたことで「狸と共生できる暮らし」という意識が人間の中に生まれ、元の地形を残すかたちで開発が行われること——公園が作られる様子を映し出す。しかし、それが気休めでしかないのは、棲息地を失った狸たちが、道路に出て交通事故に遭遇し、流血するという死骸のカットが続いている描写に明らかだ。さらに、変化できなかったぽん吉が、スクリーンから観客に目線を向けて発する台詞はこうだ。「自分たちはいいけれどウサギやイタチはどうするのか」。ぽん吉の問いからわかるのは、『平成狸合戦ぽんぽこ』が、人間／動物という区分けのみならず、人種、民族、階層、文化などの異なる多様な生の存在を問いかけていることだろう。

高畑が設定した四つのバージョンの移動の効果は何だろうか。観客は、狸の造型が変化するたびに、動物／人間の境界線を引き直す作業に追われる。同一物の四つのバージョンの移動は、一つの像から別の像へと変容していくアニメーションでの「原形質性」[*50]という特徴、いわばアニメーションにおける視覚的流動性のメタファーとなっており、それは多様な言説の同時性を許容する方向性へと向かっている。そして同作の末尾で、狸が生き延びるための処世術を見届けるとき、人間の生き方との連続性が立ち現れ、人間と動物の同一視が生じる。動物の人間化。人間／動物の境界線は容易にずらされ、反転し、配置転換され、多様な生の在り方と繋がってゆくことを、高畑はしっかりと描いたのだ。

＊

ここに高畑勲による直筆の色紙がある。日付は二〇〇四年五月一五日。大きな文字で「狸」と記されている〔図⑧〕。「狸」とは高畑勲であるのだろうか。そうだとすれば、私たちは、高畑「狸」の変化術によってアニメーション映画を観ている。『平成狸合戦ぽんぽこ』で、狸が人間を圧倒しようとしてみせた「妖怪大作戦」のように。「妖怪大作戦」そのものが「狸」の変化した姿だったのだから。

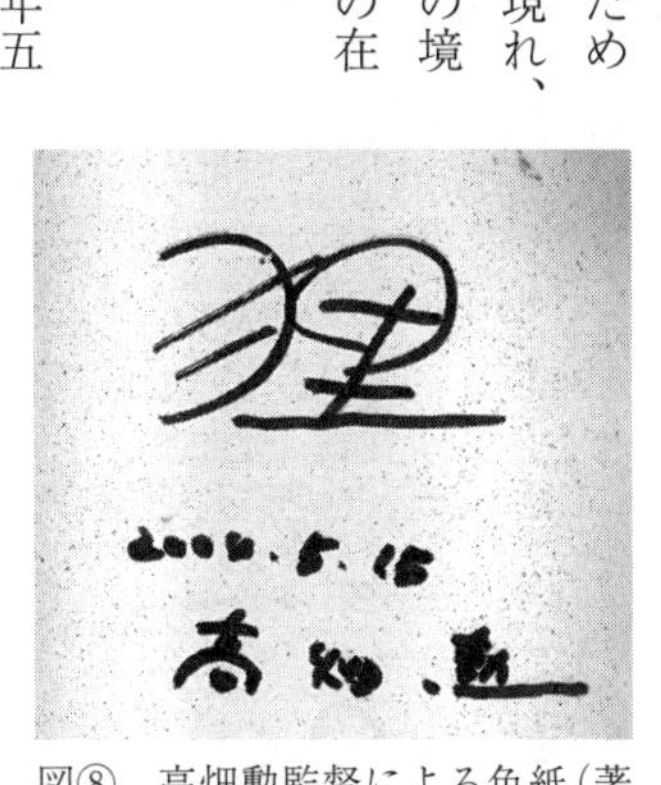

図⑧　高畑勲監督による色紙（著者所蔵）

＊——本稿は、令和三年度・専修大学日本語日本文学文化学会研究助成「アニメーションと「動物」についての研究」の研究成果の一部である。

1——ジョルジョ・アガンベンは人間と動物を区別することで、人間的なものがいかに特権化されてきたかについて問い、それを区別する装置は、人間／動物、人間／非人間という対立関係に置かれず、排除と包摂が作動しているという（ジョルジョ・アガンベン『開かれ――人間と動物』平凡社、二〇〇四年）。

2――J・M・クッツェー『動物のいのち』（大月書店、二〇〇三年）。クッツェーは、現在の動物虐殺についても同じ沈黙が支配していると述べている。

3――『世界・わが心の旅　カナダ　木を植える男との対話』（DVD、NHK、二〇〇四年）。一九九九年に放送された紀行番組で、高畑勲がカナダ在住のアニメーション作家フレデリック・バックを訪れた際のインタビュー映像。

4――米村みゆき「「動物アニメ」の想像力――高畑勲のアニメーション映画と宮沢賢治」（『文藝別冊　高畑勲』河出書房新社、二〇一八年）一〇一～一一〇頁。

5――「実写とアニメーション」（座談会／山田洋次・佐藤忠男・高畑勲）（『アニメージュ』一九八二年一月、高畑勲『映画を作りながら考えたこと』徳間書店、一九九一年所収）。

6――この対談では、実写映画では擬人化した動物を登場させることが難しいという対談相手の発言に対して、高畑勲はアニメーション監督の立場から、動物アニメーションは「どこでリアリティを保証してやるかが大事」と慎重に答えている。

7――鈴木伸一・おかだえみこ『僕らの実戦アニメ塾』（徳間書店、一九八一年）。

8――Paul Wells, *The Animated Bestiary: Animals, Cartoons, and Culture*, Rutgers University Press, 2009.

9――ディズニー映画『バンビ』の日本公開は一九五一年である。

10――『ウォーターシップダウンのうさぎたち』は、イギリスのファンタジー作家・リチャード・アダムスのベストセラー小説を原作とするアニメーション映画。イギリスで一九七八年公開された（日本公開は一九八〇年）。野ウサギたちのキャラクターは生態として自然で、野生動物が直面する厳しい現実や激しい闘争などが描かれるがファンタジー要素も見受けられる。

11——正確に記せば、おかだは、複雑で深刻な演技ができる動物がいなかったためアニメーションという媒体が用いられたと述べている。

12——「不気味の谷」とは、ロボット研究者の森政弘が提唱した概念で、人型ロボットなどが、写実の精度が高まっていくときに、ある一点において、見る者に違和感や嫌悪感を抱かせる現象。

13——『ジャングル・ブック』の少年モーグリは、自然界の厳しいルールを学ぶうちに動物たちから認められていくが、あるとき人間たちと関わりを持ち、その後、人の心と野性のあいだで揺れることになる。

14——英題は、**The Revenge of Kinematograph Cameraman.**

15——前掲 *The Animated Bestiary* 参照。映画『動物農場』の制作には、アメリカのCIAからの資金援助があったことが指摘されている。

16——高畑勲が演出したアニメーション作品における動物のキャラクラーは、ほかにも『母をたずねて三千里』の白い猿のアメデオ、『パンダコパンダ』（一九七二年）のパンダの親子等があるが、ここでは紙幅の都合上割愛した。

17——『セロ弾きのゴーシュ』の映像特典（ブルーレイディスク、ウォルト・ディズニー・ジャパン、二〇一五年）。

18——宮沢賢治の動物寓話がイソップ寓話、あるいは柳田国男による動物民俗誌的な動物の描出とどのような影響関係があるのかなど、今後の研究が必要とされるだろう。

19——フランス文学者の岡村民夫による「宮沢賢治における「動物への生成変化」」は、ジル・ドゥルーズ＝ガタリを援用しつつ宮沢賢治における動物と人間の境界線の描出について検討している数少ない論考である（岡村民夫『宮沢賢治論　心象の大地へ』七月社、二〇二〇年）。

20――「共同討議　宮澤賢治をめぐって」（『批評空間』二（一四）、一九九七年七月）六〜四一頁。前述の岡村民夫も柄谷の発言に着目している。

21――高畑勲「いつか映像化したい賢治」（『朝日新聞』一九九五年五月二六日）。

22――高畑は、宮沢賢治の童話に登場する人と交流する動物（非人間）を映画で引用するときは、どんぐり、きのこ、滝、山などの有機体に限定しない。たとえば、宮沢賢治の童話「月夜のでんしんばしら」（童話集『注文の多い料理店』所収）では、主人公は歩く電信柱と交流するが、高畑勲はそれを『平成狸合戦ぽんぽこ』の中で引用する（米村みゆき「高畑勲が『なめとこ山の熊』を映像化していたら――アニミズムの新しい視点から」『アニメーション研究』二二（一）、二〇二〇年九月）。

23――前掲「高畑勲が『なめとこ山の熊』を映像化していたら」参照。

24――中沢新一『哲学の東北』（青土社、一九九五年）参照。

25――高畑勲「自然との深い交感を賢治に見た」（『宮沢賢治の映像世界』キネマ旬報社、一九九六年）。

26――映画パンフレット『セロ弾きのゴーシュ』（一九八一年一〇月）。

27――前掲「自然との深い交感を賢治に見た」。

28――二〇一四年一〇月一一日、岩手県花巻市にある宮沢賢治童話村での高畑勲の講演（『『セロ弾きのゴーシュ』と才田俊次の世界』アニドウ・フィルム、二〇一五年、七六〜九五頁所収）。

29――高畑勲「タヌキの立場に立って考えるという、そのくらいの想像力が開発には必要だ」（『列島ジャーナル』ぎょうせい、一九九七年四月、『映画をつくりながら考えたことⅡ』徳間書店、一九九九年所収）。

30――高畑勲は『太陽の王子ホルスの大冒険』（一九六八年）以来、たびたび宮沢賢治を映画の中に引用してきた（米村みゆき「宮崎駿版『貝の火』と原子力――『天空の城ラピュタ』の〈行間〉を読む」（『専修国文』一一〇、二〇二二年一月、一五〜三四頁参照）。

31――「『平成狸合戦ぽんぽこ』の演出を語る」(『シネフロント』一九九四年七月、前掲『映画をつくりながら考えたことII』所収)。

32――「動物の顔から」(「カッコー通信」オープロダクション、一九八三年一一月一〇日～一九八四年九月一〇日、前掲『映画を作りながら考えたこと』所収)。

33――高畑は日本における狸や狐の人間化について再考しており、別の可能性もあげている(「またまた動物の顔から」前掲「カッコー通信」)。

34――「ゴーシュの動物たちみんな大好き」(前掲「カッコー通信」)。

35――"All Time Worldwide Box Office Grosses" 参照(http://www.boxofficemojo.com/alltime/world/ 二〇一二年三月二七日閲覧)。

36――前掲「『平成狸合戦ぽんぽこ』の演出を語る」。

37――「製作の舞台裏」(『ライオン・キング』ブルーレイディスク、ウォルト・ディズニー・ジャパン、二〇一一年)。

38――関係者へのインタビューにおいても、同作は「米国やアフリカ独自の話じゃない」という発言がみえる(前掲「製作の舞台裏」)。

39――前掲「製作の舞台裏」。

40――同作のテーマは「成長」という発言がある(前掲「製作の舞台裏」)。

41――日本最初のカラー長編漫画映画『白蛇伝』(一九五八年)には、主人公許仙(しゅうせん)を励ます設定の動物のキャラクターとしてジャイアントパンダやレッサーパンダが描かれる。ディズニーによるアニメーション映画『ムーラン』(一九八八年)の赤龍やコオロギも同様である。

42――前掲「製作の舞台裏」。

43——前掲 *The Animated Bestiary*。

44——四つのキャラクターの移動は、観客が一定の狸に感情移入をさせない効果もある。これは、『平家物語』と同様に一人の英雄のみに焦点をあてるのではなく、平家一門ならず群像としての狸を描出しているためである。たとえば、四国の長老を訪ねた狸の玉三郎が、六代目金長の愛娘小春との別れを嘆く場面では、玉三郎は禰宜姿、小春は巫女姿で古典的な展開が繰り広げられる。しかし観客が二人に見入り、同情を寄せてゆく瞬間に二人は狸の婆に変わるため、観客は肩透かしをくらう（米村みゆき「挑むアニメーション——スタジオジブリと『平成狸合戦ぽんぽこ』」米村みゆき編『ジブリの森へ［増補版］』森話社、二〇〇八年）。

45——杉浦茂『八百八狸』（『少年画報』一九五五年三月別冊付録）。

46——「企画からシナリオ着手まで」「『平成狸合戦ぽんぽこ』製作ノート」（映画パンフレット『平成狸合戦ぽんぽこ』東宝、一九九四年）。

47——『平成狸合戦ぽんぽこ』の冒頭には「いいえ　人間の食べものを失敬するんじゃないんですよ」というナレーションがある。

48——ほかに人間が作り上げた狸の擬人化像という可能性、タヌキ社会における集団幻想と考えることもできると説明される。

49——池澤夏樹「面白うて、やがて悲しき……」（前掲、映画パンフレット『平成狸合戦ぽんぽこ』）。

50——映画監督セルゲイ・エイゼンシュテインが、ディズニーアニメーション『人魚の踊り』（一九三七年）を観て激賞しているように、アニメーションの特質の一つは「原形質性」——ゾウであるのかタコであるのか確定できず、どちらにもなるという線の不確定さである（セルゲイ・エイゼンシュテイン「ディズニー（抄訳）」今井隆介訳、『表象』七、二〇一三年、一五一～一六九頁）。

初出一覧

第3章　焼跡と池――高畑勲『火垂るの墓』における地域表象（横濱雄二）

原題「『火垂るの墓』の想像力――防空壕の池をめぐって」（『甲南国文』六七、二〇二〇年三月）、「『火垂るの墓』における地域表象」（『アニメーション研究』二一―一、二〇二〇年九月）

第4章　四大元素と菌の問題系――宮崎駿『風立ちぬ』論（友田義行）

原題「戦火と結核――『風立ちぬ』菜穂子と加代の少女像」（野村幸一郎編『宮崎駿が描いた少女たち』新典社、二〇一八年）

第8章　動物／人間の境界線の攪乱――高畑勲の動物アニメーション映画（米村みゆき）

原題「挑むアニメーション――スタジオジブリと『平成狸合戦ぽんぽこ』」（『ジブリの森へ――高畑勲・宮崎駿を読む［増補版］』森話社、二〇〇八年）、「「動物アニメ」の想像力――高畑勲のアニメーション映画と宮沢賢治」（『別冊文藝　高畑勲――〈世界〉を映すアニメーション』河出書房新社、二〇一八年八月）、「高畑勲が『なめとこ山の熊』を映像化していたら——アニミズムの新しい視点から」（『アニメーション研究』二二―一、二〇二〇年九月）

＊

コラム①　「魔法少女」として読む『かぐや姫の物語』（須川亜紀子）
原題「少女は世界を変える——隣の〈魔法〉少女たち」（川上大典編『このアニメ映画は面白い！』青弓社、二〇一五年）

コラム②　『魔女の宅急便』における労働とコミュニケーション（須川亜紀子）
原題「ダブル・イメージングによる少女表象——宮崎駿『魔女の宅急便』」（白百合女子大学言語・文学研究センター編『映画と文学』弘学社、二〇一〇年）

＊——いずれの論考も本書収録にあたって大幅な加筆修正を施した。

あとがき

本書は、スタジオジブリの主柱である高畑勲監督、宮崎駿監督の作品を中心に取り上げた論文集である。しかし、単なる作品論、作家論にとどまらず、アニメーション表現論、ランドスケープ論、都市アニミズム論、コンテンツ文化論、メディア論、航空工学、生物学などとも接続し、あらたなアニメーション研究の地平を拓く意欲的な論文集になっていると思う。アニメーションを学術的に論じた論文とはいえ、既存の論文フォーマットをあえて使用せず、学生や一般読者にもわかりやすいように読みやすさを優先した。その点はご了承いただきたい。また、いくつかの重要な作品が抜け落ちているというご批判もいただくだろう。実際、直接触れられなかった作品も多くある。しかし、本書のねらいは、これまで出版されてきた高畑、宮崎自身による著書や、作品に関する膨大な評論ではあまり取り上げられていない作品や分野に、学術的に焦点を当てるというものである。それは、頻繁に分析対象となっている作品を忌避したり、高畑、宮崎監督以外のスタジオジブリ作品を軽視しているということでは決してないことは強調しておきたい。

本書は、どの章から読んでもいいようにデザインされている。ぜひ気になった章や、コラムから読み始めていただきたい。読み終わった後、きっとこれまで何度も観てきたはずの、高畑、宮崎両監督がかかわったテレビアニメや映画をみる目が、少し変わっていることに気づくのではないだろうか。こうした視点をきっかけに、ジブリ作品をより深く鑑賞していただけたら幸いである。さらに本書をきっかけに、アニメーション研究の大海原へと漕ぎ出していただけたら、執筆者一同これ以上の喜びはない。

最後に、本書の企画にご賛同いただき、編集を担当してくださった七月社の西村篤氏に厚く御礼申し上げたい。丁寧な校閲と適切なご提案に、執筆者一同大変感謝している。

そして、本書を手に取ってくださったみなさまが、次なる担い手としてアニメーション研究の地平を切り拓いていくことを、私たちは切望している。

須川亜紀子

井上征剛（いのうえ・せいごう）

山梨英和大学人間文化学部人間文化学科教授。音楽史・音楽学、児童文学。

「前衛音楽としての「カナリア・オペラ」と英国社会――ロフティング『ドリトル先生のキャラバン』の音楽史的検証から見えてくるもの」（『児童文学研究』第50号、2018年3月）、「アレクサンダー・ツェムリンスキーの《夢見るゲルゲ》――現実ともうひとつの世界をめぐる歌劇」（一橋大学大学院言語社会研究科学位論文（博士）、2012年3月）

平野泉（ひらの・いずみ）

専修大学人文科学研究所特別研究員。児童文化とジェンダー。

（翻訳）マルコ・ペリッテーリ「イタリア――イタリア文化と日本のアニメーション」、涂銘宏「中国、台湾――アジアにおけるアイデンティティの探索」（須川亜紀子・米村みゆき編『アニメーション文化　55のキーワード』ミネルヴァ書房、2019年）

横濱雄二（よこはま・ゆうじ）
甲南女子大学文学部日本語日本文化学科教授。日本近現代文学、映像文化。
『地域×アニメ――コンテンツツーリズムからの展開』（共著、地域コンテンツ研究会編、成山堂書店、2019年）、『日本探偵小説を知る――一五〇年の愉楽』（共編著、北海道大学出版会、2018年）

友田義行（ともだ・よしゆき）
甲南大学文学部日本語日本文学科准教授。日本近現代文学、映像学。
『フィルムメーカーズ22　勅使河原宏』（責任編集、宮帯出版社、2021年）、「新美南吉「ごん狐」と『劇場版ごん』の往還的読解」（『信大国語教育』第30号、2021年3月）

奥田浩司（おくだ・こうじ）
追手門学院大学文学部人文学科教授。日本近現代文学、アニメーション研究。
「『ねじまき鳥クロニクル』における日本への旋回――交差する戦争と神秘体験」（『MURAKAMI REVIEW』第1号、2019年）、『ジブリの森へ――高畑勲・宮崎駿を読む［増補版］』（共著、米村みゆき編、森話社、2008年）

西口拓子（にしぐち・ひろこ）
早稲田大学理工学術院創造理工学部教授。ドイツ文学。
『挿絵でよみとくグリム童話』（早稲田大学出版部、2022年）、「ドイツ――ロッテ・ライニガーの影絵アニメーション」（須川亜紀子・米村みゆき編『アニメーション文化　55のキーワード』ミネルヴァ書房、2019年）

［編者］

米村みゆき（よねむら・みゆき）

専修大学文学部日本文学文化学科教授。日本近現代文学、アニメーション文化論。

『アニメーション文化　55のキーワード』（共編著、ミネルヴァ書房、2019年）、『ジブリの森へ――高畑勲・宮崎駿を読む［増補版］』（編著、森話社、2008年）

須川亜紀子（すがわ・あきこ）

横浜国立大学大学院都市イノベーション研究院教授。ポピュラー文化論、ファン研究、2.5次元文化研究。

『2.5次元文化論――舞台・キャラクター・ファンダム』（青弓社、2021年）、『少女と魔法――ガールヒーローはいかに受容されたのか』（NTT出版、2013年）

［執筆者］

石田美紀（いしだ・みのり）

新潟大学経済科学部学際日本学プログラム教授。視聴覚文化論。

『アニメと声優のメディア史――なぜ女性が少年を演じるのか』（青弓社、2020年）、『密やかな教育――〈やおい・ボーイズラブ〉前史』（洛北出版、2008年）

キム・ジュニアン（Kim Joon Yang）

新潟大学経済科学部学際日本学プログラム准教授。アニメーション美学。

『戦争と日本アニメ――『桃太郎 海の神兵』とは何だったのか』（共著、青弓社、2022年）、『Pervasive Animation（AFI Film Readers）』（共著、Routledge、2013年）

ジブリ・アニメーションの文化学（ぶんかがく）
――高畑勲（たかはたいさお）・宮崎駿（みやざきはやお）の表現（ひょうげん）を探（さぐ）る

2022年12月25日　初版第1刷発行
2023年7月6日　初版第2刷発行

編　者……………………米村みゆき・須川亜紀子
発行者……………………西村　篤
発行所……………………株式会社七月社
〒182-0015　東京都調布市八雲台2-24-6
電話・FAX　042-455-1385
印刷・製本……………株式会社厚徳社

Printed in Japan　ISBN 978-4-909544-28-5　C0074

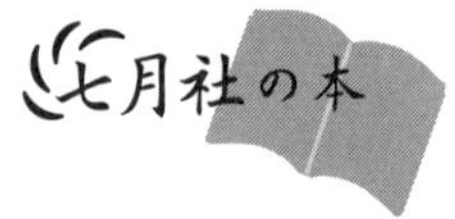

ケアを描く——育児と介護の現代小説

佐々木亜紀子・光石亜由美・米村みゆき編

外部から見えにくいケアの現場を、フィクションはどのように描いてきたのか。小川洋子・角田光代・三浦しをん・辻村深月などの作品を中心に、〈ケア〉というキーワードから現代小説にひそむ多様な価値観を発見する。

四六判上製256頁／本体2000円＋税
ISBN978-4-909544-05-6 C0095

宮沢賢治論 心象の大地へ

岡村民夫著

「虹や月明かり」からもらった「心象スケッチ」は、不整合なまま、やがて〈心象の大地〉として積み上がる。テクストにはらまれる矛盾や齟齬をこそ賢治文学のリアルと捉え、その正体を求めてイーハトーブを踏査し続けた、著者25年の集大成。

四六判並製512頁／本体3200円＋税
ISBN978-4-909544-13-1 C0095

イーハトーブ風景学——宮沢賢治の〈場所〉

岡村民夫・赤坂憲雄編

猫がしゃべり、鉄道が銀河を走る幻想的なイーハトーブの物語には、しかし、賢治が歩き、そして生きたリアルな土地の刻印が穿たれている。風景との共同作業によってみずみずしく記述されたテクストを、〈場所〉をキーワードに7人の著者が読み解く。

四六判上製288頁／本体3200円＋税
ISBN978-4-909544-26-1 C0095

電話と文学——声のメディアの近代

黒田翔大著

文学は電話をどのように描いてきたのか。電話事業が始まる明治期から、「外地」にまで電話網が拡がった戦時期、家庭や街路に電話が遍在するようになる昭和戦後期までを通観し、未来・身体・空間等の視座から、「文化としての電話」を浮かび上がらせる。

A5判上製224頁／本体4500円＋税
ISBN978-4-909544-21-6 C1095

接続する文芸学——村上春樹・小川洋子・宮崎駿

中村三春著

物語を語り、読むことは、私を私ならざるものに接続することである。語り論、比較文学、イメージ論、アダプテーション論を駆使して、物語が織りなす〈トランジット〉の跡をたどり、その多彩な接続の様態を解き明かす。

四六判上製352頁／本体3500円＋税
ISBN978-4-909544-22-3 C0095

井上靖 未発表初期短篇集

高木伸幸編

文壇に登場する以前、雌伏と暗中模索の戦前期に書かれた作品群を初公刊。ユーモア・ミステリ・時代物と、多彩なジャンルで自らの可能性を試していた、昭和の文豪の知られざる20代の軌跡。戦後唯一の戯曲（未発表）も併せて収録。

四六判上製280頁／本体2400円＋税
ISBN978-4-909544-04-9 C0093